東アジア古典漢詩の比較文学的研究

―「花鳥風月」の美意識とイメージの形成―

余 淳 宗

제이앤씨
Publishing Company

東アジア古典漢詩の比較文学的研究

―「花鳥風月」の美意識とイメージの形成―

序 文

日本文学研究に携わって20年という歳月が経っている。筆者が本格的に日本文学を研究しはじめたのは1993年度に早稲田大学大学院文学研究科の研究生として入学したことがきっかけである。当時は日本の古典文学を研究するというのがどういうものであるのかについてさえ正しい理解がなかった時期であった。研究生の時の研究対象は著名な俳句〈俳諧〉をを文学のジャンルに完成したと言われる松尾芭蕉であった。

今も記憶に残っているのは早稲田大学の教授であった恩師の故雲英末雄先生が私と初対面した時「君は外国人であるのにどうして日本人さえも難しいという俳句を研究しようとするのか、一体松尾芭蕉についてどれほど知っているのか」とおしゃった時俳句に関してよく知らないくせに「落ちぶれぬ 切支丹の心 燃える哉」という発句を作って私の名前と一緒に先生に差し上げたところ「たいしたもんだ」とおしゃったことが今も聞こえているような気がする。いわば、これが日本の古典文学との初対面という訳だ。

以来、国立東京学芸大学の教授である恩師の嶋中道則先生の御指導の下で俳句〈俳諧〉を研究し、その結果をまとめて2000度に『俳諧季語研究－月を中心として－』というタイトルで修士論文を書き上げた。その内容は日本最古の歌集である『万葉集』をはじめとする「八代集」と松尾芭蕉の俳句(俳諧)に現れている「月」の用例をあげてその詠まれ方、美意識について論じたものであった。すなわち、日本古典詩歌の中で「月」はどういう浪漫性をもっているのかを具体化しようと思っていたのである。拙いものであったが、長い間人間に愛されつつあった「月」の浪漫性が日本古典詩歌では如何に現れて来るのかについて見極めることができたのである。したがって、これから出発して博士課程では日本古典詩歌における「花鳥風月」がどういうふうに詠まれているのかに着目して博士論文を完成したいと思って国学大学の大学院博士課程に入学して恩師の辰巳正明先生に出会って研究の幅は中国文学と韓国文学、および日本文学へと広めて行ったのである。

問題は研究の範囲と研究対象が広まってしまった訳で無知であり研究視野が狭かった私の能力では到底3ヶ国の古典詩歌を研究対象にして「花鳥風月」という膨大なテーマを一冊の論文にまとめるというのは無理だと思っていたが、辰巳正明先生のきめ細かいご指導の下で最初に日本最古の漢詩集である『懐風藻』を研究しながら論文を一本一本書き始めて研究テーマに対する大体の全体象について理解しつつ中国漢詩と韓国の古典漢詩まで研究の幅を広げて論文の形づくりが出来上がるようになった。そこで、2007年度に『東アジア古典漢詩の比較文学的研究－「花鳥風月」の美意識とイメージの形成－』という博士論文を提出するようになった。それを本にまとめたのが本書である。

本書が完成するまでに私を霊的に導いて下さった天の神様に御感謝し、恩師の辰巳先生はもちろんのこと、博士論文の副審査を担当して下さった故青木周平先生と波戸岡旭先生には心から御感謝を申し上げる次第である。そして長い大学院生活ができるように支えてくれた家内と母をはじめ、兄弟たちにも感謝の気持ちを伝えたい。

最後に本書の出版をこころよく承諾してくださったJNC出版社関係者皆さんにご感謝の言葉を申し上げる。

2011年 3月

余 淳宗

目 次

東アジア古典漢詩の比較文学的研究

―「花鳥風月」の美意識とイメージの形成―

序　論

本論は「東アジア古代漢詩の比較文学的研究–『花鳥風月』の美意識とイメージの形成–」について論じたものである。文学の研究には様々な方法論が存在している。その多様な方法論の中でも、一つの主題をめぐって二カ国以上の文学作品と比較する上で、比較文学的な方法論が有効であると思われる。本論が東アジアの、特に中国・日本・韓国の三カ国における古代漢詩にみられる花鳥・風月詩の形成を考えることを目的とすることから、比較文学的方法は重要である。

本論の研究目的とする主な課題は、中国・日本・韓国の古典漢詩の詩語に溶け込んでいる美意識、特に、三ヶ国の古典漢詩に着目して古代人が自然の中に暮らしながら自然と人間を如何に繋いで自然の中で風物の美しさを発見し、表現したのかを「イメージ」の形成の問題を明らかにすることにある。殊に、日本の古典詩歌においては「花鳥風月」や「雪月花」という言葉に象徴されるように、自然の中から特別に選び取られた景物を通して独特な美意識が成立している。そこには日本人の培ってきた自然との親和性や文化性が強く見られる。そうした問題を東アジア三国のそれぞれの古典漢詩から探ることである。

この研究課題の当初の目的は、現在、各国の文化の様態を文学、特に古代詩歌の詩語や歌語に現われている美意識の在りようを明らかにすることにより学術交流に些かでも寄与できるのではないかという問いから出発した。文化的多様性を念頭におく比較研究においては、ある固有の文学伝統を、異なる文学伝統との比較対照のうちに考察しなくてはならない。それは、しばしば、相互理解の困難な複数の文学伝統を、共通の用語法によって記述するという作業を必要とする。それだけに慎重さが期されるものである。

本論の研究方法は、以下のような点にある。比較文学的研究方法は二国間以上の外国文学との関係において行われるが、これを「影響」の下に明らかにしようとする立場と、もっぱら「対比」あるいは「対照」という方法に拠ろうとする立場があった。前者は実証的な文献研究として現在の比較文学研究の中核をなし、歴史的・文学史的な研究としての意義を強く持つ。後者は直接的な影響関係を持たない文学作品の比較であることであることにより、一般化を伴うものとして文学理論研究に包摂されつつある。そのような中で最近ではこの両者を一体化して、文学研究と文化研究とを関連させて考えようとする立場が現れている。文献と平行して文化伝統の要素も取り込む方法による比較研究である[1)]。そこには

---

1) 辰巳正明氏『万葉集と比較詩学』(おうふう)。これはR・Gモールトンの『世界文学』(岩波書店)の比較文学的方法を継承していることが「序論」から知られる。また辰巳氏には『詩の起原』(笠間書院)があり、無文字社

異質で多彩な文学や文化の状況を、同じ人間の文化現象として理解する態度が存在するように思われる。そうした中で本研究は漢字文献を中心として中国・日本・韓国の古典詩歌の詩語や歌語、特に花鳥・風月詩をめぐる日本と韓国そして中国の、東アジア文化の中で形成された自然および自然により導かれた美意識とイメージの形成について明白にしたい。以下に、本論の概要について触れる。

第一編「東アジア古典漢詩における花と鳥のイメージ」の第一章では「東アジア古代漢詩に見る梅花詩の形成」を取り上げ、三カ国に見る梅花のイメージの形成を検討する。第二章では「古代中国漢詩に見る『蘭』のイメージ」を取り上げ、その象徴性について検討する。第三章では「日本古代漢詩に見る『蘭の花』のイメージ」について考察し、そのイメージに関して論じる。第四章では「韓国漢詩に見る『蘭』のイメージ」の形成過程を取り上げて考察する。第五章では「東アジア漢詩に見る『菊の花』と重陽節」を取り上げ、三カ国の文化的意義とイメージについて検討する。

第二編「東アジア古代漢詩に見る『鶯』の象徴性」の、第一章では「中国漢詩に見る『鶯』のイメージ」を取り上げ、風月という景物が持つ象徴性とそのイメージの形成を検討する。第二章では「日本古代漢詩に見る『鶯』のイメージ」を取り上げ、「鶯」がどのように古典詩歌で詠まれ、そこにどのようなイメージが形成されたのかを検討する。第三章では「韓国漢詩に見る『鶯』のイメージ」を取り上

会の文学や文化を比較詩学的方法により明らかにすることを意図している。

げ、韓国の古代漢詩に詠まれる『鶯』が中国・日本と比較することで、そこにどのような類似と差異があるのか考察を行う。

第三編「東アジア古代漢詩に見る『雁』の象徴性」の第一章では「中国古代漢詩に見る『雁』のイメージ」に関して論じ、第二章では、「古代日本漢詩に見る『雁』のイメージ」について考察を行い、第三章では「韓国漢詩に見る『雁』のイメージ」を取り上げ、それらの詠まれ方が中国漢詩の詠まれ方を継承しながらも中国や日本の漢詩の詠まれ方とは異なる特異性が見られることを考察する。

第四編「東アジア古代漢詩に見る『風月』とその象徴性」では「風月」がどのように古典詩歌で詠まれ、そこにどのようなイメージが形成されたのかを検討する。

これらの花鳥風月という美意識が成立するには、それぞれの古典漢詩の成立状況と、中国から発信され受け入れた日本や韓国の古典詩歌の形成をみておく必要がある。そのことについて、以下に簡略に述べておきたい。

1. 中国古代文学の概略

中国古代詩歌を検討するためには、その時代区分をしなければならない。なぜなら、明白な文学史による時代区分なしでは研究範囲と研究対象などが不明瞭になってしまうばかりではなく、ほかとの比較において時代やジャンルならびに作者の特定の前後関係が求められるからである。ここで吉川幸次郎氏編の『中国文学史』(岩波書店)に基づいて中国文学史の時代区分を古代、中世、近代、現代の四区分によって中国文学の歴史を概観してみる。紀元前十二世紀、周の創業から、前三世紀の中ごろ、周の滅亡に至るまでは、前文学史の時代と言える。この時期には「五経」、即ち『易経』・『書経』・『詩経』・『礼記』・『春秋』の五つの経典が完成した時代である。その中でも注目すべきものは「詩三百」(『詩経』)が孔子によって編纂されたことである。『詩経』の詩は人間の個人的な心理、ことに感情を表白するものとして、それは後世における抒情詩の発展を、早い時期にすでに約束するものであった。また詩歌の技巧も高度に発達していたのである[2)]。『詩経』の詩のなかで最後のものは「陳風」の中に見える陳の霊公をそしった「株林」である。『史記』の「十二諸侯年表」によると、霊公の在位は前六一四年から前六〇〇年までであるから、その詩は前七世紀の終わりのものだということになる。それから三百年は韻文の歴史の空白期と言われる。それはこの時代が詩歌には適しない雰囲気の中にあったためであるが、それを克服して辞賦文学の『楚辞』が編纂されたことである。重要な作者は屈原であり、楚辞は楚の国の唱え言という辞賦文学の時代となる。それは『詩経』のような歌謡ではなく、朗誦するための韻文であった[3)]。続いて漢賦の時代となる。司馬相如や班固らの長大な賦の文学は、漢帝国の強大さを示す如きである。次は中世の文学(魏・呉・蜀の三国、建安、東晋・宋、斉・梁、北南朝)(上)である。中世は、後漢から始めることができる。中世の文学を説く前にこの時期前半の資料に関して述べて見ることにす

---

2) 狩野直喜「経書の文」『支那文学史』(みすず書房)参照。
3)「屈原」注2参照。

る。

中世期前半の最も代表的な作品を収めるものは、梁の昭明太子(蕭統)の編になる『文選』であり三十巻よりなる。『楚辞』から、漢・三国・晋・六朝の主な作品が選ばれている。『文選』には、唐の李善注と、五臣注の二つの注がある。日本や韓国に大きな影響を及ぼした。また、六朝時代には漢代の「楽府」を継承した「六朝楽府」が成立し、これは歌曲を理解する上では重要であり、六朝に歌われていた民間歌謡が多く認められる。さらに、中世の文学(唐代)の後期は、唐の高祖が隋の譲りを受けて帝位に即き、太宗の「貞観之治」の治世を経て、唐が亡びた九〇七年までである。開国からそれまで三百年間つづいたことになる。唐の前の六朝は、文学の外形が整備された時代であるが、文学の内容が整備されたのは唐の時代である。中国の詩がこの時代に頂点に達したというところが何よりも重要なことである。唐代の詩は、初唐・盛唐・中唐・晩唐の四期に分けるのが普通である。初唐は六〇〇年から七〇〇年まで、盛唐は七〇〇年から七五〇年まで、中唐は七五〇年から八〇〇年まで、晩唐は八〇〇年から九〇七年までと考えられている[4]。初唐には四傑(王勃・楊炯・盧照鄰・駱賓王)が活躍し、日本や韓国に影響を与えた。盛唐には李白や杜甫が活躍し、中唐には白居易が登場する。『白氏文集』は日本の平安時代に大きな影響を及ぼした。こうした中国古典詩歌において「花鳥風月」の源流が準備されていたといえる。

---

4) 内田泉之助『中国文学史』(明治書院) 参照。

2. 日本古代文学の概略

日本の文学史おける上代の時代区分は、文学の誕生から、平安遷都の延暦十三(七九四)年ころまでを上代とする。日本上代文学は、明日香や藤原および平城などの地域、主として大和地方(今の奈良県)に政治・文化の中心が置かれていた時代の文学を意味する。日本は独自の文字表記をもたなかったので、歌謡や神話は、当時は口頭による伝承(口承)の形をとっていた。しかし、統一国家が形成され、大陸から漢字が伝来することにより歌謡や神話などは漢字をもって書き記すことができるようになった。「養老律令」の「学令」には「経」として『周易』『周礼』『礼記』『毛詩』『春秋左氏伝』の書名や、『論語』の名も見える。このような漢文学の受け入れにより、日本文学の形態が口承から記載へと大きな変貌を遂げるのである。歌謡が定型化して韻文へ、神話が口承のリズムを失い散文への道をたどるのである。当初は漢字を表記することには大きな困難があった。そうした中で伝承された国語を忠実に表記するため、表記文字である漢字を表音として利用する方法が考案され、「万葉がな」が誕生し、さらには「片かな」や「平がな」という「かな文字」を誕生させることになる。国家制度の整備、律令体制の取り入れと仏教を初めとする中国文化の積極的な輸入などにより飛鳥・白鳳・天平文化が生み出された。

こうした中で八世紀の初め和銅五(七一二)年に歴史書の『古事記』、養老四(七二〇)年に『日本書紀』が成立し、地誌として和銅六(七一三)年に『風土記』選録の命令が出されて順次成立した。『古事記』は上中下三巻により神話の時代から推古天皇の時代までを、『日本書紀』は三十巻(系譜一巻は失われた)が残され、神話時代から持統天皇の時代までが記録されている。『風土記』は地誌ではあるが、神話・伝説を多く含む。奈良朝末には『万葉集』は古代の伝承歌を受け継ぎながら、舒明天皇(六二九年即位)の時代ころから本格的に歌が集められ、歌の文字表記も進み、個人による創作歌が多く収められている。特に、柿本人磨・大伴旅人・山上憶良・大伴家持らの歌人達は、中国文学に造詣が深く、さまざまな漢籍を駆使しながら作品を創造していたことが知られる。そうした中で日本人が初めて詠んだ漢詩集が『懐風藻』として成立する。この詩集には近江朝から奈良朝の中期に到るまでの百十六首が収録されていて、古代日本の漢文学を理解するには重要な詩集である。特に『懐風藻』は漢文学をどのように理解し、詩を詠む状況がどのようなところにあるかを明確に教えてくれるものであり、さらには自然の中から花鳥や風月を選び取る態度が見られる。まさに『万葉集』と『懐風藻』とは、古代日本の韻文学の双璧であり、ここにおいて花鳥風月を発見していく、日本人における美意識の源流を見ることが出来るのである。本論が中心的に対象とする作品は、この『懐風藻』である。

3. 韓国古代文学の概略

韓国文学史を考えるとき、韓国の古代(上代)文学史に該当する時期はおよそ西暦五〇〇年から八〇〇年までの高句麗、百済、新羅の三国時代を指すのが一般である。本論文の研究対象と範囲は、この三国時代の漢詩に重点を置いている。

ただ、三国時代の文学作品はほとんど失われ、今日に残されているのは限られているので、その状況を詳細に見ることができない。三国の中で先進国であった高句麗は、四世紀の後期にすでに学校教育を実施し、広く国中の子弟を養成していた。その折に、教材として使用したのは、『詩』(詩経)・『書』(書経)・『易』(易経)・『春秋』・『礼記』などの五経と、司馬遷の『史記』、斑固の『漢書』、范曄の『後漢書』など三史であった。これは当時の高句麗知識人層に、漢学が高度に普及していたことを物語るものである。高句麗はこれ以前の、山上王代(一九七~二二六)より魏・呉と交通していたので外交上の公用文としての漢文使用は、早くから一部には行われていたと思われるし、長寿王二年(四四)に建てられた好太王碑は、今日まで残っている。この千八百余字に及ぶ大文章は、古拙で格調高く、当時の高句麗人の漢文の実力を如実に物語っている。百済古璽王五十二年(二八五)に、博士王仁が論語や千字文を日本に伝え、近肖古王代(三四六―三七四)には、東晋との交流が活発になり、同王三十年、高興の手による『百済書紀』が完成し、枕流王元年(三八四)には晋から仏僧が来朝、ついで仏寺が建てられた。これらの史実からして、三世紀後期から四世紀にかけて、百済の漢学は高い水準に達していたことが分かる。新羅は後進国であった関係上、漢文の発達も幾分遅れたのは、やむをえないことだったが、奈勿王二十六年(三八一)には、新羅は早くも苻堅(前秦)と国交を結び、使臣衛頭を送って方物(土産物)を貢いでいるので(三国史記巻三)、公用文としての漢文使用は、この時にすでに行われていたと思われる。真興王六年(五四五)には、居漆夫などによって国史が編纂されている。このようにして五世紀頃には、三国では漢字が国字として用いられ、漢字文化を享受するに至ったのである。

韓国の三国史の中で漢文学の一面をみてきたが、そういう長い漢文の使用を経て、漢詩の隆盛をみることとなる。ただ、三~五世紀における三国の歴史の記録は歴史書からその様子を窺うことができるだけで、文献の焼失などにより現存しないのが残念なことである。

なお、三国時代の漢詩の文献として『韓国漢詩大観』『三韓詩亀鑑』などがある。これらに収録されている当時の漢詩から、韓国における「花鳥風月」の形成を窺うことができる。

第一編
東アジア詩歌における「花鳥」のイメージ

第1章　東アジア古代漢詩に見る梅花詩の形成

第一節　序

花鳥詩の形成は、中国の六朝詩まで遡ることができる。『詩経』には鳥も花も詠まれているが、「花鳥」として一対化する意識は六朝の頃まで固定されていなかったといえる。初唐に入って「花鳥」が一対の物として詠まれ、唐代に一般的になるのは「花鳥」に特別な美意識を見出したからであろう。そうした「花鳥」の起源は、およそ六朝時代に起こり、初唐時代に定着したといえる。日本上代の『古事記』や『日本書紀』の歌謡(記紀歌謡)に現れる花や鳥は、特別な美意識をもって詠まれることはなく、そのことから見ると日本上代の文学が花鳥を自然の特別な景物として詠んだのは、中国の六朝さらには初唐の文学に接したからであったと考えられる。日本上代文学の『万葉集』や『懐風藻』などの詩歌には、伝承されていた歌謡も見られるが、すでに近江朝の額田王の歌「天皇、詔内大臣藤原朝臣、競春山万花之艶秋山千葉之彩時、額田王、以歌判之歌」(『万葉集』巻一・一六)を見ると、春は花鳥により捉えられ、秋は黄葉により捉えられている。題詞や歌の対句仕立てから見ると、そこには中国漢詩の影響が強く現れていて、記紀歌謡とは大きな異なりを見せている。古く花や鳥は呪物の一として見る考え方が存在していたが、「花鳥」の両者を取り合わせて詠んだ例がないのを見ると、「花鳥」は日本古来の伝統の中に発想されたものではなく、中国から舶来した新たな表現の方法であったといえる。井手至氏は日本上代の詩歌における「花鳥」の起源に関して、中国の六朝詩に学んで純粋に自然の景物としての花鳥を詠んだ花鳥歌が後期を中心に行われる一方、呪物としての性格を帯びた「花鳥」を詠んだ、古い寿歌、鎮魂歌の流れを汲む歌もならびに行われていたことを指摘して、上代詩歌の「花鳥」の起源を六朝詩に求めている[1)]。さらに、井手氏は『万葉集』の景物の取り合わせの特徴として中国風の「梅」と「鶯」、「花橘」と「ホトトギス」、「藤」と「ホトトギス」のような取り合わせを取り上げ、ここに日本的表現として中国漢詩と日本の和歌の表現の特異性を指摘している[2)]。また、辰巳正明氏は、中国の花鳥詩を享受して新たな和歌の展開がなされたのは近江朝に始まること、持統朝を境に『懐風藻』に新しい花鳥詩が見えて来るのも近江朝の日本漢文学を継ぐものとして評価すべきも

1) 井手至氏「花鳥歌の起源」五味智英・小島憲之編『万葉集研究 第二集』塙書房、昭和四十八年)。
2) 井手至氏「花鳥歌の展開」小島憲之編『万葉集研究 第十二集』(塙書房、昭和五九年)。

のであることを指摘し、『懐風藻』の「花鳥」の詩は、中国六朝に見られる自然賞美の方法(鑑賞)を継承したものであると位置づけている[3]。また同氏は、『万葉集』に見られる花鳥歌による恋歌の展開を弓削皇子のホトトギスと萩の恋歌、大宰府の梅と鶯の歌などに見える恋と季節の歌へと展開し、家持に至ってその二つの融合を以て新たな花鳥歌が完成したと捉え、『万葉集』の編纂者が「花鳥」を意識して歌の配列を工夫したのは花鳥歌の流行によるもので、「花鳥」を一組の詠歌の素材とみる美意識の高まりのあったことを裏付けるものと指摘しているのは注目される[4]。これらは花鳥歌の起源や展開を『万葉集』に限定して論じているが、一方、『懐風藻』の「花鳥詩」に関して詳細に述べた論文が殆ど見られない。

日本において花鳥詩は、中国の六朝・初唐の時に定着した花鳥詩を受け継ぎ、『懐風藻』と『万葉集』において詩歌の題材として詠まれているのが分かる。中国の漢詩における「花鳥」は、対になって詠まれるものと一組になって詠まれるものとの二つのスタイルがある。特に、「梅」と「鶯」が対になって詠まれるのが六朝・初唐の漢詩である。『玉台新詠集』の場合、鳥は鳳凰、鴛鴦、燕、鳧などの伝統的で、理念的な鳥が主流をなしており、また、花は、梅、桃李、蘭が主流である。それに対して『万葉集』の鳥は、「ホトトギス」が主流であり、花は萩と梅が多く詠まれる。「花橘」「藤」「萩」「卯の花」とホトトギスとが取り合わせになって詠まれ、中国

3) 辰巳正明氏「自然と鑑賞」『万葉集と中国文学』(笠間書院、平成四年)。
4) 辰巳正明氏「花鳥の恋歌」『万葉集と比較詩学』(おうふう、一九九七年)。

の漢詩をさらに展開させて、日本的な美意識が成立しているように思われる。『万葉集』の巻八・巻十には歌を四季に分類した季節歌巻が存在していて、そこに季節への関心が集約されており、花や鳥を積極的に組み合わせる意識があって詠まれているといえる。殊に、天平期に花鳥歌が流行して、取り合わせという新しい表現を定着させているのは、「花鳥」の組み合わせを通して風物への意識が窺われるものであり、そこには季節感を意識的に詠み込むことが歌の主題となっていることが知られるのである。

『万葉集』や『懐風藻』の花鳥の詩歌は、古代的な呪物性や予祝性のイメージよりも、中国六朝・初唐の漢詩の「花鳥」が受け入れられ、さらに取り合わせという表現を積極的に展開させることで中国の花鳥歌から離脱し、日本的な新しい美意識を作り出していることである。それは、六朝・初唐の漢詩には伝統的に「花鳥詩」の詩題として「梅」と「鶯」という理念的なものが対を成して詠まれているのに対し、『万葉集』では「ホトトギス」と「萩」という日本的な風土の中の素材を発見したことであり、その取り合わせの表現によって歌われていることである。しかしながら、『万葉集』の花鳥歌と『懐風藻』の花鳥詩は同じ上代の詩歌であるにもかかわらず、「蘭」「梅」「桃」「菊」「桜」などの花と「雁」「鶯」「鶴」などの「花鳥」が取り合わせの表現によって自然の景物として詠まれ、「蘭」と「雁」の組み合わせによって「友情」や「脱俗」、あるいは「離別」などの意味を求めているのが異なるところである。中でも『懐風藻』の中には『万葉集』には詠まれることのない「蘭」や「菊」が詠まれる。さらに「孝鳥」と「花」の取り合わせは珍しいものである。

こうした花鳥の詩歌をめぐって、ここでは、「梅」と「鶯」の花鳥の詩歌が、東アジアのなかでどのように成立し、またそれらはどのようなイメージとして捉えられたのかを以下に考えたい。

第二節 『詩経』と六朝詩に見る梅花詩の形成

中国の類書である『芸文類聚』の「梅」には、

尚書曰。若作和羹。爾惟塩梅。大戴禮曰。夏小正曰。五月煮**梅**為豆実。毛詩召南曰。摽有**梅**。男女及時也。被文王之化。又。摽有梅。其実七兮。東方朔伝曰。朔門生三人倶行。乃見一鳩。一生曰。今当得酒。其酒必酸。一生曰。雖得酒。不得飲也。三生皆到。須叟。主人出酒。即安樽於地而覆之。訖不得酒。乃問其故。曰。出問見鳩飲水。故知得酒。鳩飛集**梅樹**。故知酒酸。鳩飛去。所集枝折。故知不得飲之。(中略)淮南子曰。梅以為百人酸不足為一人之。喩衆能済[5]とあり、「梅」は羹としての食用であったり、また酒の醸造用として用いられていて、梅は梅の実であることが知られる。梅からは酸が取れたからである。このような食用の梅は、梅の実を実用としていたもので、梅の花への関心ではない。中国古代において実用的な梅の実から、続いて鑑賞としての梅の花へはどのように展開を示したのであろうか。

中国詩歌で最初に現れる梅は、『詩経』[6]の「摽有梅」である。

摽有**梅**。　其實七兮。　撃つや梅の実、その実は七つ
求我庶士。　迨其吉兮。　さそう殿なら、吉日に

---

5)『芸文類聚』巻八十六、菓部上 梅、(上海古籍出版社)。
6) 目加田誠氏訳『中国古典文学大系 詩経・楚辞』(平凡社、一九八五)による。訳も同書による。

摽有**梅**。　其實三兮。　擊つや梅の実、その実は三
求我庶士。　迨其吉兮。　さそう殿なら、いまの間に
摽有**梅**。　頃筐塈之。　擊つや梅の実、頃筐はつきた
求我庶士。　迨其吉兮。　さそう殿なら、声かけて

この詩は、目加田誠氏によると「婚期を過ぎようとする女が、早く今の間に誘ってくれ、と相手に呼びかける歌」とされ、「思うに古の風俗に、夏季、果物の熱する頃、人々が林の中に集まり、男女が別れて立ち、女は果物を取って思う男に投げる。あたった者は佩玉を送って夫婦となるであろう」と説明され、「この詩は、梅の実を投げて、歌いさざめく誘引の歌」7)と指摘している。ここには男女が果物を投げ合いながら歌の掛け合いをし、梅の実に当たった人と夫婦になるという習俗を反映したもので、その時に歌われた恋歌(女性による誘い歌)として詠まれているのであろう。もちろん、ここでは、梅の花を詠むのではなく、梅の実を詠むのであり、それを投げ合うことから梅の実による何らかの習俗が存在したことが推察される。こうした古代歌謡に続いて、六朝時代の鮑照の「代東門行」8)では、

行子夜中飯。　道ゆく者は暗闇で食事をする
野風吹草木。　野をわたる風は草木をなびかせ
行子心腸斷。　道ゆく者は歎き悲しむ

---

7) 注6の頭注。
8) 伊藤正文訳『中国古典文学大系 漢・魏・六朝詩集』(平凡社、昭和五三年)。訳も同書による。

食梅常苦酸。 酸き味を忍びつつ 梅を食らい
衣葛常苦寒。 寒さに堪えつつ 葛帷子をまとう

のように見える。大意は、「旅人は闇の中で食事をし、野に吹く風は草木をなびかせ、そのために旅人は歎き悲しんでいる。また酸い梅の味見をしながら、寒さに堪えつつも帷子をまとう」と詠まれ、ここでも梅の花を詠んでいるのではなく、梅の実が酸っぱい味であるのを用いて旅の辛さを詠んでいるのである。

続く斉の詩人である謝霊運は、「西洲曲」[9]で、

憶**梅**下西洲。 梅の花の思い出を求めて西洲に下り
折梅寄江北。 花を手折って江の北のあの人に届けよう
單衫杏子紅。 単のこの着物は杏のような赤い色
雙鬢鴉雛色。 両の鬢はまるで烏の雛の黒い色
西洲在何處。 西洲はどのあたりだったかしら
両槳橋頭渡。 二本の櫂を動かして桟橋に船を寄せる

と詠んでいる。ここでは、「憶梅下西洲、折梅寄江北」と詠まれ、「梅の花」が見えてくる。作者は各地を巡り多くの自然詩を詠んでいる六朝を代表する自然詩人である。つねに自然や山水へと目を向けることにより、梅の花を見出したと思われる。もっともこの梅花が「あの人」を思い出せる花であり、二人を結びつける花であることから見れば、特別な花として梅花が存在していたと思われ

9) 伊藤正文訳『中国古典文学大系 漢・魏・六朝詩集』注8による。

ることである。おそらく「その人」とは女性であり、梅花の本で出会ったことを示唆するようである。その人との再会のためには、梅花をあの人に届けようということであろう。そのようであれば、この梅花は男女の恋を媒にしている花ということになり、『詩経』にも見られる百薬の花を歌垣で贈りあう男女の恋歌の伝統を受けているように考えられる。

一方、陶淵明の「蜡日」[10]では、

風**雪**送餘運。 風や雪がいまなお冬の名残を送ってはくるが
無妨時已和。 それでも春の気配がととのうのを妨げはしない
梅柳夾門植。 その証拠に、門を挟んで植えてある柳と梅の木の小枝に
一條有佳花。 綺麗な花が咲いていた
我唱爾言得。 わたしが飲んで歌うと、それが君の言いたいこととぴったりあう
酒中適何多。 酒の中の私たちの気持にぴったりなものが何と多いことだろう

のように、梅と柳を詠む。田園に隠居した陶淵明は、やはり自然詩人といわれる。陶淵明の回りには季節の自然が満ちていたはずである。その陶淵明は春にはまだ遠い風雪の中で、それでも春の気配を感じ取っているのは、門を挟んで植えてある「柳」と「梅」の柔らかな枝に綺麗な花が咲いたことであった。春の景物である梅と柳を詠んでいるのをみると、これは確かに春の美しい季節感を

10) 松枝茂夫・和田武司氏注『陶淵明全集(上)』(岩波書店)による。

詠もうとする陶淵明の作詩の意図が窺われる。柳や梅を「佳花」だというのは、その美しさに対する明らかな評価である。ただ景物である柳や梅に春を感じたというのは、その美しさに対して「佳花」だと評価し、春の季節の到来と花への楽しみが意図されているのである。さらに「我唱爾言得、酒中適何多」では、唱い、酒を飲むことを詠み、そこから友情を語り合うという主題へ展開していることが知られる。

先述したように『詩経』には、「梅の花」は見られず、その代わりに梅の実が古代中国の男女の習俗として詠まれ、女性が異性を誘引するものとして登場し、成熟した梅の実は恋の成熟の象徴として詠まれていた。鮑照は梅の実が酸っぱい味であるのを用いて旅の辛さを詠むが、一方に「梅花」の詩を詠むのであり、この時代あたりから梅花への関心が見出されている。また謝霊運は懐かしい西洲を思い浮かべるものとして「梅の花」を詠み、ここには恋と梅の花が結合している。陶淵明の場合は、風雪の中でも春の気配を感じさせるものとして柳と梅の花を捉えた。

唐の漢詩には「梅の花」が多く詠まれるようになり、またいくつかの取り合わせを詠む詩も見られるようになる。高適の「人日寄杜二拾遺」[11]では、

人日題詩寄草堂。　今日、人日にこの詩を作って、草堂にいる君のもとへ送る

11）前野直彬注解『唐詩選(上)』(岩波書店、昭和四七年)による。以下同じ。

遥憐故人思故郷。	そして昔なじみの君が故郷を思っているであろう気持ちに、ここから遥かに同情を寄せた
柳條弄色不忍見。	いかにも柳の枝は緑の新芽をちらほらとつけて、見るにしのびないほど思いをかき立たせる
梅花満枝空断腸。	梅の花は枝いっぱいに咲き誇って、腸が断ち切れるほどの悲しみをむなしく人に与える

と詠まれる。人日は旧暦正月七日の行事である。中国では一日から六日まで動物の日で、七日は人の日だと考えていた[12]。故人は昔からの友人の意味であり、柳條は柳の枝、弄色は、ここでは柳の枝が新芽を見せ始めていることをいう。人日に詩を作って草堂にいる友に同情を寄せるのだという。その友人を思う態度は、「梅の花」が枝いっぱいに咲き誇り、それを見るにつけて腸が断ち切れるほどの悲しみを感じるのである。「柳條弄色不忍見、梅花満枝空斷腸」は、作者が故郷を懐かしく思って寂しくしている友人を梅の花の咲き誇る風景の中に捉えている。ここには友人との思い出が梅の花の風景の中にあり、梅の花は、一年が再び廻り来たことを教える花として「梅花落」に詠まれるが、また先の鮑照には、「梅花落」の詩がある。この梅花落詩は寒い冬に早く花をつける梅花をほめるのでここに梅花を信義の花と捉える考えが成立している。

春が廻り来ても会うことの出来ない二人の悲しみが導かれて、梅の花と望郷の思いが結びついていることを知るのである。

また、杜審言は「和普陵陸丞早春遊望」の詩で、

12) 孟慶遠主編『中国歴史文化事典』(新潮社)の「人日」による。

独有宦遊人。 ふるさとを離れて宮つかえの身にある人だけが、
偏驚物候新。 あたりの風物のすっかりあらたまったことにふと気づき、心を驚かされるものだ。
雲霞出海曙。 春の雲や霞は大海原から生まれ出て、夜は明けてゆく
梅柳渡江春。 梅の花・柳の新芽は揚子江をわたり、しだいに北へ移ってきて、あたりは春の景色となる
淑気催**黄鳥**。 うららかな気候はうぐいすにさえずることを促し、あかるい日差しは緑の浮草とともに揺れ動く

と詠む。故郷を離れて宮仕えの身にある人だけが、辺りの風物が改まることに気づき心を驚かされるというのは、季節の変化への関心からであろう。故郷を離れた者は、訪れる季節の変化により故郷への思いを募らせたからだといえる。空気の変化や鳥の鳴き声、あるいは咲く花によってそれを故郷の季節と重ねるのであろう。春の雲や霞は大海原から生まれ出て、夜は明けてゆき、梅の花・柳の新芽は揚子江を渡り、次第に北へ移ってきて辺りは春の景色となることが詠まれるように、そこには季節の移ろいを観察する目が存在する。うららかな気候はウグイスに囀ることを促し、明るい日差しは緑の浮草と共に揺れ動くと詠むところには、十分に季節を観察する態度があり、しかも「梅柳」と「黄鳥」という取り合わせの表現を通して花鳥を詠んでいる。初唐の時代には、すでに「花鳥」の取り合わせの詩が成立するとともに、季節感を取り込むことで花鳥の美意識が定着する状況のあることが知られる。

盛唐の詩人張説の「幽州新戯作」では、

去歳荊南**梅似雪**。	去年、岳州で春を迎えたときは、梅の花が雪のように咲き乱れていた
今年薊北**雪知梅**。	だが今年、幽州で春を迎えるいまは、雪が梅花のように降りしきる
共知人事何嘗定。	思えばわが身の上も変わったものだが、人間万事、まったく定めないものとは誰でも知っていること
且喜年華去復來。	まあ、ともかくも、春が去ってまた訪れたのは、うれしいことだ

と詠む。「荊南」は、今の湖南省の地方。作者が流された湖南省岳州をさしている。岳州で春を迎えた時に梅の花が雪のように咲き乱れていたというのは、梅の花により春を認識するという態度である。それは、「梅花落」を予想させ、梅が咲くことで春の訪れを知ったということであり、季節の巡りをまず梅の花で理解していたということである。ここでは、一、二句目ともに「梅」と「雪」が取り合わせの表現になって「梅の花」の白さと「雪」の白さの視覚的な感覚をもって春の景色を詠んでいる。春の景色は「且喜年華去復來」と、梅の花を基準として春の到来を喜ぶのである。さらに梅が春の季節の到来を告げるということの上に、白雪を詠むことにより「梅雪」という季節の彩りを導き出す方法が取られていると思われる。

また、同じく、盛唐の詩人王維の「雑詩」では、

已見**寒梅**発。	すでに寒梅の花の開くのを見たと思ったら
復聞**啼鳥**声。	さらにまた、さえずる鳥の声も聞こえてきた(もう、春になったのだ)
愁心視春草。	私は物思いに沈んだ心で、芽生えでた春の若草に目をそそぎながら、
畏向玉階生。	その草がわが家の玉のきざはしにも生い茂るであろうことをおそれている

と詠まれ、寒梅の花が開き、囀る鳥の声も聞こえ春になったことを知り物思いに沈んだ心で、生えでた春の若草に目をそそぎ、草が家の階段に生い茂るのでろうことをおそれているという。作者は自庭に寒梅の花が咲き、いつしか鳴いているのを聞き、春の到来により、一年のめぐり来ることの早さを驚き、季節の移り代わりに目を向けるのであり、それらのことから季節の変化を花と鳥の景物により描くことを意識しているのである。

第三節 『懐風藻』に見る梅花詩の形成

古代日本に最初に成立した漢詩集である『懐風藻』には、一一六首の詩が収められている。そこにはさまざまな自然や季節の景物が詠まれているが、梅の花はそうした季節の景物の中でも、早期に登場する。梅を詠んだ詩は『懐風藻』に十四首見られ、詩語として鶯梅・素梅・梅芳・階梅・梅苑・梅花・梅雪・芳梅・梅蕊・庭梅などが見られ、そこには豊かな梅の文化を形成している。辰巳正明氏の指摘によれば、『懐風藻』はその文学的評価とは別に、季節感に対する深い関心を示した文学であり、日本人の季節感の成立の原点を形成した文学であったと述べ、『懐風藻』には梅と鶯を詠んだ詩は、六朝・初唐の詩と深く関わるものであると述べている[13]。たしかに『懐風藻』には、「梅」が多く詠まれていて、その中でも早期に詠まれる梅の花は、持統朝の葛野王の「翫鶯梅」がある(後述)。また、持統朝に留学した釈智蔵の詩には「翫花鶯」があり、この花が梅であるか否かはあきらかではないが、花と鶯とを一対として詩に詠む方法が見られる。そこには、日本古代漢詩がすでに花鳥の美意識を獲得していることが知られるのである。そうした梅の詩の中で、まず特徴的に見られるのが応詔詩に詠まれていることである。

① 五言。春日。応詔。紀朝臣麻呂。 一首。

---

13) 辰巳正明氏「持統朝の漢文学—梅と鶯の文学史—」『万葉集と中国文学 第二』(笠間書院、平成五年)。

階梅闘素蝶。 階の梅に白い蝶が舞い乱れ
塘**柳**掃芳塵。 堤の柳は落花を吹き掃っている
天徳十堯舜。 天子の聖徳は尭舜に十倍し
皇恩霑寓民。 万民は等しく恩沢に浴している[14]

② 五言。三月三日。応詔。調忌寸老人。一首。

玄覧動春節。 天子は春の時節に風景に心を寄せられ
宸駕出離宮。 お車は離宮をお出になられた
勝境既寂絶。 景勝の地は寂しく静かで
雅趣亦無窮。 高雅な趣きに満ち満ちている
折花梅苑側。 梅園に立たずみ、花を手折って賞し
酌醴碧瀾中。 青い流れに盃を浮かべ酒を酌みかわす
神仙非存意。 神仙の境地を望むのではない
広済是攸同。 広く人々を救うことは君臣同じくするところである
鼓腹太平日。 腹つづみを打つて太平の日を謳歌し
共詠太平風。 ともに太平の趣きを歌うのだ

③ 五言。侍宴。応詔。大石王。一首。

淑気浮高閣。 春の和やかな大気は高閣をとりまき
梅花灼景春。 梅の花はこの善き春に咲き匂っている
叡睠留金堤。 天子は御苑の堤にお立ちになり
神沢施群臣。 お恵みを群臣に与えなさっている
琴瑟設仙禦。 御苑の囲みの中で琴や瑟をかなで
文酒啓水浜。 水辺に出られて詩文の宴を開かれる
叨奉無限寿。 われわれ臣下は恐れ多くも無限の寿を祝い

---

14) 小島憲之氏「日本古典文学大系」『懐風藻・文華秀麗集・本朝文粋』(岩波書店、昭和三九年)による。以下同じ。なお、旧漢字は新漢字に直した。

倶頌皇恩均。　ともに天子の恩情の広いことを頌し申しあげる

④ 五言。春苑。應詔。田辺史百枝。一首。

聖情敦汎愛。　天子の慈愛は広く人民に及び
神功亦難陳。　神のような大きな業は言いつくしがたい
唐鳳翔台下。　鳳凰は台下を飛び翔り
周魚躍水浜。　魚は聖徳を喜んで水辺で跳ね踊る
松風韻添詠。　松の清らかな響きは歌を添え
梅花薫帯身。　梅の香ぐわしい匂いを身に帯びる
琴酒開芳苑。　琴と酒の雅宴を花咲く御苑の庭に開き
丹墨点英人。　英才の人たちの詩書また絵を天覧に供している
適遇上林会。　思いがけなくも天子の御宴にお仕えいたし
忝寿万年春。　うやうやしく天子万歳の春を寿ぎ申し上げる

①は「応詔」の詩であるから、天皇に対して詠まれた詩である。それだけに格式が重んじられていると思われる。まず宮殿の階段に植えられている白梅が詠まれ、白梅は白蝶と白を競うのだと詠まれる。白梅と白蝶との取り合わせは珍しく、白を純白として天皇の清潔さや初春の清々しさを表現しているのであろう。さらに堤の柳の花にも目が向けられて、春の到来が詠まれ、その春は天子の徳が万民に行き渡っていると天子を褒め称えている。應詔詩の格調を梅の白と蝶の白で際だたせて天子の徳を引き出しているのは、梅の花の徳を背後に示しているからであろう。②も応詔によるものであり、天子は春の時節に風景に心を寄せられ、お車は離宮をお出になられたということから、天皇の行幸に従駕して離

宮の庭園で詠まれたことが知られる。梅園に立たずみ、花を手折って賞することからは、離宮の庭園に「梅苑」が設けられていたことが知られ、梅が庭園の重要な花であったことが知られる。しかも、その梅園は神仙境を越える景勝の地であるのだ。辰巳正明氏は「梅の花は天下太平の象徴である」[15]と指摘しているように、梅花は「鼓腹太平日、共詠太平風」と、梅の花を折りかざしながら、世の中の太平を喜ぶ象徴として詠まれているのである。③は天子の離宮の庭に植えられた梅を詠んだものである。春の気の中に梅の花は咲き匂い、天子は御苑の堤に立ち、群臣に恵みを与えているといい、それゆえに臣下たちも天子に無限の寿を祝い、天子の温情の広いことを頌するのであるという。梅花と天子の徳とが一体として描かれ、その徳を臣下たちは讃えるのである。④は天子の広大な恩や徳が深く、それゆえに鳳凰も魚も喜び、松は美しい響きを奏で、梅の香しい匂いを身に帯びるのだという。そこでは英人たちが揃い天子の万年春を寿ぐのである。ここには「梅花」による高貴な香りが描かれ、それは天子の徳を表現するものであろう。そうした春景の中に詩酒の宴が開かれるのである。

このように、応詔詩に梅の花が詠まれ、梅の花を通して天子の徳と君臣の和楽が実現されているのであり、そこに応詔詩における梅花の重要な意義が認められるのである。

一方、奈良時代初頭の宰相である長屋王は作宝楼という別荘を持ち、当時の文人達を招いて、詩の宴を開いていたことが知られ

---

15) 辰巳正明氏「持統朝の漢文学─梅と鶯の文学史─」注13参照。

る。いわば長屋王文化サロンが成立していたと思われる[16]。その長屋王邸の詩宴では、梅花に強い関心を持っていたことが知られる。

⑤ 五言。宴長屋王宅。境部王。一首。

新年寒気尽。　新年を迎えて寒気も和らぎ
上月淑光軽。　正月の和やかな光が心地よい
送**雪梅花**笑。　雪もとけ、梅花はほころび
含霞竹葉清。　霞に濡れた竹の葉も清らかで
歌是飛塵曲。　歌は梁の塵を舞わせるほどの美声で
絃即激流声。　伴奏はほとばしる清水のような急調子
欲知今日賞。　宴席の今日の興趣は問うまでもない事
咸有不帰情。　だれもが帰宅を忘れているではないか

⑥ 五言。初春於僕射長屋王宅讌。百済和麻呂　。一首。

帝里浮春色。　都は春の景色になり
上林開景華。　御苑に花が咲き乱れる
芳梅含雪散。　清香の梅は雪とともに散り
嫩柳帯風斜。　若葉の柳は風にもまれてなびいている
庭燠將滋草。　春の光に庭の草も萌え出でようとし
林寒未笑花。　林の中はまだ寒く、花は咲かない
鶉衣追野坐。　敝衣の賎者は野掛けを楽しみ
鶴蓋入山家。　乗車の貴人は別荘に入って
芳舍塵思寂。　この邸宅では俗念は消え去り

16）辰巳正明氏『悲劇の宰相 長屋王』（講談社新書メチエ・九、一九九四年）。

拙場風響譁。 詩の席上で風流韻事で賑っている
琴樽興未已。 琴と酒の感興はいまだ尽きない
誰載習池車。 酔いつぶれて帰るものはまだいない

⑦ 五言。於左僕射長屋王宅宴。箭集虫麻呂。一首。

霊台披広宴。 長屋王の邸宅で盛大な宴を開き
寶斝歡琴書。 玉の盃を手に、琴と詩文を楽しむ
趙発青鸞舞。 趙の青鸞の舞を演じては
夏踊赤鱗魚。 夏の赤鯉の歌を披露する
柳條未吐緑。 柳の緑にはまだ時季が早いが
梅蕊已芳裾。 梅は花開いて香り高い
即是忘帰地。 今日の興趣は帰るのも忘れてしまうほど
芳辰実叵舒。 よい時節の賞美には表現の言葉がない

⑧ 五言。春日於左僕射長屋王宅宴。大津首。一首。

日華臨水動。 日の光は水の面にはねかえり
風景麗春墀。 石庭の春の景色は麗らかである
庭**梅**已含笑。 庭の梅もすでに花咲き
門**柳**未成眉。 門辺の柳はまだ葉を広げない
琴樽宜此処。 琴と酒とはこの地にふさわしく
賓客有相追。 客人は盃をかわして歓びを尽くす
飽徳良為酔。 充分にもてなされ心よく酔うた
伝盞莫遅遅。 躊躇わずに順次盃を廻してくれ

⑨ 五言。春日於左僕射長屋王宅宴。塩屋連古麻呂。一首。

卜居傍城闕。 宮城門の傍らに邸宅を構え
乗興引朝冠。 興のわくままに朝臣を招いて宴を開かれる
繁絃弁山水。 絃の調べは山水の趣を演じわけ

妙舞舒齊紈。　巧みな舞はねり絹の衣をひるがえす
柳條風未煖。　柳に吹く風はまだ温かいとはいえず
梅花雪猶寒。　梅は咲いたが雪はなお冷たい
放情良得所。　気儘に思いを馳せるに格好なところ
願言若**金蘭**。　いつまでも金蘭の交わりでありたいものだ

長屋王は、「元日宴。應詔」の詩を詠んでいて、そこでは、新年の御所の庭園には初春の景色がまばゆく、「玄圃梅已故、紫庭桃欲新(宮苑に梅が咲き散り、紫宮に桃が咲こうとしている)」と、梅の花から桃の花へと季節が移ろっていく様子を詠んでいる。奈良朝初頭の漢文学では、梅花は天子の庭園から貴族の庭園の景物へと移って行くのが特徴である。それを代表するのが、長屋王邸の庭園に描かれる梅花である。雪に交じりながらも雪が解けて梅が咲き始めたという。そこには「梅雪」という語が理解されており、同時代の大伴旅人は、「初春。侍宴」の詩に「梅雪残岸に乱れ」と詠み、梅と雪の交わりをひとつの美しい風景として捉えられているのであり、それは詩語としても成立しているといえる。江口孝夫氏が、「四句目の『霞を含んで竹葉清し』は秀逸である。四季おりおり、晴れるにつけ曇るにつけて趣きを呈する樹木を、とくに霞にぬれる竹葉など、しっとりと、またさわやかな色合いなど十分に想像、想起させるものである」[17]と指摘しているように、この詩は「雪」「梅花」「霞」「竹」などの景物を以て風景を描き、さらに、一聯から四聯は、「雪」「梅花」という風物を以って、視覚的な感覚表現

17）『懐風藻』(講談社文庫)解説による。

を取り、五聯から八聯までは、「塵曲」と「絃」と聴覚的な表現を取っている。⑥でも御苑に清らかな香の梅は雪とともに散り、若葉の柳は風にもまれてなびいている様子が詠まれる。梅の花が雪に交じりながら散るという表現は、明らかに「梅雪」という詩語を意識して可能になる表現であろう。さらに梅の散る中に柳の若い枝が風に靡く様子が詠まれるのも、おそらく「梅柳」という詩語を生み出す状況があるように思われる。紀古麻呂の「望雪」には「柳絮未飛蝶先舞、梅芳猶遅花早臨」と詠まれ、また⑦の箭集虫麻呂の「侍宴」でも「柳條未吐緑、梅蕊已芳裾」と詠まれている。王邸の詩宴は興味深く帰るのも忘れるほどで、よい時節の賞美には表現の言葉がないのだと褒めている。そのような賞美すべき季節の景物として、梅の花と梅の香とを取り出しているのである。これもまた「梅柳」「梅雪」が一対の詩語として成立していることを示し、そこから発想されているのだといえる。長屋王邸の詩は、詩宴を中心に詠まれたものであることから見れば、そこには集まった詩人達が共通の表現を共有するという問題も存在したものと思われる。梅花を詠むのは、そうした集団的な共通の認識があり、そのことから「梅雪」や「梅柳」などの詩語が生まれつつあったと考えられる。

一方、『懐風藻』には梅の花を愛でながら老いを嘆くという詩が見られる。

⑩ 五言。歎老。亡名氏

耋翁雙鬢霜。 老いぼれの身は、両方の鬢に霜の如き白髪をいただき

伶俜須自怜。 よるところのない身は我ながら当然あわれまれる
春日不須消。 春の日を他人のように浮かれ廻って過ごす必要もなくて
笑拈**梅花**坐。 笑いながら梅の花を摘んでは
戯嬉似少年。 嬉々としてうれしそうに遊びたわむれる様子はまるで少年のようだ
山水元無主。 山水は元来その持主はなく、ほしいままに山水を自分のものとして賞美することができ
死生亦有天。 人間の死や生も元来また天命である

この詩では、「鬢」を「霜」に喩えているのが特徴的な表現である。詩題が「歎老」であるが、この詩が「戯嬉似少年」のように、単純に年を取ることを歎いているのではなく、あくまでも、春の日に笑いながら梅の花を摘んでは、少年のように、嬉々として喜び楽しむのは、梅の花を手折ってであり、梅の花の美しさを賞美する風雅な遊びとしているところに注目される。いわば少年のような無心と梅の花の性質とが結びつけられ、そこから梅の花の性質を「無心」と捉えているように思われる。

このような『懐風藻』の梅花に対して、「梅」と「鶯」を一対にする詩が存在する。しかも、その登場は意外と古く、持統朝の葛野王の作品に見ることができる。

⑪五言。春日翫鶯梅。葛野王。一首。
聊乗休暇景。 ちょうと休暇の日をかりて

入苑望青陽。 園に入って春の景色を眺めた
素梅開素靨。 白梅は白く咲きほころび
嬌鶯弄嬌声。 鶯はあでやかに囀っている
対此開懐抱。 うららかな景にもほどけ
憂足暢愁情。 愁いもいつか消えていく
不知老将至。 老いもいつか消えていく
但事酌春觴。 盃を手に春の興にひたるばかりだ。

公務の休みに御苑に足を入れ春の景色を眺めると、白梅が咲きほころび、鶯があでやかに囀っているという。題は「鶯梅を翫す」であり、ここに「鶯梅」の語が用いられていることに注目すべきである。「鶯梅」の語は漢籍には見受けられないと思われる語であり、いち早くこの語を用いた葛野王を取り巻く詩語の世界の早熟を考えなければならないように思われる。辰巳正明氏によれば「釈智蔵の『花鶯を翫す』の詩に対して「花鳥は必ずしも梅花とは限らず、抽象化されている。それに対して、『鶯梅』は具体的な詠まれ方である。これは何を意味するのだろうか。いずれも持統朝の中で成立した詩であるが、それは持統朝漢文学の問題を示唆するものであるように思われる」[18]と指摘しているように、「鶯梅」の詩語は、持統朝の漢文学において成立したものと思われる。

18) 辰巳正明氏「持統朝の漢文学」注13参照。

第四節　韓国古代漢詩に見る梅花詩の形成

漢詩は中華文明に発し、東アジア共有の文化として日本も韓国も共有したのであるが、そこには漢詩を通して文化を共有する意識を明白に見ることができる。国際的な交流において漢詩は不可欠な教養であり、またその国の知識人たちの重要な教養でもあった。それは韓国においても例外ではなかった。

梅の花の渡来は韓国と日本の場合、必ずしも、同時期とは限らない。また、それが実用として受け入れられたものと思われるが、そうした実用性とは別に、花を愛でるという文化の中から、梅の花に関心が赴いたのであろう。すでに花を愛で詩に詠むという文化は、先に触れたように中国六朝に明らかになる。日本の梅の花を詠む詩はまず『懐風藻』に現れ、初期の詩は持統朝(西暦六八九～六九七)に求められる。そうした日本における梅花の受け入れに対して、韓国の古典詩歌ではどのように受け入れられ、どのように詠まれているのかを、韓国の高麗(同九三〇～一三九二)時代の漢詩をあげて、以下に考察したい。

梅の花に関する韓国の先行研究について触れてみると、先に、李姃恩氏は、『韓国梅花詩の伝統と継承研究』で、「結局、梅花漢詩の伝統は近くに接近して観照し、梅花の姿態をそれと同様の特性の異なる事物に喩えて梅花の美しい姿態を事実的、客観的詩的表現をもって強調し、脱俗の境地に対する追求と自然に対して合一しようとする自我の意図を表わしている」[19]として、韓国の古代漢詩から現代詩に至るまでの「梅花」の表現について詳しく論じている。また、金エジ氏は、『韓国と日本に見る植物観比較』で、「郷歌と万葉集との比較や平時調と俳句との比較などが全くなかったわけではないが、その数は数えられるくらいである。したがって、ここでは日韓両国の植物観を中心に両国の詩の世界における伝統の独自性や類似性を検討する」[20]と述べて、日本と韓国古代詩歌に基づいて植物観の比較を論じている。なお、林性哲氏は、『日本古典詩歌文学に現れる自然』で、「梅の場合、春の花の中からもっとも先に咲き、世人の目を楽しくしてくれるし、新しい春が到来することを告げる気品のある花である。異国情趣のあふれる梅は、万葉の歌人に多大の関心をひき、貴族は梅を庭に植えて花の風情や香りに酔って上品な姿勢を詩想に納めたのである」[21]と指摘している。

まず、注目されるのは、梅は柳と一対として表現されることである。

①「野歩」『梅湖遺稿』[22]陳澕

小**梅**零落**柳**僛垂。小さい梅は散り、柳は揺れて垂れ

閑踏青嵐歩歩遲。のどかに青い霞を踏み歩みは遅い。

---

19) 李姃恩氏『韓国梅花詩の伝統と継承研究』(一九九六年六月、建国大学校教育大学院 教育学科 国語教育専攻、修士論文)。

20) 金エジ氏『韓国と日本に見る植物観比較』(二〇〇三年八月、新羅大学校教育大学院日本語教育専攻、教育学修士論文)。

21) 林性哲氏『日本古典詩歌文学に現れる自然』(二〇〇二年一二月、韓国日本学協会、図書出版宝庫社)。

22)『梅湖遺稿』李鐘燦氏『韓国漢詩大観 第1』(イ・フェ文化社、一九九八年)。

漁店閉門人語少。漁村の酒屋も閉店して人の声さえ聞こえない
一江春雨碧絲絲。川の春雨は碧色の糸になった。

陳澕は高麗時代(一二〇〇年ころ)の人である。賑やかであった漁村が静まり返ると、ただ川に降る春雨がまるで糸のようであるといって、春の景物をもって季節感を詠んでいる。「小梅」は「梅の花」のことであり、「零落」は、「散る」状況を指している。梅が散る折に柳の枝は若芽を垂れて風に揺れているのである。ここには「梅柳」が一対となって詠まれているのが特徴であり、しかも、その心情表現は小梅の散ることから、中国漢詩の「落梅」を意識しているものと思われる。六朝の謝眺に「落梅」があり、「新葉初冉冉、初蕊新霏霏」[23]と見え、梅の花の散る様子が歌われていて、これらは辺境の兵士たちが故郷を思う歌であるという[24]。また、同じく陳澕は『梅湖遺稿』で梅の花を詠んでいる。

②「梅花」

東君試手染群芳。　春風は枝を試すために花を染めようと思った
先点寒**梅**作淡粧。　まず寒い季節に咲く梅の花に薄い化粧をさせて
玉頬愛含春意浅。　白玉の頬は愛らしく春意をこめる
縞裙偏許**月**華涼。　白いスカートだけが月華の涼しさを求め
数枝猶対撩人艶。　幾つかの枝は却って人を引き寄せる艶を帯びる
一片微廻遂馬香。　一片をもって山篸の香を少し漂わせ

23) 鈴木虎雄氏『玉台新詠集　上』(岩波書店、一九四九年)による。
24) 辰巳正明氏「落梅の編―楽府『梅花落』と大宰府梅花の宴―」『万葉集と中国文学』(笠間書院、平成四年)参照。

正似清渓看疎影。 直に清らかな小川で古希影を見るようである
只愁桃李未升堂。 只桃李の花のように堂に供えられないことだけが
惜しまれる。

ここでは「梅花」を詩題として詠み、梅の花を詠物的に詠むのが特徴である。春風が梅の花に薄い化粧をさせようとしたら、梅の花は愛嬌とともに春意をこめ、枝は人を寄せる艶を帯びて山參の香を漂わせ、清らかさはまるで小川で古希影を見るようであると詠み、桃李の花のように堂に供えられないことだけが惜しまれるのだという。梅の花が季節に先んじて早く咲いてしまった理由を、「東君」という春の神様のためだと表現している。「東君」が化粧をさせた梅の花は、玉のように美しい頬に春の気配を帯びているだけではなく、梅の花の清らかな白い色彩には月光がこめていると描いている。この詩にある景物は、「東君」(春の風)「寒梅」「月華」「桃李」という順に並べられている。これから察せられるのは、中国伝統の漢詩を詠む環境としての「花前月下」を踏まえていることである。なかでも、「先点寒梅作淡粧」といって、「梅」の美しさを賞美しようとする作者の積極的な鑑賞態度が窺われる。しかも、梅は擬人化されて、一層詩人との距離を縮めているのである。

陳澕は「花前月下」という詩を詠む環境を理解しているように思われる。同じく『梅湖遺稿』の中には、

③「書雲岩寺」

昨夜山**梅**一枝發。 昨夜山の梅が一枝咲いていた
山中老僧不知折。 山に住む僧は折ることを知らず
使君年少正多情。 使いは若くてまさに多情で
走傍寒叢問消息。 さむざむとした叢の傍らで安否を問う
恨無仙人双玉簫。 仙人の雙玉の笛がなく
吹破人間遠別離。 人間の辛い離別を歎く
到山三日不登山。 山に来て、三日も山に登らず
無奈東風却悽切。 もしかしたら、春の風が大変切ないのではないだろうか。
(言若不登山問消息 則春風必為人悽愴)(もし、山に登って消息を問わなければ春の風が人間を憎むだろう)
明朝上馬入紅塵。 明日の朝馬に乗って紅塵に入ったら
一誰賞堂前簾月。 誰が堂の前の簾にかかっている月を見よう。

とある。詩題が「書雲岩寺」とあり、「恨無仙人雙玉簫、吹破人間遠別離」からは、作者が俗世を離れて山の奥に住もうとしている様子が知られる。さらに、そこには、ある意味では、脱俗の精神が追求されているともいえよう。さらに、明日の朝、馬に乗って紅塵に入ったら、誰が堂の前の簾にかかっている月を愛でようというところには、作者が脱俗という姿勢と、脱俗により発見する花鳥風月の世界がある。そうした態度からは、「花前月下」という詩を詠む環境を求め、新たな美意識を求めていると考えられよう。

「花前月下」という詩語として詠んだのは、洪侃の『洪崖遺稿』[25)]

25) 李鐘燦氏『韓国漢詩大観 第1』注22による。

である。「龍唯酔中鸑篥」には、

江心桃竹肥玉滑。 江の中心に桃竹は白玉のように肥え
至音中蔵無処泄。 奇妙な音を隠したまま洩れることはない
雕琢春氷挿怨舌。 春の氷を整えて悔しさが募ることよ
珠縄耿耿銀宇凄。 玉の紐も切れそうで天の川は切なく
教坊善平宝畜之。 教坊によく保管して宝のように大事にし
幾向**花前月下**咲。 幾度も花の前月の下で吹いたことである
今朝忽聴龍喉家。 今朝、忽ち、龍の鳴き声を家の中に聞いて
始識落**梅花楊柳**枝。やっと落梅花や楊柳枝の歌詞を分かったような気がする
悲音幽散雑怨慕。 悲しい調べがふっと散っては怨みもなくなり
新翻曲折何無数。 新曲調も以前とは違って、なぜあの調べではないのだろう

と詠んでいる。題の「鸑篥」は笛の名であり、桃竹が名笛となり教坊に宝として管理されていることを詠み、その名笛は「幾向花前月下咲」というのである。名笛の音と花の前、月の下とは一対の風雅としてあるが、それは詩人たちの詩作もまたそのようであることを詠んでいるものといえる。

韓国古代漢詩における梅花は、すでに一定の美意識が成立している段階にある。ただ韓国古代漢詩は多く失われていて、その初期的段階を想定することは難しい。次の李集も高麗時代の詩人であり、すでに梅を観賞するという態度によって詩を詠んでいる。

④「賦梅」[26]二首

見設寒**梅**発一枝。　寒い中に梅の花が一輪咲いて
陶斉詩興与誰期。　陶齊の詩興を誰と期すことができよう
丁寧急弁看**花**会。　急いで梅の鑑賞会を催そう
冷艶幽香苦暫時。　涼やかで芳しい香も暫くの時であるから
雪厭園林歳暮天。　雪に覆われている東山の日が沈むころ
梅花粲粲故依然。　梅の花は美しく目に浮かぶような気がする
君家知有蔵春塢。　あなたの家にはいつも春を包んでいる坂があり
一樹能開臘日前。　一株が正月の前に咲いたことだ

この詩は、梅の花が寒い季節に一輪が咲いて、陶斉の詩興を誰と期すことができようかといい、急いで梅の鑑賞会を催そうというのである。梅の涼やかな芳しい香は、一瞬の内に失われるから、もったいないのだというのである。梅の香りへの関心が強く出ている詩である。「丁寧急弁看花会」の「看花会」は花を見る会であり、花見のことである。花の鑑賞会を通して、梅の花の観賞を勧めるところには、梅花が早春の花として明白な位置を保っていることが知られる。そして、ここには梅花の鑑賞を通して詩作へと向かう態度があり、『懐風藻』が梅を賞美し賞翫する態度と等しいものであることが理解出来るのである。そのような花の観賞を通して韓国漢詩に共有する、季節感が形成されたものと思われる。

---

26)『遁村集』李鐘燦氏『韓国漢詩大観 第1』(『遁村集』と洪侃の『洪崖遺稿稿』(イ・フェ文化社)、なお、李集の『遁村集』の「賦梅 二首 呈陶齊」を参照した。

また、韓国漢詩の梅花で重要なのは、梅花の性質を「高潔」とすることである。同じく李集の詩[27]には、

⑤「右梅呈陶齊」

和靖有**梅**癖。	和靖先生は、梅花の癖があって
書窓向水開。	書窓は水に向かって開いていた
旨同塵俗尚。	その旨は塵俗ながらも
自擬玉仙来。	自ずから白玉の神仙に擬したのだ
酷愛**氷**容痩。	寒々とした氷の姿態を愛して
還愁**雪**骨催。	却って雪の骨のように枯れてしまうかも知らないので心配し
黄昏倚杖立。	黄昏に杖を頼って立ち
素月共徘徊。	白い月とともに徘徊した

のような詩がある。和靖とは中国宋の林逋の号であり、世の中から離れて梅と鶴を愛して「梅妻鶴子」と言われた。その故事を踏まえて「酷愛氷容痩」といい、梅の花が氷や雪の寒い中でも枯れることがなく、美しく咲いている高潔さを詠んでいる。霜雪に堪え忍ぶ花として中国において尊重されたことは、六朝の詩人である鮑照が「梅花落」[28]において、

中庭雑樹多。　　中庭に雑樹多けれど

27）注26参照。
28）星川清孝氏「漢詩大系四・五」『古詩源 上・下』(集英社、昭和三九年)による。

偏為**梅**咨嗟。	偏に梅が為に咨嗟す
問君何独然。	君に問ふ何ぞ独り然ると
念其**霜**中能。	念ふ、其の霜中に能く花を作し
作**花**霜中能。	露中に能く実を作すを
風媚春日念。	春風に揺蕩たるせられて、春日に媚ぶるも
爾零落遂寒。	念ふ、爾の零落して寒風を遂ひ
徒有霜華無霜質	徒に霜華有るのみにして、霜質無きを

と詠むように、梅の花は霜雪の中で咲き、雑樹は春風が吹いて春の日に媚びて咲くのだという。そこには梅花が霜雪に負けない高潔な花として理解されているのである。そこには儒教思想が読み取れる。そのような理解が韓国漢詩にも認められるのであり、梅の花をめぐる韓国漢詩の形成が東アジアの漢詩と共通することを知るのである。

第五節　結

漢詩が中華文明の文学として起こり、周辺諸国は中華文明の文化の受け入れに努めた。その代表的な中華文明は漢字・漢文であった。韓国も古代日本も漢字・漢文の学習を通じて中華文明を理解する時代を迎えたのである。特に漢詩は東アジアの漢字文化圏の象徴的表現として受け入れられた。それを通して三国の交流が促されたのである。

梅の花をめぐる三国の漢詩の形成は、まず中国に始まり六朝には一定の表現やイメージが形成された。そして、初唐以後には梅の花はさまざまなイメージの中に詠まれたのである。韓国漢詩においては中国や日本とは違って、三国時代(六〇〇~八〇〇年代)の資料があまり残っていないことから、同時的に比較することは、困難であるが、高麗時代の漢詩を見ると、梅花詩はさまざまな詠まれ方をしていることが知られる。そこでは梅を鑑賞の対象としており、「梅と柳」や「梅と雪」の取り合わせが見られ、また梅に高潔な生き方が見出されている。詩作の環境としての花前月下という考えは、風雅を導く詩の風物としても認識されている。

この韓国漢詩に対して古代日本には『懐風藻』が残されていて、東アジア周辺国の漢詩文化を知る上では貴重な資料となっている。『懐風藻』は韓国の統一新羅時代にあたるが、早く百済は古代日本に漢字を伝え、さらに百済の滅亡により百済渡来人たちが近江の都に仕え、百済文化が日本文化を形成した状況も見られる。その中でも近江朝に漢詩が詠まれはじめたのは、皇太子の賓客らによる指導があったからであろう[29]。以後の持統朝から奈良時代中期に多くの漢詩が残された。梅の花に関する詩も多様に現れるが、その始まりに梅に対する鑑賞(「翫」)が見られるのは、すでに梅に対する認識が成熟していたことを示している。特に天皇による詔を受けて詠む詩や、高級貴族の邸宅において行われる詩宴で詠まれることは、梅が特定の価値を持っていたことを知るのである。和歌が梅を詠むのは、最初の梅の漢詩から二〇年ほど後のことであり、梅がいかに漢詩文化の産物であったかが理解されるであろう。ここには、明らかに梅の花を共有する東アジアの文化が存在する。梅の受け入れにはそれぞれの国の文化が存在するが、詩を通して共有されるのは詩語やイメージの問題であった。そうした詩語やイメージの形成は、三国の文化を接近させ、東アジア共通文化を形成したのだと思われる。

---

29) 辰巳正明氏「近江朝漢文学の課題」『万葉集と中国文学 第二』(笠間書院、平成五年)。

第二章　古代中国漢詩に見る「蘭」のイメージ

第一節　序

蘭の花は、東アジアにおいて、古くから「梅」「蘭」「菊」「竹」などとともに四君子の一種類に数えられるもので、東洋画や書道にも漢詩にも欠かすことができない素材であるに間違いない。それは蘭草そのものが美しく素朴な様子が人の目を引くことにあるが、こうした清らかで高潔さのために人びとに愛され、高潔の象徴や脱俗のイメージ、隠逸の精神の象徴、などの儒教的な思想性が盛り込まれて、儒教の精神世界を代表する植物に位置づけられるほど儒教社会に大きな影響を及ぼした植物である。こうした蘭は中国漢詩においても重要な植物である。蘭は早く『詩経』に見られ、男女の愛情を示す花として選択されている。そうした蘭の性格から、愛情や信頼といったイメージが予想されるに違いない。そこに蘭のイメージの源流があるとすれば、以後の中国文学史の上で蘭はどのような花として展開を示すことになっただろう。以下に古代中国の漢詩に見られる「蘭」の花のイメージとその成立について考えてみたい。

第二節　「蘭」のイメージとその象徴性

中国古代に成立した『詩経』「鄭風」の「溱洧」には、賑やかに蘭の花を摘む人々の様子が詠まれている。

溱與洧	春の水
方渙渙兮	若者たちや娘たち
方秉蕑兮	蘭とるにぎわいに
女曰觀乎	観に行きましょうよ
士曰既且	もう観てきたよ
且往觀乎	でもまあ往って観ましょうよ
洧之外	洧水の向こうは
洵訏且樂	ほんとうに広くてたのしいわ
維士與女	そこで二人が
伊其將謔	それふざけあい
贈之以 勺薬	たがいに贈る勺薬[1)]

『詩経』に見るこの歌謡は中国春秋時代に存在した鄭の国の歌であり、鄭風は現在の河南省新鄭県である。毎年上巳(陰暦三月三日)には、邪気を祓う行事が行われていて、その様子を歌ったものである。邪気を祓う行事は、身に帯びた悪いものを払い落とし、新しい魂(活力)を体中に染み込ませることを祈願するものであり、同時に、男女の自由恋愛が行われる出会いの場でもあった。鄭国を境にして流れる大河(溱水・洧水)が合流するところの水辺に集まった多くの青年男女は、お互いに歌を歌いあって、自由に恋人を選び、求婚してはお土産を贈答しあうのである。男女の歌のや

1) 目加田誠氏『詩経・楚辞』(平凡社)。訳も同書による。以下同じ。なお、旧漢字は新漢字に直した。

り取りや、勺薬を贈り合う内容から、三月三日の行事には河辺で歌垣が行われていたことが知られる[2)]。

男女の若者たちが摘む蘭や勺薬は、男女の愛を象徴する花であったといえるのだが、蘭はかぐわしい香と薬効がある植物として珍重されるとともに、男女の求愛の花ともなる。さらに勺薬は男女の愛を結ぶ、重要な贈り物としての花であった。この事実を証明するものとして中国南方の年中行事を記した『荊楚歳時記』がある。

> 三月三日、四民並びに江渚池沼の間に出で、清流に臨んで流杯曲水の飲を為す。『漢詩』を按ずるに曰く。唯だ溱と洧と方に洹洹たり。唯だ士と女と方に　蕑を秉ると。注に謂う。今、三月、桃花水の下、招魂続魄するを以て、以て歳穢を除くと。『周礼』に女巫は歳時に祓除釁浴すと。鄭注に云く。今三月の上巳、水の上の類なりと。司馬彪の『礼儀志』に曰く。三月上巳、官民並びに東流の水の上に禊飲すと。彌いよ此の日を験あらしむるなり。『南岳記』に云う。其れ山西の曲水壇は、水、石の上に従て行き、士女、河一に「行」に作る壇に臨む。三月三日に逍遥する。[3)]

三月三日に四民は清流に臨み杯を流し酒を飲むというのは、上巳の行事を示すようであり、桃花水のもとでは招魂続魄して歳穢を除くといい、周時代の決まりを挙げて、周では女巫が歳時に祓

2) 白川静氏『詩経』(中央文庫)。
3) 守屋美都雄氏『荊楚歳時記』(平凡社)。

除釁浴をするのだという。さらに司馬彪の『礼儀志』を挙げて、官民が東流の水の上に禊飲をするといい、『南岳記』では三月三日に逍遥するという。中国南方の三月三日の習俗として邪気を祓うことが行われ、また上巳の宴飲があり、逍遥がある。それらは人々の遊楽の日ともなり、賑わいを見せていたのである。ことに溱と洧の川では男女が集い、賑やかに歌垣が行われていた4)。

蘭が求愛のシンボルに詠まれる例は、『楚辞』「小司命」と「山鬼」にもある。

秋蘭兮**蘼**蕪	秋蘭と蘼蘭と蕪と
羅生兮生堂下	堂下につらなり生え
緑葉兮素枝	緑の葉に白い枝
芳菲菲兮龍予	香は高く身にまとう
夫人兮自有美子	人は皆よい配偶のあるものを
蓀何以兮愁苦	何とて君は愁えたもう
秋蘭兮青青	秋蘭は青々として
緑葉緑兮紫莖	緑の葉に紫の茎
満堂兮美人	美しい人は堂に満ちているのに
忽独與余兮目成	私にばかり目くばせされる(前掲示書)

巫女が小司命の神を迎えようとする様子を詠んでいるもので、「わたしは新しい神を迎える堂を作る。秋蘭と蘼蕪のような香草は神を迎える堂の下に並んで生え、青い葉と白い枝の香が強く匂っ

4) 注3の前掲書。

てくる。このとき、人々は私に向かっていうに、『お前は何を持って神を迎えようとするのか、それは不可能なことであるよ』という。わたしは、人々が聞いてくる質問に答えていう。『昔、青々として茂げっていた秋蘭の青い葉、紫色の茎のような美人が堂に満ちているとき、あの小司命は私と目をもって、情を交わし、結ばれた』」というふうに歌っている。大司命の男神は、来るかと思うと忽ちに去って行き、待っていても来ない男神を思って、女神の小司命が歌う歌だという(前掲書注)。この内容からして男神と女神との恋愛のシンボルとして「蘭」が登場していると考えられるので、神々の恋歌に属するものだと言っていいだろう。さらに、「山鬼」には、

若有人兮山之阿	山蔭に誰やら人の居るけわい
被薜茘兮帯女蘿	まさきのかずらを衣に着 ねなしかずらを帯にしめ
既含睇兮又宜笑	思いを込めた流し目ににっこり笑う美しさ
子慕予兮善窈窕	あなたは私の婀娜な姿を可愛いといって下さった
乘赤豹兮従文狸	赤い豹に乗り 班の狸を連れ
辛夷車兮結桂旗	こぶしの車に桂の旗
被石蘭兮帯杜衡	石蘭を着て杜衡を帯とし
折芳香兮遺所思	恋しい人に送ろうと 香り草折って来る
余処幽篁兮終不見天	奥深い竹藪に日の目も見ずに住む身ゆえ
路険難兮神霊独後來	路けわしさにおそくなった。(前掲書)

とあって、山鬼(山の女神)が人間の男性を恋い慕う様子を詠じたもので、全二七句に構成されている。その内容は、宇野直人氏の指摘によれば、「山の女神が現れ、かねて約束の逢引きに向かうべく、身なりを整え、贈りものや乗りものを用意する。女神はその後もなお自分をみがき、男性を慕いつづけるが、心の動揺はおおうべくもない。闇夜の雷雨、猿の鳴き声、夜風に吹かれる木のざわめき、大自然の鳴動が、女神の苦悩と二重写しになって作品は終わる。幸せな結末ではないが余韻が残るのは、作品全体の調子がどこかお伽話のようにのどかなことと、そのなかで描かれる女神の心情や行動がひたすらいちずで可愛らしいことによろうか。それにしても、この『山鬼』は、女神の立場からすればまことに悲しく、せつないようである。また注目すべきは女神の身を飾るさまざまな植物、そしてお供の動物たちが現われるところからいかにも『楚辞』らしく、古代南国メルヒェンという趣がある。作品の意図は女神を信仰・崇敬の対象として詠ずるというよりは、女神を逆境に置き、その行動・心理を追って、聞き手(観客)を楽しませることに主眼がある。おそらく祭礼の余興にでも、芸能者たちによって、舞台をともないつつ上演されたものであろう。その観点から『山鬼』を見直してみると、舞台芸能としてのこの作品の上演形態をいろいろと想像することができる。『山鬼』は、文体・素材に祝辞のおもかげを残していても、内容においては既に宗教的敬虔さを失っている。“恋の悩み”というきわめて世俗的なテーマを扱い、鑑賞者が楽しむための娯楽芸能に変貌しかかっているのである。すなわち『山鬼』には、当時の時代背景―宗教社会から人間中心社会への移行期―が如実に反映されていると言えよう」宇野直人氏『漢詩の歴史―古代歌謡から清末革命詩まで―』、東方書店)とあるように、人間の男性と女神との恋愛を詠んだものである。殊に、山中に住む女鬼(女巫)が香りの高い石蘭と杜衡を身に纏って男を引きつける道具としていると思われ、蘭(石蘭)は愛情の象徴とされている。

また、六朝時代の梁代に編纂された『玉台新詠集』の「我所思兮在珠崖」という作品をみると、

我所思兮在珠崖	わたしの思う人は珠崖にいる
願為比翼浮清池	どうか比翼の鳥になって清らかな海水に浮かびたいものだ
剛柔合徳配二儀	そうした男女剛柔の徳を合わせて天地に配するごとくありたい
形影一絶長別離	ところが彼と我と形影相伴はずなかたえて永久に別れている
愍余不遘情如攜	きのどくにもわたしはよい運命にであはずわたしの心は彼女と離れそむいているかの様である
佳人貽我**蘭薫**草	美人が私に蘭薫の香草をくれた
何以要之同心**鳥**	何で彼女の誠意に答えようか、それは彼女と約束して同心鳥の様になることだ[5]

と歌われ、美人の男が蘭の香草をくれたのは、愛情を示すもので

5) 鈴木虎雄氏訳『玉台新詠集 下』(岩波文庫)による。訳も同書による。なお、旧漢字は新漢字に直した。

あった。中村幸一氏によれば、「こうした民間信仰も『蘭』の性的な愚意によって由来したものであり、女性が『蘭』の夢を見ると男の子を出産する兆しであり、『蘭』を身に纏ったり家の中に置くと男子(男子の美称である朗〔lang〕は、『蘭』[lan]と通じる)が生まれるというのである」[6)]指摘されている。古代中国において「蘭」は、香草として重宝されるが、それは一方に男女を結ぶ香草であり、また男女の愛を確かめる贈答の花であったのである。一方、『孔子家語』によれば、

与善人居	善人と一緒にいるのは、
如居**芝之**室	芝草と蘭草がある部屋に入るのと同様
久而不聞香	長らくいるとその香りを嗅ぐことができないが
即与之化矣	香りは身に付くのである
与不善人居	不善人と一緒にいるのは
如入鮑魚之肆	魚屋にいるのと同様であり
久而不聞其臭	長くいると生臭い臭いを感じ取れないが
亦与之化矣	その臭いが身に付くのと同様である[7)]

といって、芝草と蘭草は仙人と同様だと譬喩されていて、芝草と蘭草の香を君子の優れた徳に譬え、道徳的な感化作用を強調している。そこには儒学の社会的機能まで象徴的に表しているといえよう。孔子のこうした「蘭」に対する特別な考えに対して、『楚辞』

---

6) 中村幸一氏『漢詩と日本話からみる花の中国文化史』(図書出版ﾌﾟﾘﾜｲﾊﾟﾘ)。
7) 李・ミンスウ『孔子家語』(ウルユ文化社)。

の「離騒」では、

帝高陽之苗裔兮	わが家は高陽帝の子孫
朕皇考曰伯庸	わが亡き父は字伯庸といった
攝提貞于孟陬兮	寅年の正月寅の月
惟庚寅吾以降	庚寅の日に私は生まれた
皇覧揆余初度兮	父はこうした私の生まれを見て
肇錫余以嘉名	私によき名を賜った
名余日正則兮	私の名前は正則といい
字余日霊均	字を霊均と言った
紛吾既有此内美兮	私はすぐれた質を内に持つ上に
又重之以重之脩能	さらにすぐれた才能をもった
扈江離与辟芷兮	江離と辟芷の香草を身につけて
紉**秋蘭**以為佩	秋蘭をつないで佩物とした
汨余若将不及兮	ゆく水の流れに追いつけぬように
恐年歳之不吾與	歳月が私を待たぬのを恐れ
（中略）	
初既与余成言兮	初めに私と誓っておきながら
後悔遁而有他	後には悔いて心をほかに移された
余既不難離夫離別兮	この上に棄て去られていてもいといはせぬが
傷霊脩霊之数化	君の度々の心変わりに心をいためる
余既滋**蘭**之九畹兮	私はこれまで蘭を九畹に植え
又樹薫之百畝	薫を百畝も植えておいた
畦留夷与掲車兮	留夷と掲車とを畦わから
雑杜衡与芳芷	社衡と芳芷をまじえて植えた

冀枝葉之峻茂兮	その枝葉の盛んに茂るのを
願竢時吾乎将刈	時をまって刈ろうと願ったのに
(中略)	
吾令鳳鳥飛騰兮	そこで凰鳳を高く飛ばせ
継之以日夜	夜を日についで急がせれば
飄風屯其相離兮	飄風はどっと集まりまた散った
帥雲霓而來御	雲や霓を連れて出迎える
紛総総其離合兮	わが行列はむらがりまた散った
斑陸離其上下	乱れきらめき上下する
吾令帝閽開関兮	さて天門を開けさせようとすれば
倚閶闔而望予	門番は門によりかかって黙って私を見ているだけ
時曖曖其將罷兮	日はうす暗く暮れかかるに
結**幽蘭**而延佇	幽蘭を結んで私の心を伝えようとむなしくたたずむばかり
世溷濁而不分兮	世は乱れ濁ってよしあしも分かたず
好蔽美而嫉妬	ここでも好んで人の美徳を蔽いねたむのか
(中略)	
民好悪其不同兮	誰が私の善悪を察してくれよう
惟此党人其独異	人の好悪はさまざまだが
戸服文以盈要兮	彼ら佞人の仲間はことに変わっている
謂**幽蘭**不可佩	逆に蘭などは佩びられぬという
覽察草木其猶未得兮	草木の芳臭をも知りえぬ者が
豈珵美之能當	どして美しい玉を見分け得よう
(中略)	

惟此黨人之不諒兮　この黨人の誠心のなさ
恐嫉妬而折此　恐らくは嫉妬してこれを折るであろう
時繽紛以恋易兮　時世は乱れてうつり易る
又何可以淹留　何でまた久しくここに留まれようか
蘭芷変而不芳兮　蘭芷は変わって香を失い
荃蕙化而為茅　荃蕙も化して茅となる
何昔日之芳草兮　なぜにその昔の芳草が
今直為此蕭艾也　今はただ雑草となりはてるのか
豈其有他故兮　そのゆえはほかでもない
莫好脩之害也　脩潔を好もうとせぬ故なのだ
余以蘭為可恃兮　私はこれまで蘭をたのみにしていたが
羌無実而容長　ああうわべばかりで実はなかった
委厥美以従俗兮　その美しいものを棄てて世俗に従い
苟得列乎衆芳　かりそめに芳草を大切にしよう(前掲書)

と詠まれている。屈原は戦国末の楚の詩人である。『中国歴史文化事典』によれば、屈原は楚の懐王の補佐をして賢者を抜擢し、国務に精勤したが讒言にあい遠ざけられ、漢水の地方に追放された。さらに楚が秦に占領された後、汨羅に身を投じて殉じた[8)]。そうした屈原の思いは、「扈江離與辟芷兮、紉秋蘭以為佩、汨余若將不及兮、恐年歳之不吾與」といい、精神修養のために、清廉潔白に生きていくという覚悟が見られ、さらに「余既不難離夫離別兮、傷靈脩靈之數化、余既滋蘭之九畹兮、又樹蕙之百畝」と、祖国を守ろうと

8)『中国歴史文化事典』(新潮社)。

して力を尽くしたが、暗君と対立して却って追放されたことへの怒りが詠まれる。その悲しさと憤りを詠むのに、**蘭草**を用いている。**蘭**は賢人や忠臣の象徴として詠まれていることが知られ、人柄と関わる**蘭**の象徴性を形成しているといえよう。**蘭草**は世俗を離れて谷間に芳しい香りを漂わせることから、高貴な花のイメージが形成されたのだが、さらに『楚辞』の「悲回風」には、

悲回風之搖蕙兮	旋風の蕙を吹き揺がすを悲しみ
心冤結而内傷	心はうらみに結ぼれて胸はいたむ
物有微而隕性兮	かよわい命は隕ちやすく
声有隠而先倡	目に見えぬ秋風はまず梢によって木枯しの先ぶれをする
夫何彭咸之造思兮	なんと彭咸のかたき心よ
暨志介而不忘	私もまた彼と志節をともにして忘れぬ
万恋其情豈可蓋兮	世の人はさまざまに偽るとも掩われぬ
孰虞偽之可長	どうして虚偽が久しく保たれようぞ
鳥獣鳴以号羣兮	鳥獣は鳴いて群れを呼び
草苴比而不芳	千草は密生するも芳しからず
魚葺鱗以自別兮	魚どもが鱗を飾って得意でおれば
蛟龍隠其文章	蛟龍はその身の文章を隠す
故荼薺不同畝兮	されば苦菜は畝を共にせず
蘭茝幽而濁芳	蘭茝は深山にひとり薫る
惟佳人之永都兮	よき人の永久に美しきを懐い
更統世而自貺	幾世経ておのがかがみとする(前掲書)

とある。旋風の薫を吹き揺がすのをみて、悪人が誠人に弊害を与えるのを悲しんで胸はいたむという。大体、薫草は小さいものであるから、旋風に吹かれると枯れてしまう。作者は動乱の兆候と興廃の勢いを感じ取り、苦菜は畝を共にせず、蘭芷は深山にひとり薫るのみで、「よき人の永久に美しきを懐い、幾世経ておのがかがみとする」のだと訴える。そのようなところに、「**蘭**」は君子の高潔な精神を表しているといえよう。

なお、初唐の李白の「叙旧贈江陽宰陸調」という詩に、

太伯譲天下	むかし太伯は長男でありながら天下を譲り
仲雍揚波濤	次男の仲雍も同じ波を揚げて逃げた
清風蕩万古	その清高な風は万世を動かし
跡与星辰高	その事跡は星辰のように高い
(中略)	
告急清憲台	またこの危急な事件を御史台に告げて
脱余北門厄	私をこの北門の厄からのがれさせた
間宰江陽邑	いま君は江陽県の長官として、
剪棘樹**蘭芳**	小人どもを除き、君子たちを取り立てている
城門何肅穆	城門の内はなんと静寂でおだやかで
五月飛秋霜	五月も秋の霜が飛ぶほどの長官のご威光だ
好鳥集珍木	いい鳥が珍木にあつまると同じく
高才列華堂	高雅な才子たちがあなたの役所には集まり並んでいる
時従府中帰	役所から時に帰って来ると
絲管儼成行	音楽を奏する者どもが正しく列を作っている[9]

と詠まれる。「剪棘樹蘭芳、城門何肅穆、五月飛秋霜、好鳥集珍木、高才列華堂」に見える「蘭芳」は、君子の高潔な精神を喩えていることが知られる。さらに李白の「望鸚鵡洲懐禰衡」という詩では、

五嶽起方寸　禰衡の不平は五嶽が心中に聳えているようで
隠然詎可平　どことなく現れてどうしても平らげようがなかった
才高意何施　これでは才能が高くても施しようがなく
寡識冒天刑　見識がたりないで天の刑罰を受けることとなった
至今芳洲上　今になってもこの芳洲の上で
蘭蕙不忍生　蘭や蕙はうらみでよう生えないのだ(前掲書)

のように、蘭と蕙は君子を喩えている。回りの剪棘の樹の中にあっても蕙りを高く放つが、しかし、剪棘の雑木が力を伸ばせば、蘭や蕙(君子)は恨みで生えることも困難だということになる。また、初唐の駱賓王の「寒夜濁坐遊子多懐簡知己」には、

故郷眇千里　故郷ははるか千里の彼方
離憂積万端　積もる憂いは数も知れぬ
鶉服長悲碎　鶉の尾のように着物はいつもぼろぼろのなさけなさ
蝸廬未卜安　蝸牛の殻ほどの住家さえまだ定まらずにいるのだ
富鉤徒有想　家を富ます鉤も心のうちに描くだけ
貧鋏為誰弾　貧乏人の剣は誰の前で弾いたらよいのだろう

9) 田中古己氏編『中国古典文学大系 唐代詩集 上』(平凡社)による。以下同じじ。なお、旧漢字は新漢字に直した。

柳秋風葉脆　柳に秋が来て風に散る葉はもろく
荷暁露文団　蓮の葉に夜が明けるとき露の玉は丸い
晩金叢岸**菊**　時節おくれの金色は崖の下に群れ咲いた菊
餘佩下**幽蘭**　腰に佩びた余りが落ちるのはゆかしい蘭の花
伐木傷心易　木を伐るにつけて心はいたみやすいのだが
維桑帰去難　父が植えた桑を慕っても帰ることは難しい
濁有孤**明月**　ただ、やはり孤独な明月だけが
時照客庭寒　いつも仮住まいの庭を照らしてくれるさむざむと(前掲書)

とある。とくに「晩金叢岸菊、餘佩下幽蘭」といって、屈原の「離騒」に「秋蘭をつないで佩とする」とあるのに基づいて、蘭を腰に佩びるのは君子の高潔な精神を象徴するものであるという理解から捉えられているのである。

中国の漢詩のなかで蘭の花は、菊とともに美しいものとして好まれた植物である。たとえば、「蘭心蕙性」というのは、女性の高潔さを象徴する言葉である。漢の武帝の「秋風辞」に、「秋風起兮。白雲飛草木黄。落兮雁南帰。蘭有秀兮菊。有芳懐佳人。兮不能忘汎。」(秋風が起こって、白雲が飛び、草木は紅葉して、雁は南に帰る。蘭は秀で、菊は芳しくて、佳人を思って、忘れることができない)[10]とあるように、蘭や菊は美人に譬えられる。ここで美人は男女に拘らず用いられ、女性は美しい人に男性は立派な男に譬喩

10) 塚本哲三氏『漢詩叢書古詩源 全』(有朋堂書店)。訳も同書による。な旧漢字は新漢字に直した。

される。「佳人」は、臣下を意味するという説もあるが、美しい女性の姿を象徴しているといえよう。『楚辞』の「礼魂」という詩をみると、

成伝兮礼会鼓 祭礼備わり太鼓をやめ
伝芭兮代舞　花を伝えてかわるがわる舞い
姱女倡兮容与 美女の歌声ゆるやかに
春蘭兮秋菊　春は蘭 秋は菊
長無絶於終古 とこしえにこの祭りの絶えることなし(前掲書)

とあり、祭りの太鼓の音が止むと、人々は花を以てかわるがわる舞い、美女は美しい声で歌を歌っている。その祭りの場には春蘭と秋菊が咲いていて祭りは永遠に続くようだという。この「春蘭」と「秋菊」はかぐわしい香りを持つもので、美女を喩えているのではないだろうか。魏の曹植の「美女篇」には、

美女妖且閑　あでやかにものしずかな女
采桑岐路間　分かれ道で桑の葉を摘む
柔條紛冉冉　若く柔らかな枝はさまざまにしなだれ
落葉何翩翩　摘まれた葉はひらひらと舞い落ちる
攘袖見素手　袖をからげて肘をあらわにすれば
皓腕約金環　真白な手首に金の腕輪が輝き
頭上金爵釵　頭には雀をかたどる金の釵
腰佩翠琅玕　腰には翠たたえた琅玕の玉

明珠交玉體　真珠が玉の肌にまつわり
珊瑚閒木難　珊瑚と木難が色をそえ
羅衣何飄飄　うす絹の衣のなんと頼りなげな
軽裾隨風還　軽い裳が風にひるがえるよ
顧盼遺光采　かえり見すればきららなまなざし
長嘯氣若**蘭**　口笛吹けば蘭の香がただよう
行徒用息駕　道行く人は車をとめ
休者以忘餐　憩う人は空腹忘れて見とれるばかり(塚本氏前掲書)

とあって、「頭上金爵釵、腰佩翠琅玕、明珠交玉體、珊瑚閒木難、羅衣何飄飄、軽裾隨風還、顧盼遺光采」は、美女の姿に道行く人も、休憩している人も見とれてぼんやりとしている様子、蘭の香りが漂う嗅覚的な感覚表現をもって描いている。蘭の香が象徴しているのは、美人であると思われる。

晩唐の李賀の「蘇小小墓」という作品では、

幽蘭露　　墓前の蘭におく露は
如啼眼　　涙にうるむ君の目か
無物結同心　変わらぬ恋のかたみにと贈るべきものもない
煙花不堪剪　露のようにあえかな花は切るにしのびないから
草如茵　　今は草が君のしとね
松如蓋　　松が君の蓋
風為裳　　風が裳[11)]

と詠んでいる。この詩は五世紀末の銭塘、現在の杭州に住んでいたとされる歌姫を素材にして作ったもので、蘭草に止まっている露を美人の涙に喩えたものである。蘭のもつ清潔さと美しさを美人に見立てて、西陵橋に華麗な車を止めて置いて蘇小が恋人を待ちながら涙を流す様子を描写したもので、その恋人を蘭に仕立てているのである(前掲書解説)。

蘭の花が歌垣の場で男女が贈答する花として登場したが、そうした恋情を誘う花としての蘭は、『楚辞』の「小司命」という作品に見える。

秋蘭兮**蘭**麋蕪	秋蘭と麋蘭と蕪と
羅生兮生堂下	堂下につらなり生え
緑葉兮素枝	緑の葉に白い枝
芳菲菲兮龍予	香は高く身にまとう
夫人兮自有美子	人は皆よい配偶のあるものを
蓀何以兮愁苦	何とて君は愁えたもう
秋蘭兮青青	秋蘭は青々として
緑葉緑兮紫莖	緑の葉に紫の茎
満堂兮美人	美しい人は堂に満ちているのに
忽独与余兮目成	私にばかり目くばせされる(前掲書)

巫女が小司命の神を迎えようとする様子を詠んでいるのもので、秋蘭と麋蕪の香草は神を迎える堂の下に並んで生え、青い葉

11）前野直彬氏編『中国古典文学大系 唐代詩集 下』(平凡社)による。訳も同書による。なお、旧漢字は新漢字に直した。

と白い枝の香が強く匂っている。昔青々として茂げっていた秋蘭の青い葉、紫色の茎のような美人が堂に満ちているとき、あの小司命は私と目をもって、情を交わし、結ばれたと歌う。この内容からして男神と女神との恋愛のシンボルとして「蘭」が登場していると考えられる。同じく、『楚辞』の「湘夫人」という歌を見ると、

帝子降兮北渚	神の御子は北の渚に降り立ちたもう
目眇眇兮愁予	見る目かすかに心は悲しむ
嫋嫋兮秋風	そよ吹く秋風に
洞庭波兮木葉下	洞庭は波立ち樹々の葉は散る
登白薠兮薠騁望	白薠の岸に立って遠く眺める
與佳期兮夕張	君と約して夕の設けもしたものを
鳥何萃兮萃蘋中	何とて木にすむ鳥の水草にあつまり
罾何為兮木上	魚網を梢にかけるようなむなしさ
沅有芷兮芷澧有蘭	沅水に芷あり澧水に蘭あり
思公子兮未敢言	かの君を思えど口に出ださず
荒忽兮遠望	恍惚として遠く望めば
観流水兮潺湲	水さらさらと流れるばかり(前掲書)

といって、沅水には生い茂げった芷があり、澧水には美しい蘭草があるが、衆草とはまったく違っているという。これから湘夫人の美しい様子が連想されるが、神の尊厳を汚すことは恐れ多いともいう。この歌においても「蘭草」は、愛している湘夫人を象徴していると思われる。また、古詩十九首(八)を見ると、

冉冉孤生竹　なよなよとひとり立つ竹は
結根泰山阿　泰山のかげに根を結ぶ
与君為新婚　あなたと夫婦になったばかりの私
兎絲附女羅　兎絲が女蘿にまとつくように
兎絲生有時　兎絲に生える季節があるように
夫婦会有宜　夫婦となるにも時がある
千里遠結婚　夫婦となったが千里のかなた
悠悠隔山陂　あてどない山坂にへだてられ
思君令人老　あなたを思えば私は老け込む
軒車來何遅　出たきりのお車はいつ帰ることやら
傷彼薫**蘭花**　痛ましや香り草の花の
含英揚光輝　秘めた美しさの外にあふれる姿
過時而不采　盛りをすぎても摘まなければ
将随秋草萎　秋草とともにしぼんでしまう
君亮執高節　あなたがまこと心変わりせねば
賎妾亦何為　私も何も言いますまい(塚本氏前掲書)

と詠んでいる。これは、二人が結婚して夫婦になったが、夫は千里のかなたにあり、夫を思えば老け込むばかりだと、夫婦の離別の辛さを詠んでいる。その夫婦の愛を「傷彼薫蘭花、含英揚光」といい、自らの若さを「蘭花香」に喩えている。若い夫婦の愛情は蘭の香りのようにあるのだと思いながら、夫婦の離別によりその香りも失われて行くことが嘆かれるのである。また、曹丕(魏)の「秋胡行」という詩では、

朝与佳人期　朝思う人と会う約束をしたのに
日夕殊不来　暮れがたになっても おいでにならぬ
嘉肴不嘗　　ご馳走には箸をつけず
旨酒停杯　　美酒も杯はふせたまま
寄言飛鳥　　飛ぶ鳥よ あの人に伝えておくれ
告予不能　　もう私は耐えられないと
俯折蘭英　　俯しつつ蘭の花を摘み
仰結桂枝　　仰ぎ見ては肉桂の枝を結ぶ
佳人不在　　思う人がここにおらぬからには
結之何為　　結んだとて なんとしよう
従爾何所之　君を追って どこまでも[12)]

と詠んでいる。この作品は「本辞の内容と関係なく、メロディを借りて作ったもの。恋歌であるが、恋歌に託して、『思う人』(賢人)を待望する君主の心境を表現するのであろうか」(伊藤前掲書解説)という。ただこの蘭の象徴性はそこにあるのではなく、次の詩句、「俯折蘭英、仰結桂枝、佳人不在、結之何為、従爾何所之」を見ると、「蘭」と「肉桂」はともに芳香を放つ草木で、古代の男女は相思の相手に贈って、愛情の証としたのであり、したがって、「蘭」は、恋情の象徴だと考えていいだろう。さらに、魏の徐幹の「室思」では、

惨惨時節尽　くらぐらと一つの季節が忘び

---

12) 伊藤正文氏編『中国古典文学大系 漢・魏・六朝詩集』(平凡社)。訳も同書による。なお、旧漢字は新漢字に直した。

蘭葉復凋零　蘭の葉はしぼんで落ちる
喟然長歎息　悲しくて長く溜息をつき
期君慰我情　ひたすらにあなたの慰めを待ち望む
展転不能寝　寝がえりするも眠られず
長夜何綿綿　秋の夜ながは はてしなく
躡履起出戸　履物をはいて戸外に出てみれば
仰観三星連　参宿の三つ星がならびつつまたたく
自恨志不遂　わが願いのとげられぬを恨み
泣涕如涌泉　流す涙は湧きでる泉かと思われる

と詠んでいる。閨室にあって遠くにいる夫を思う作品である。遠くに離れている夫を待ち遠しく思っているが、秋になってもなかなか帰ってこないので涙を流しているという。その切ない心情を「蘭葉復凋零、喟然長歎息」といい、それを蘭の葉がしぼんで落ちることに譬え、辛い恋情の象徴として詠まれているのである。

次に、謝霊運の「従斤竹澗越嶺溪行」と呉邁遠の「長相思」をあげて、蘭の恋情表現について述べてみることにしたい。謝霊運の「従斤竹澗越嶺溪行」では、

猨鳴誠知曙　猿の鳴き声で夜が明けたことは知ったが
谷幽光未顕　深い谷間のこと故 日の光はまださささぬ
巌下雲方合　やがて岩壁の下に雲の集まるさまが見えた
花上露猶泫　花におく露はなおきららに光る
逶迤傍隈隩　うねうねと渓あいを曲りくねり
苕遞陟陘峴　はるばると高く低く早瀬を徒渡り

（中略）

想見山阿人　この山の隈のあたり女神が住むにふさわしく
薜蘿若在眼　薜蘿を身に纏い、今に姿を現わすかと思われる
握蘭勤徒結　香蘭を彩るもよしみを通ずるすべはなく
折麻心莫展　疎麻を手折るも意中を伝えることかなわず
情用賞為美　情ゆくまま自然を鑑賞すれば 美は生まれると思うが
事昧意誰弁　この理はことのほか幽く果たして何人が解するでろう
観此遺物慮　今はただ眼前の景を見て世煩わしさを忘れよう
一悟得所遺　一ただ悟れば是非を離れ、絶対の境に参入できるのだ
(伊藤前掲書)

とある。「握蘭勤徒結、折麻心莫展」について、伊藤正文氏は、「原文は『握蘭勤徒結　折麻心莫展──蘭を握るも勤なるこころ徒らに結び、麻を折るも心展ぶる無し』。女神に香草を贈ろうとするが、女神はもとより表れず、心情を披瀝できぬを嘆く。想う人に香蘭を贈るのは、しばしば見えるが、『麻』については、『楚辞』九歌・大司命に『疏麻の瑶の華を折りて、将に以って離れ居るひとに遺らんとす』と言う。『疏麻』は神麻ともいい、白い珠のような花をつけ、花は香ばしく、服用すれば長寿を得ると言われる」(前掲書解説)とあるように、「蘭」は愛している人に贈る恋情の証である。呉邁遠の「長相思」は、

遺妾長憔悴　妾は長いひとり暮らしにやつれて
豈復歌笑顔　あの時以来、歌い笑ったことはありません

簷隠千霜樹　簷は千年の霜を経た松におおわれ
庭枯十載蘭　庭では十回も蘭が枯れました
経春不挙袖　春が来ても袖をかかげて花を摘むことなく
秋落寧復看　秋に木の葉が散っても眺めたことがありません(伊藤前掲書)

と詠んでいる。異国にあって久しく帰らぬ夫を恋うる歌である。「古詩」に「客遠方より来たり、我に一書礼を遺る。上には長く相思うと言い、下には久しく離れ別ると言う」(伊藤前掲書)と見える。首四句は状況をのべ、次の六句は女が旅人に語る言葉、次の六句は書簡の内容、終わりの六句は旅人に託した夫への伝言というように構成されている(伊藤前掲書解説)。この詩が恋歌に属するものであるならば、肝心の「蘭」が意味しているのはいったい何であろう。それは次の詩句に「簷隠千霜樹、庭枯十載蘭」とあるように、簷は松の木で貞操の象徴であり、蘭は想う人に心を伝える贈り物である。そのことからも蘭は恋情を喩えているいえよう。

『楚辞』において、「蘭」の花が民間信仰的要素を強く持つのは、中国南方の神話・伝説・信仰といった文化を詠み込むことから生じた問題だと考えられる(目方田氏前掲書解説)。『楚辞』の「九歌」の「東皇太一」では、前半で、神を敬うことに関していい、後半で自分のつらい心的状態について物語り、さらにそこに風諫としての意味も含める。

吉日兮辰良　　よき日よき辰

穆将愉兮上皇　穆んで東皇を愉しめまつる
撫長剣兮玉珥　長劍の玉の鍔を撫でれば
璆鏘鳴兮鳴琳琅 音も美しく佩玉鳴る
瑶席兮玉瑱　瑶の席に玉の圧え
盍将把兮瓊芳　うるわしい花を束にしてささげ
蕙肴蒸兮**蘭**藉　蕙で肉をつつみ蘭を敷き
尊桂酒兮椒漿　桂の酒 椒の飲物を尊えまつる(前掲書)

玉のように美しい神位の場は玉をもって迎え、巫女は玉のような芳草をもって踊る。神位の前には蘭草を蕙草の肴の下に敷き、また桂酒と椒漿を捧げるという。「蘭」は、伝統的な神事において重要な役割を果たしている。また同じく「雲中君」では、

浴**蘭**湯兮沐芳　蘭の湯に浴し香ぐわしい水に沐い
華采衣兮若英　彩美しい衣は花のよう
霊連蜷兮既留　神霊はうねうねとめぐりつつ来て留まり
爛昭昭兮未央　み光はあきらかに輝いてやまぬ
謇將憺兮寿宮　ああわが祭りの宮に安じて
与日月兮齊光　日月と共に輝きたもう
龍賀兮帝服　竜車に乗り天帝の衣着て
聊翱遊兮周章　しばらく天かけりつつめぐりたもう(前掲書)

と詠んでいる。この歌の内容は主祭者がこれから「雲神」を祭ろうとするところであり、巫女は蘭湯に沐浴して芳芷に髪の毛を洗い、華麗な色彩の服を着て美しくしてから神を迎える場面であ

る。雲神が喜んでここに留まり、壇に上がって祭事を受ける巫女たちは、蘭湯に入ってから神霊を迎える。そこには古代の民間習俗をそのまま再現した様子が窺え、神に接近するための香草により身を清浄に保つのであり、そこに蘭の重要な宗教的価値が存在したのである。同じく「招魂」においても、

冬有突厦	冬には奥深い大部屋があり
夏室寒些	夏には涼しい部屋もある
川谷徑復	谷川の水はゆきめぐり
流潺湲些	さらさらと音たてて流れ
光風転蕙	風は光って蕙を揺がし
経崇蘭些	また丈高い蘭を動かす
經堂入奥	堂をすぎて奥の間に入れば
朱塵筵些	朱い長押 竹のむしろ
（中略）	
室中之觀	部屋の中に観るものは
多珍怪些	いずれも珍奇なものばかり
蘭膏明燭	香蘭の膏の燈明るく
華容備些	花のような美人が揃い
二八侍宿	十六人の舞姫が二列になってそばに侍り
射遞代些	夕は互いに伽をさせる
九侯淑女	諸国の乙女が
（中略）	
紫茎屏風	莖紫の水葵
文縁波些	まわりに波紋が生じている

文異豹飾	めずらしい豹の飾りの衣装をつけ
侍陂陁些	従者は陸に侍っている
軒輬既低	車は人の乗るを待ち
歩騎羅些	歩兵騎兵列んでいる
蘭薄戸樹	戸口には蘭を植えこみ、
瓊木籬些	籬には美しい木々
魂兮帰来	魂よ帰りたまえ
何遠為兮	何とて遠く遊びたもうぞ
（中略）	
娯酒不廃	あかず酒を楽しみ
沈日夜些	昼夜に耽り
蘭膏明燭	蘭の香油の明燭は
華鐙錯些	金メッキした燭台にかがやく
結撰至思	心のたけをのべる詩の
蘭芳假些	詞は蘭の花のよう
人有所極	人の思いの極まる所
同心賦些	同じ心で歌唱う
酎飲尽歓	うま酒に飲を尽くして
（中略）	
君王親発兮	王が手ずから弓を射る
憚青兕	青兕を恐れさせたものだった
朱明承夜兮	日は夜に続いて
時不可以淹	時はとどまらず
皐蘭被径兮	沢辺の蘭は徑を蔽い
斯路漸	この路は水に浸った

湛湛江水兮	ひたひたと満ちる江の水
上有楓	そのほとりには楓樹あり
目極千里兮	千里のはてを眺めやって
傷春心	春の心を傷ませる
魂兮帰来	魂よ都に帰りたまえ
衷江南	江南は哀しいものを(前掲書)

と詠まれている。目加田誠氏はこの歌について「古代は人が死ぬると、死者の上着を取って、屋根に上って棟木を踏み、北に向かって、皐某復(おおい、誰それ、帰れ)と三度招いて、下りてその衣で屍を覆う。かようにしても蘇らぬとき、始めて葬式を行った。荊楚の風俗に、あるいは生きている人の魂をも招いたのであろうか、と朱子はいう。ただし、司馬遷は『史記』屈原伝賛に、『離騒・天問・招魂・哀郢を読んで屈原の志を悲しむ』とあるので、招魂を屈原の作と見る人々もある(黄維章・林西仲・蔣驥等の説)。すなわち、屈原が自分自身の魂を招いたのだとする。自分の魂を招くということは、後世、杜甫の彭衙行の詩にも、湯を煖めて我が足を濯い、紙を剪って我が魂を招く、とあるようなもので、苦しい旅の途中、そうしてみずから祓い、また自ら慰安することが昔からあったかと思われる」(前掲書解説)と指摘している。したがって、この歌は魂を招くという題からも分かるように、招魂の呪術行為が認められるであろう。しかも、この篇の趣旨は四方のはてにいろいろと恐ろしい怪物がいて、魂をとって食うから、魂よ早く楚の都に帰れ、そこには宮室・飲食・音楽すべて美しいものが満ち

足りている、早く帰って来るがいい、と遠くへさ迷っている魂を招き帰すという内容である。これらの内容から見て、この歌に登場する「蘭」は、単なる香草ではなく、「戸口には蘭を植えこみ、籬には美しい木々」という場所は、魂の帰るべき安住の所であり、蘭は魂を呼び寄せる植物である。そこにも楚の地方に存在した民間信仰としての蘭の呪術性を認めることができるであろう。

第三節 「蘭」と友情の花

蘭はこのような呪術的性格を保っていたと思われ、そこには蘭の文化的伝統が生まれていたものと思われる。魂を招き、邪気を祓い、信を表す香草としての蘭は、さらに「友情」を表す植物としても捉えられている。蘭の香には、「厚い友情」という花言葉がある。これは、中国において義兄弟を結ぶ時に、双方が『金蘭譜、金蘭簿』という本に自分の生年月日とか出身地・系図などを記入して、二人の友情は永遠に変わらないと誓い、互いに交換する習慣がある[13]。また、「金蘭」という語は『易経』に「二人同心、其利断金、同心之言、其臭如蘭」(二人の心を同じくすると、金属までも断つことができる。心を同じくする人の言葉はその香りが蘭草のようだ。)というところから由来したものである。その後、竹林七賢の山濤は、嵇康と阮籍とに一度だけ会ったのみで「金蘭之交」を結んだという[14]。その嵇康は「贈秀才入軍」の詩で、

---

13) イ・サンヒ『花で見る韓国文化』(ネクサスBooks)。
14) 松枝茂夫氏篇『中国名詩選 上』(岩波文庫)。

息徒**蘭**圃　歩卒を蘭薫る園に憩わせ
秣馬華山　華咲く山で馬に飼い葉をやり
流磻平皐　一面に広がる草澤で繳を射
垂綸長川　遅く流れる川に釣り糸を垂れる
目送帰鴻　目は帰りゆく鴻のとりを送り
手揮五絃　手は五玄の琴をかきならす
俯仰自得　ふとした折に悟るところがあり
遊心泰玄　太玄の境に心を自在に遊ばす
嘉彼釣叟　釣りするかの翁の
得魚忘筌　魚を捕らえて伏籠を忘れる慕い(伊藤前掲書)

と詠んでいる。秀才(任官候補者)であった兄の嵆喜の従軍を送る十九首中の十四番目の詩であり、行軍中に休憩する情景を想像して、離別の情を詠んでいる。「歩卒を蘭薫る園に憩わせ」というのは、蘭の香る園で二人の離別の思いを伝えるものであり、蘭の香りを通して友情を示しているものと思われる。さらに四首目の詩では、

閑夜肅清　静かな夜は気が冴えわたり
朗月照軒　明るい月は軒を照らす
微風動袿　そよぐ風に裳は揺れ
組帳高褰　吊り紐ある帳は高く揚げられた
旨酒盈樽　美酒は瓶に満ちてはいるが
莫与交歓　ともに歓びを分かつ者はなく
鳴琴在御　鳴る琴もしつらえてあるけれど

誰与誰鼓　ともに連れ弾く人はいない
仰慕同趣　切に慕われるは志を同じくする人の
其馨若蘭　蘭にも似て薫るその言葉
佳人不在　思う人はここにおらず
能不永嘆　深く溜息をつくばかり(伊藤前掲書)

と詠む。明るい月が軒を照らし、美味しい酒も、琴(音楽)も備えられているが、ともに楽しむべき友がいないと嘆いている。ともに歓びを分かつ者はなく、そこから導かれているのは「切に慕われるは志を同じくする人」であり、志を同じくする人とは「蘭にも似て薫るその言葉」だという。ここに登場する蘭は、志を同じくする人との関係を示したものであり、そこには深い友情が示されている。「仰慕同趣、其馨若蘭」は『易経』「繫辞上」の「心を同じくする人の言、其の臭いは蘭の如し」(伊藤氏前掲書解説)を踏まえるものであることからも、蘭と友情の関係が知られる。しかも、ここには月・風・酒・琴・蘭が詠まれ、月・風・蘭は秋の季節感を表すし、それらに加えて酒と琴が加えられるのは友情を導くものであり、秋の美しい景物の中でも琴と酒をもって友と遊ぶことを理念とするものであるといえる。今は、それが叶わずに嘆いているのである。特に蘭は、そうした友情を比喩していることが知られるのである。

同時代の阮籍はやはり竹林七賢であり、魏晋の政権交替の危険な境遇の中にあって、殊更に礼俗を無視した奇矯な言動をとりつつも身を全うしたという。その阮籍には「詠懐詩」という詩があ

る。その第十七首には、

湛湛長江水　満々と深くたたえつつ流れる長江
上有楓樹木　ほとりに茂るは楓樹の林
皐蘭被径路　汀に咲く蘭は小径をおおい
青驪逝駸駸　黒毛の駒は疾風のように駆けてゆく
遠望令人悲　遥か彼方を見渡せば心は悲しみ
春気感我心　春のいぶきはわが胸をゆすぶる
三楚多秀士　三楚の地には才子多く
朝雲進荒淫　君「朝雲」の蜜ごとを勧め
朱華振芬芳　咲き乱れる赤い花の香に酔い痴れ
高蔡相追尋　君は「高潔」の猥らを追い求める
一為黄雀哀　ひとえに黄雀の身が憐れでならず
涕下誰能籍　はふり落ちる涙はとどめる術とてない(伊藤前掲書)

という。詩は楚の襄王の奢淫と王室の衰亡を嘆いたものであり、高位にあって淫であることは滅亡を招くのだということを詠むが、長江の汀に咲く「蘭」は、徳ある花の象徴であると思われ、朱華の放つ香は淫の象徴であろう。朱華に対して、蘭は貞節にして高貴な花として捉えられていて、『楚辞』の招魂にも「皐蘭は茎を被い、斯の路は漸りぬ」(前掲書)とも見え、その流れにあることが知られる。

一方、晋の謝混の「游西池」という詩では

悟彼蟋蟀唱　行楽を勧める「蟋蟀」の歌の心を悟り
信此労者歌　朋友をしたう「伐木」の歌にうなずく
有來豈不疾　年月の過ぎ行くはまことにはやく
良遊常蹉　楽しい遊びも時機を失うのが常
逍遥越城肆　ぶらぶらと城下の店を見てまわり
願言屢経過　君を思うてあちこちに立ち寄る
（中略）
薫風蕩繁囿　春の風は木々茂る御苑にゆれ
白雲屯会阿　白い雲は重なる丘の上で動かぬ
景昃鳴禽集　日影が傾くとさざめく鳥が群れ集い
水木湛清華　岸の樹の清らかな花が水面にうかぶ
褰裳順蘭沚　裾をかかげて蘭の生える水際をゆき
徒倚引芳柯　ゆきつもどりつ花の枝を手折る
美人愆歳月　わが思う友は約束の時をたがえた
遅暮濁如何　かくてひとり老いゆく身をどうしたのか
無為牽所思　思う人のとりこになるのはもうやめよう
南栄誡其多　あの南栄も度を越すなと誡められたではないか(伊藤前掲書)

と詠んでいる。ここで、西池は東晋の都丹陽(今の南京)の西にあった池であり。そこに遊んで、約束した友が来ぬことにかこつけ、わが身の孤独を慰める詩で、宋以後の「山水詩」の先駆と言われる[15]。年月が早くも過ぎて行き、待ちに待っている友が来ないので、楽しい遊びをも楽しめない寂しい思いを「逍遥越城肆、願言屢

15）伊藤正文氏編『中国古典文学大系 漢・魏・六朝詩集』注12による。

経過」と述べる。さらに、作者は、「水木湛清華、褰裳順蘭沚、徒倚引芳柯、美人愆歳月」のように、蘭の生えている水際を行きつ戻りつして花の枝を折るのは、蘭が信義の花として捉えられているからであろう。友を思う心と蘭の花とが一体であることを教えている。これは『楚辞』の「離騒」に、

扈江離与辟芷兮　江離と辟芷の香草を身につけて
紉秋蘭以為佩　秋蘭をつないで佩物とした
汨余若将不及兮　ゆく水の流れに追いつけぬように
恐年歳之不吾与　歳月が私を待たぬのを恐れ

の如く、江離と辟芷の香草を身に付け蘭を繋いで身に佩びるのは、愛する人のもとに行くための身繕いであるが、その思う人とは友人である。しかし、友人はなく孤独な思いを述べ、時の急ぎ去るのを悲しむのである。蘭の花は友あるいは友情を示している。

第四節　結

このように古代中国漢詩における「蘭」のイメージを見ると、その源流に『詩経』があり、そこでの蘭(蘭草)は、青年男女の愛を象徴する植物であったといえる。香草の蘭は、かぐわしい香と薬効のある植物として知られ、それが歌垣における求愛のシンボルになり、男女関係を結ぶ再会の約束のためにやり取りした花であった。『楚辞』においても「小司命」と「山鬼」に見る蘭は、男神と女神の求愛のシンボルでもあった。そうした蘭の花は、また『楚辞』の「湘夫人」、魏の曹丕の「秋胡行」、同・徐幹の「室思」、宋の謝霊運の「従斤竹澗越嶺溪行」、同・呉邁遠の「長相思」などに於いて、蘭は想う人に心を伝える贈り物であり、蘭は恋情を表す花であった。そこには伝統的民間信仰としての蘭が存在したものと思われ、『楚辞』の「九歌・東皇太一」や『楚辞』の「招魂」は、そのような民間の信仰を背景としたものであろう。特別に信仰される花であるから、魂を呼び寄せる力をも有したのである。蘭はまた君子の高潔を譬喩する。『孔子家語』に見える蘭草は、君子の気品を表しており、『楚辞』の「離騒」には蘭が忠誠心の象徴として見られ、初唐の李白の詩などでは「蘭芳」が、君子の高潔な精神に喩えられるようになる。あるいは、「蘭心薫性」とは、女性の高潔さを象徴することばであるが、漢武帝の「秋風辞」に、蘭を仙女に喩え美しい女性の姿を象徴する一面が窺われる。『楚辞』の「礼魂」や魏の曹植「美女篇」、晩唐の李賀の「蘇小小墓」などは、蘭を美女に喩える用例である。蘭における恋情や誠実のイメージは、さらに友情を象徴するものとして成立した。嵆康の「贈秀才入軍」や謝混の「游西池」などは、思う人が友人であり、友情を伝えるために秋蘭を手折ってあげようとする。このように蘭のイメージは、男女の恋愛、仙女、信義、友情などであるが、この蘭のイメージの成立は、もともと男女の恋愛の信頼を基盤として成立し、そこから『楚辞』への展開が大きかったのではないかと思われるのである。

第三章　日本古代漢詩に見る「蘭」のイメージ

第一節　序

古代中国の漢詩に「蘭」が詠まれるのは、古く『詩経』に見られる。川の辺での歌垣の折に男女が贈答する花として蘭が詠まれたのは、蘭に薬効などの民間信仰が存在したからであろう。しかし、この蘭が男女の贈答となる時には、そこに男女間における信頼や誠実が象徴されたものと思われる。男女同士の友情も蘭により象徴されたのは、友情もまた信頼や誠実が求められたからにほかない。このような蘭の花は、周辺国の漢詩にも現われる。日本の古代漢詩集である『懐風藻』にも「蘭」が詠まれているが、古代日本の詩人たちは、蘭をどのような花として捉えられているのか、以下に考えてみたい。

第二節　蘭と離別の情

『懐風藻』には、「蘭」をもって、離別の情を詠んでいると思われる作品が四例ほど見られる。山田三方は「秋日於長屋王宅宴新羅客」の詩序において、「時に、露旻序に凝り、風商郊を轉る、寒蟬唱ひて柳葉飄り、霜鴈度りて蘆花落らふ、小山の丹桂、彩を別愁の篇に流し、長坂の紫蘭、馥を同心の翼に散らす」[1]と述べている。序

1）本文および書き下しは、『日本古典文学大系　懐風藻　文華秀麗集　本朝

の大意は、「時に秋天に露が結び、風は郊外を吹きめぐっている。ひぐらしが鳴いて柳の葉は散りひるがえり、雁が渡って来て蘆の花が散っていく。淮南王は赤い木犀に離別の情をうたい、曹子建は香る紫蘭に心を同じくする思いを述べた」のである。この詩に「紫蘭」の語が見られるが、この意味はどういうものであろうか。この詩は「秋日於長屋王宅宴新羅客」とあるから、秋の日を背景として新羅の客を迎え、送別の餞宴が行われたことを示しており、そこには秋の風景がよく描かれている。その美しい秋の季節感を示している景物は「露」「風」「蝉」「柳」「霜」「鴈」「蘆花」「桂」「紫蘭」などである。中でも「鴈」と「紫蘭」は、「流彩別愁之篇(彩を別愁の篇に流し)」から推察できるように「離別の情」を示している。この詩においての「離別の情」とは、一体、誰と誰の「離別の情」をいうのであろう。それは、「紫蘭」の語が「長い坂(庭園の小山は淮南王小山にある長く続いた坂)の紫色の蘭はその香を一座の同じ心の人々の間にはなつ。蘭が同心の友の間にかおっている様」(古典文学大系本頭注)とあり、同補注に「長坂は上の駱賓王の例のほかに、文選、曹子建の有名な公讌詩『秋蘭被長坂』がある。この蘭から、周易、繫辞上『同心之言、其臭如蘭』(心を同じくする蘭の香気の如き交りをいう)へ移り、更に鳥が心を同じくして翼を並べて飛ぶ(梁蘭文帝、春日詩『燕作同心飛』)ことへ聯想を走らせて、『同心の翼』といったものである」(同上)とあるように、「友情」の意味を指

文粋』(岩波書店)による。現代語訳は、同書および江口孝夫氏の『懐風藻』(講談社文庫)を参照した。以下同じ。なお、旧体字は新漢字にし、返り点は省略した。

していることが知られる。そのことから「紫蘭」の意味は、「心を同じくする蘭の香気の如き交り」にあり、そのような友人との離別を当該詩は詠んでいることになる。

ここでの蘭は友情を象徴しながら、その離別への嘆きを導いているところに特色がある。蘭が離別と結びついている詩は、吉智首の「七夕」に見られる。

冉冉逝不留。 冉々逝きて留まらず
時節忽驚秋。 時節忽ちに秋に驚く
菊風披夕露。 菊風夕露を披き
桂月照**蘭**洲。 桂月蘭洲を照らす
仙車渡鵲橋。 仙車鵲の橋を渡り
神駕越清流。 神駕清き流を越ゆ
天庭陳相喜。 天庭相喜を陳べ
華閣釈離愁。 華閣離愁を釈く
河横天欲曙。 河横さにして天曙けなむとし
更歎後期悠。 更に歎かふ後期の悠けきことを

とある。詩はたちまちに秋が来て、秋の月は蘭の香る島を照らし、織姫の仙車は鵲の橋を渡り、織姫の神輿は清い流れを越えていく様子を詠む。天上では牽牛・織女が恋の喜びをかわしながらも、離別の愁いをはらして、天の川のゆるやかな流れも暁光へと移り、後の再会までを嘆く。天の川のゆるやかな流れも曙光に淡く、二人は再び逢う夜の遠いのを歎いているのだという。この詩

の詩題が「七夕」であるから、中国の「七夕」の伝説を踏まえているのはいうまでもない。この詩の景物である「菊風」「桂月」「蘭洲」は、「七夕」とどういう因果関係があるだろうか。江口孝夫氏は一～四句では秋の景色を描いており、五～十句は牽星と織女の伝説を踏まえているとされる[2)]。それは一～四句では景を詠み、五～十句では心情を詠んでいると考えられる。それでは、この詩の景と情とは、どのような関わりを持つだろうか。秋の景色に属する「菊風」「桂月」「蘭洲」などの詩語は、「七夕」の伝説を内包しており、心情表現に属すると思われる「華閣釈離愁、河横天欲曙、更歎後期悠」の句が、離別の情を詠んでいるのであるが、特に「蘭洲」が取り出されているのは、牽牛・織女の離別の情を意味しているのではないだろうか。蘭が男女の愛情を示すことから、その愛情が断たれ離別することの嘆きを予期しているのが蘭であるように思われる。

そうした蘭と離別の情を表しているのは、石上乙麻呂の詩である。

五言。飄寓南荒贈在京故友。一首。

遼敻遊千里。　遼敻千里に遊び
徘徊惜寸心。　徘徊寸心を惜しむ
風前蘭送馥。　風前蘭馥を送り
月後桂舒陰。　月後桂陰を舒ぶ
斜鴈凌雲響。　斜鴈雲凌ぎて響し

2) 江口孝夫氏『懐風藻』(講談社文庫)解説。

軽蝉抱樹吟。 軽蝉樹を抱きて吟く
相思知別慟。 相思知りぬ別の慟を
徒弄白雲琴。 徒に弄ぶ白雲の琴

この詩は、藤原宇合の未亡人である久米若売を奸した罪によって、土佐に流された 石上乙麻呂が奈良の都にいる旧友に贈った詩である。旧友が誰かは不明であるが、表向きは旧友に贈るとしながらも、実際は久米若女への便りであった可能性が考えられている[3)]。乙麻呂には他に「秋夜閨情」の詩があり、これは流された土佐の地で久米若女を思う恋情詩である。また石上乙麻呂には『銜悲藻』という詩集が存在し、詩集名から土佐の地で詠んだ若女を思う情詩が中心であったと思われる。当該詩も『銜悲藻』から取られた漢詩だとすれば[4)]、「故友」というのは、若女のことであると考えることも可能であろう。詩の意は、「遥か離れた南方の辺土に住み、さまよい歩いてはわが心をいとおしむ。蘭は芳香を風のまにまにくゆらせ、桂は月に照らされて地に蔭を曳く。雲間を雁が鳴きかわし、緑樹に蝉はかしましい。相思の情は別離の涯に耐えきれない。ただ白雲に向かって琴をひくばかりだ」というのである。この詩に登場している「風」「蘭」「月」「桂」「雁」「蝉」「白雲」などの景物は、単なる風景描写ではない。風により薫る蘭は深い関係にあり、月と桂も深い関係にある。さらに雁と雲も蝉と樹も深い関係

3) 辰巳正明氏「南荒の閨情詩ー石上乙麻呂」『万葉集と比較詩学』(おうふう)参照。
4) 江口孝夫氏『懐風藻』注2解説。

にあり、そこには故友との離れがたい関係が示されている。小島憲之氏の『王朝漢詩選』は、「蘭」について「同心の言、其の臭蘭の如し」(『周易』繋辞上)を踏まえ、「かぐわしい都の友との交際を暗示」[5]と指摘している。さらに、林古渓氏の『懐風藻新註』では、「斜雁凌雲響、軽蝉抱樹吟」の以下を、「友を思ふに堪へず、都の方の空を見れば、斜めに連なる雁の仲間が、雲の上で鳴声をたててをる。彼は仲間がある。我が孤独なのを思ふと、おちつかぬ蝉が木にかじりついて鳴いてをる如く思ふ。我は語る相手もない」[6]と解釈している。次の「相思」について、沢田総清氏の『懐風藻註釈』は、『漢書』外戚伝の「上愈相思悲感」をその出典にあげており[7]、江口孝夫氏の『懐風藻』によれば、「男同士の思い。男子の友情」(前掲書解説)とする。したがって、「蘭」は、男同士の深い友情を象徴していながらも、同時に友との離別の心情をも孕んでいると思われる。

5) 小島憲之氏『王朝漢詩選』(岩波書店)。
6) 林古渓氏『懐風藻新註』(明治書院)。
7) 沢田総清氏『懐風藻註釈』(大岡山書房)。

第三節　蘭と仙境願望

長屋王は、元日の宴に詔を受けて次のような詩を詠んでいる。

　五言。元日宴。應詔。長屋王。一首。
年光泛仙禦。　年光仙禦に泛かび
日色照上春。　日色上春に照らふ
玄圃梅已故。　玄圃梅已に故り
紫庭桃欲新。　紫庭桃新ならむとす
柳絲入歌曲。　柳絲歌曲に入り
蘭香染舞巾。　蘭香舞巾に染む
於焉三元節。　焉に三元の節
共悦望雲仁。　共に悦ぶ望雲の仁

詩意は、「新年の光は御所の庭苑にかがやき、日は初春の景を照らしている。宮苑に梅が咲き、紫宮に桃が咲こうとしている。柳の枝は歌曲に入って和し、蘭の香は舞妓の冠に潤う。今日正月元日にあたり、天子の盛徳を仰ぎたてまつる」である。ここで重要な語は「仙禦」「玄圃」である。「仙禦」は仙人の住む所の意であり、天子の御所を喩えていることが知られる。しかし、そこを「仙禦」であるとするのは、天子を神仙に喩えていることでもある。これは『懐風藻』のもつ大きな特徴であり、大石王の「侍宴。応詔」でも「琴瑟設仙禦」と見え、天子の御所を指しているのであり、詩の内容も当該詩に類似している。さらに、小島大系によれば「崑崙山上にあるという仙人の住居、ここは天子の御苑」(前掲書)とある。そうした仙人の住む処に蘭の香りがするというのである。「蘭香」は蘭の香りであるが、「蘭香染舞巾」は、「巾は婦人の領巾(ひれ)なり、舞踊する婦人の領巾に蘭香を染ませしなるべし」[8]とするように、舞姫たちの衣から匂う蘭の香りであろう。その舞姫は、仙女として意識されているものと思われる。いわば、「蘭」は仙境における植物であり、その馥郁とした香は、崑崙の玄圃の香であり、また仙女たちの香でもあったのである。同じく 藤原朝臣史は、宴に侍した応詔の詩で「蘭」を次のように詠んでいる。

　五言。春日侍宴。応詔。一首。藤原朝臣史
淑気光天下。　淑気天下に光らひ
薫風扇海浜。　薫風海浜に煽る
春日歓春鳥。　春日春を歓ぶる鳥
蘭生折蘭人。　蘭生蘭を折る人
塩梅道尚故。　鹽梅の道尚し故り
文酒事猶新。　文酒の事猶し新し
隠逸去幽藪。　隠逸幽藪を去り
没賢陪紫宸。　没賢紫宸に陪る

詩意は、「温和な気が天下にみなぎり、爽やかな風が海辺を吹いている。うららかな春の鳥は鳴きかわし、芳しい蘭を高雅な士が手折っている。調和のとれた政治は古くからのこと、詩を作り、

8) 沢田総清氏の前掲書。

酒を酌む御宴は新たな感懐である。世をさけたわたしも竹林の幽居を出て仕え、ふつつかながら皇居に参内している」とある。この詩は詩題に「春日侍宴」とあるから、春の宴の様子を詠んでいることが知られる。こうした天皇の詔により詩を詠むということは、そこに理念性が現われるものと思われる。辰巳正明氏は「史の詩では、臣下が政治の加減について天皇を助けて良い政治が行われるということは古くからあり、それゆえに《文》と《酒》のことは常に新たなことなのだという。塩梅はすでに大友皇子の詩に見られたが、それは天皇と臣下との和楽において成立するものであることから、《文酒の事》はその君臣和楽を保証するものであることになる。だから、隠逸の者も幽山深谷を去り、没賢の者も優れた天皇にお仕えするのだというのである」[9]と述べ、こうしたところから見られる『懐風藻』の詩は「文酒(宴)の理念」にあると指摘している。史の詩に「文酒事猶新」とあるのを見れば、ここには文酒(宴)の理念が存在していることが認められる。したがって、「蘭生折蘭人」という句の中には、文章を基本とする君臣の和楽が内包されているといえよう。このことからも「折蘭人」には、文章により心を一つにした賢人たちのことが示唆されており、それは「高士君子」[10]だと考えられる。そうしたすぐれた朝廷の文章理念により、隠逸の者も山林幽谷から朝廷に仕えることになると詠む。蘭は隠逸の思いを留めさせて、すぐれた君臣の和楽を導く象徴として詠まれているのである。さらに、藤原宇合の詩を見ると、蘭は

---

9) 辰巳正明氏「文酒と宴」『万葉集と中国文学第二』(笠間書院)。
10) 注9の前掲書。

次のように詠まれている。

七言。秋日於左僕射長屋王宅宴。一首。藤原宇合

帝里烟雲乗季月。　帝里の烟雲季に乗り
王家山水送秋光。　王家の山水秋光を送る
霑蘭白露未催臭。　蘭を霑らす白露未だ臭を催さね
泛菊丹霞自有芳。　菊に泛かべる丹霞自らに芳有り
石壁蘿衣猶自短。　石壁の蘿衣猶自し短く
山扉松蓋埋然長。　山扉の松蓋埋ありて然も長し
遨遊已得攀龍鳳。　遨遊已に攀づつことを得たり
大隠何用覓仙場。　大隠何用ゐむ仙場を覓むることを

詩の大意は、「帝都の空は晩秋の雲がたなびき、王の邸宅は秋の光で静かである。蘭をうるおす白露は香りを含んでいないが、菊にただよう赤い露は自然の香りがある。石垣のさるおがせはまだ短く、山荘の門をおおう松はこんもりとしている。市の隠者はいまさら仙人の住居を求める要はない」とある。この詩においても秋の美しい景として、蘭・白露・菊・丹霞が詠まれている。これらは『懐風藻』の中でも特徴的な詩語であるが、「蘭」「菊」「松」が一首の中に詠まれることは、なんらかの理由があるのであろう。江口孝夫氏の『懐風藻』によれば、「大隠者、小隠者に対して用いたもので、真の隠者の意。市中の隠者」(前掲書)とあるから、「蘭」「菊」「松」が示している内容は、秋の美しい景物であると同時に、仙境は王邸の中に見出されているのである。ここには蘭や菊が仙境の

花として捉えられていて、俗世界を離れたところに求められていることが注目される。

また、宇合の「遊吉野川」という詩がある。

五言。遊吉野川。一首。 藤原宇合
芝蕙蘭蓀沢。 芝蕙蘭蓀の沢
松柏桂椿岑。 松柏桂椿の岑
野客初披薜。 野客 初めて薜を披き
朝隠蹔投簪。 朝隠蹔く簪を投ぐ
忘筌陸機海。 筌を忘る陸機の海
飛繳張衡林。 繳を飛ばす張衡が林
清風入阮嘯。 清風阮嘯に入り
流水韵嵆琴。 流水嵆琴に韵く
天高槎路遠。 天高くして槎路遠く
河廻桃源深。 河廻りて桃源深し
山中明月夜。 山中明月の夜
自得幽居心。 自らに得たり幽居の心

詩の大意は、「沢には芝や蕙・蘭また蓀が生い茂り、岑には松・柏それに桂や椿が茂りあう。野人がまさきのかずらを切り開き、仕官の隠士は冠をぬいでここにくつろぐ。巨魚を釣り上げては筌を忘れて帰り、狩猟に熱中して林の中を駈けまわる。清風のすんだ調べは阮籍の嘯きのように、流水のたぎる響きは嵆康の琴のようで、天は高く筏をあやつる船路は遠く、川は曲りくねって桃源の深さを思い知る。吉野の山中、この明月の夜、幽居とはこうあるものと悟りえた」とある。古典文学大系の頭注によれば、「香草類の生えた沢。芝は瑞草。薫は蘭の類、香草。松も柏も共に常緑樹。桂は香木。二句、佳境吉野の風景」と捉えている。さらに、澤田註釈は、「朝隠」を「朝廷に仕官すれども隠士の心操を守る義」(前掲書)と述べている。吉野では吉野詩が多く詠まれていて、そこは仙境として詠まれる傾向にある。「野客云々」には、そうした仙境における隠士の心操が描かれていると思われる。「芝薫蘭蓀」が冒頭に詠まれるのは、この詩の主題を導いているといえる。芝は瑞草であり蘭は仙人の草であり、ここでは 隠士の精神が象徴されていると考えられよう 。

第四節　蘭と友情

調古麻呂が長屋王邸で詠んだ新羅餞宴の詩は、次のように見える。

五言。初秋於長屋王宅宴新羅客。一首。調古麻呂
一面金蘭席。 一面金蘭の席
三秋**風月**時。 三秋風月の時
琴樽叶幽賞。 琴樽幽賞を叶ひ
文華敘離思。 文華離思を敘ぶ
人含大王徳。 人は大王の徳を含み
地若小山基。 地は小山の基の若し

江海波潮静。　江海波潮静けし
披露豈難期。　露を披くこと豈に期ち難けめや

作者である調古麻呂は、正七位上で優学加賞されている篤学の士である。『懐風藻』には東宮学士と記されている。詩の内容は、一面金蘭の秋を迎え、風月の賞美はこのうえもない時節に、送別の酒も愛でるのに叶い、華麗な詩文は離別の思いを色濃くするのだといい、今後の再会を期待しながら、新羅の客との離別を惜しむ心情を詠んでいる。「一面金蘭」の「一面」は、沢田総清氏の『懐風藻註釈』に、「満座。新羅客と宴するところ」、「金蘭席」は、「交誼を厚うする席。金蘭は親しい固い交りに喩へる。『易』の撃辭の『二人同心其利斷金、同心之言、其臭如蘭』とある」(前掲書)と指摘する。金蘭の語が『易』によるものであり、その意味は二人の心が一つであれば、その香は蘭の香りのようだということにある。いわば、新羅の客との関係をこのように表現したものであり、新羅の人も我々も心は固く結ばれて一つであり、その友情はあたかも蘭の香りのようだということにある。異国の使いを送る宴に、彼らはその関係を「蘭」に譬え、互いの友情を確かめたのである。そのような友情を保証するものとして、さらに風月や琴樽あるいは小山の基の故事も踏まえている。しかも「琴樽幽賞叶ひ」というのは、琴・詩・酒が揃って別離の宴が開かれたことを指し、詩文によって別離の情を述べるのだというのである。まさに、「金蘭」は「友情」の象徴として用いられているのであり、そのような語が用いられるのも相手が新羅の使節であったことにもよろう。「金蘭」は漢詩

文化圏に共通する詩語であったからにほかならない。

この新羅の使者を送る長屋王邸の主人である長屋王も、一首の送別の詩を残している。

五言。於宝宅宴新羅客。一首。
高旻開遠照。 高旻遠照開き
遥嶺靄浮烟。 遥嶺浮烟靄く
有愛**金蘭**賞。 金蘭の賞を愛でてこそ有れ
無疲風月筵。 風月の筵に疲るること無し
桂山餘景下。 桂山餘景下り
菊浦落霞鮮。 菊浦落霞鮮らけし
莫謂滄波隔。 謂ふこと莫れ滄波隔つと
長為壮思編。 長く為さむ壮思の篇

詩の内容は、「秋空は遠くすみわたり、遥かな山の峯に靄がたなびいている。同心の友と賞美の宴をひらき、風月を眺めて疲れを知らない。桂の山の残照もあわくなり、菊の水辺は夕焼が鮮やかである。謂ってくれるな。海山遠く隔たると、長く壮思の心を詩に詠もうから」の意である。この詩に「金蘭」「風月」「桂山」「菊浦」などの秋の景物が見られるが、中西進氏は「長屋王の邀宴詩は五言八句で中四対、律体であって、金蘭・風月という句がその心境を直接語っている。典拠が他より少ないのが特色であって、自由な発想を見る。六朝詩より初唐詩に近いというべきで進んだものといえよう」[11]と指摘する。「金蘭」も「風月」も先の調古麻呂の詩にも

見られ、この長屋王邸での新羅使送別の宴の共有した詩語が「金蘭」や「風月」であったことが分かる。この二語は「友情」を示す語であり[12]、それほどまでに互いの友情を確かめあったのが、長屋王詩宴の特徴であるといえる。

百済和麻呂も長屋王邸で新羅の使いに対して詩を詠んでいる。

五言。秋日於長屋王宅宴新羅客。一首。

勝地山園宅。　勝地山園の宅
秋天**風月**時。　秋天風月の時
置酒開**桂賞**。　酒を置きて桂賞を開き
倒屣逐**蘭期**。　屣を倒にして蘭期を逐ふ
人是雞林客。　人は是れ雞林の客
曲即鳳楼詞。　曲は即ち鳳楼の詞
青海千里外。　青海千里の外
白雲一相思。　白雲一に相思はむ

この詩は、秋日、長屋王の宅で新羅の使節を迎えての宴の詩であるが、中西進氏によれば、作者の百済和麻呂について、

百済和麿は帰化人であるが、個人の閲歴は史書に見えない。懐風藻の肩書は正六位上但馬守で、没年五十六才と見える。高官には恵まれないかかる人の通例として、懐風藻に三首、経国集に策をもつと

11）注2の前掲書。
12）拙稿「日本・韓国・中国の漢詩にみる菊の花ー東アジアの重陽文化に関連してー」『万葉集と東アジア1』(万葉集と東アジア研究会)参照。

いうように実力があったのであろう。(中略)邀宴詩は五言八句全体で最も平凡であるが、宅─時、青─白という反対を前後として、桂─蘭、人─曲という類対を中におくという技巧をもっている。「青海千里の外　白雲一に相思ふ」など万葉集の和歌的発想でもあり、詩歌をつなぐ詩として注意される。13)

の如く論じている。氏の指摘からすれば、この詩の特徴的な表現に類対表現を挙げられ、その類対表現は風月・桂賞・蘭期も含まれているだろう。詩は景観の勝れた長屋王の邸宅では、秋の爽やかな風月の時節に酒盃を並べて名月の宴を開き、新羅の使節を迎えて親交を結ぶとのことである。この詩においては、「風月」「桂賞」「蘭期」が特徴的な語としてある。「桂賞」と「蘭期」について林古渓氏の『懐風藻新註』では、「蘭期は、よい約束の時日。その時刻に趣くのである。桂は木、蘭は草であるが、共に善い香りのするものであるから、交友の情、美女等を思慕することにもつかひ、また、立派な身分の人の交際にもつかふ。賞は愛し親しむ。期はきめた日、また、ちぎり。桂賞の友の親しみで、蘭期の好い夜を遂ふのである」(前掲書)と指摘しており、また古典大系には、「桂は酒に関係する語、かつらの香を入れた酒の意を含み、同時に香の高い、すぐれたの意を含む(蘭に対する語)」(前掲書)とあり、「蘭期は蘭の香の如き同心の良友とちぎることをいう。喜んで客を迎えて親友のちぎりを追い求める意、新羅の客を歓待して親友の交りを結ぶこと」(同上)とある。この詩において、「桂賞」と「蘭期」が友情

13) 中西進氏『万葉集の比較文学的研究』(桜楓社)。

を示す語ということから、「**蘭**」は友情の意味に捉えられていることは明らかである。

次の藤原宇合の「在常陸贈倭判官留在京。一首。并序。」の詩は、宇合が常陸の国にあって、遠く京に居る倭判官に送った詩と序文である。この詩を詠んだ藤原宇合は、常陸にあったことが知られるが、常陸における行動には不明なところが多い。その序文では人が自分を知ることもなく、歳の暮れに「松竹の貞節」を知るのだと述べて、風によって「芝蘭の香り」に気づいたことから、次のように続けている。

自我弱冠従王事。　我弱冠王事に従ひしより
風塵歳月不曽休。　風塵歳月曽て休まず
褰帷独坐辺亭夕。　帷を褰げて独り坐る辺亭の夕
懸榻長悲揺落秋。　榻を懸けて長く悲しぶ揺落の秋
琴瑟之交遠相阻。　琴瑟の交遠く相阻り
芝蘭之契接無由。　芝蘭の契接くに由も無し
無由何見李将郭。　由も無ければ何にか見む李と郭と
有別何逢逵与猷。　別有れば何にか逢はむ逵と猷と
馳心悵望白雲天。　心を馳せて悵望む白雲の天
寄語徘徊明月前。　語を寄せて徘徊る明月の前
日下皇都君抱玉。　日下の皇都君は玉を抱き
雲端辺国我調絃。　雲端の辺国我は絃を調ふ
清絃入化経三歳。　清絃化に入りて三歳を経
美玉韜光度幾年。　美玉光を韜みて幾年をか度る
知己難逢匪今耳。　知己逢ふことの難き今のみに匪ず

忘言罕遇従來然。　忘言遇ふことの罕らなる従來然にあり
為期不怕風霜觸。　為に期ふ風霜の觸るることを怕れず
猶似岩心松柏堅。　猶し岩心松柏の堅きに似むことを

ここに見える「芝蘭」の意味するものは、林古渓氏の『懐風藻新註』には、『孔子家語』の「与善人居、如入芝蘭之室」[14]をその出典にあげており、善人が芝蘭と等しいという意味になる。なお、江口孝夫氏は、「芝蘭の馥」は「かぐわしい香、芝も蘭も香草」(前掲書)と解釈しているところから、芝蘭の香りは善人のことの比喩であり、それは「松竹の貞節」と等しく、善人とは固い友情で結ばれている仲間の象徴、すなわち「芝蘭之契」を交わした友という意味であろう。さらに序文には、弱冠より国家の政治に従事し、地方の役人となって休憩したことがなく、辺国の亭で簾を巻き上げて夕の景を見、椅子を出して来遊を待つが落葉を悲しむばかりで、心の響きあった友は遠く善き友と接することもないのだという。「芝蘭之契」とは、心の響き合う友のことであり、それは「琴瑟之交」の語とも関わるであろう。「琴瑟」は、杉本行夫氏によれば、「玆は朋友和睦の交際をいふ。潘岳の夏侯常侍誄に『子之友悌、和如琴瑟』、曹植の王仲宣誄に『吾与夫子、義貫丹青、好和琴瑟、分過友生』」[15]とあるとし、沢田総清氏の『懐風藻註釈』は、「琴瑟之交」を「夫婦相和することを『琴瑟和』といふが、玆は朋友の交のこと。詩経、周南「窈窕淑女、琴瑟交之」と解している。また、「芝蘭」について、杉

14）注6の前掲書。
15）杉本行夫氏『懐風藻註釈』(弘文堂書房)。

本行夫氏は「香しき善友の交」といい、沢田総清氏は、「芝蘭之契」を「朋友の交り。芝蘭は善人才子に喩へる」(前掲書)と解釈している。したがって、「琴瑟」と「芝蘭」はいずれも心の清らかな人たち(友達)の交情を指しているもので、ここで、「芝蘭」は友情の象徴として取り出されたことが知られる。さらに「猶似巖心松柏堅」という「松柏堅」は、古典大系に「やはりいつまでも君の変わらぬ岩の如き心が松柏(松やかしわ)の如く堅固な節操(論語、子罕に本づく)のようであることを」とするように、固い友情を求めているのであり、これらから「芝蘭」によって象徴されたのは、固い友情であった。

また、宇合の弟である万里は、「暮春置弟園池置酒。一首。并序」の序文で、僕は聖代の狂生であることを言挙げし、この弟園における宴では「蘭薫同欣」であるとしている。「於是。蘭薫同欣。宇宙荒茫。烟霞蕩而満目。桃李笑而成蹊」(是に、絃歌迭ひに奏で、蘭薫同に欣ぶ。宇宙荒茫、烟霞蕩ひて目に満つ。園池照灼、桃李笑まひて蹊を成す)といい、琴にあわせて歌を歌い、友といっしょに楽しみあうこと、宇宙自然は大きく、霞が立ち込めて眼前に広がり、園内の池は明るく輝き、桃や李は花咲いて人びとが集まってくるのだという。弟園が何を指すのか不明とされているが、いずれかの庭園で行われた宴の模様を描いたものであることは確かである。これに続けて、序文は、次のように続く。

日落庭清。樽傾人酔。陶然不知老之將至也。夫登高能賦。夫登高能賦。即是大夫之才。(日落ち、庭清く、樽を傾け人酔ふ。陶然老の將に至らんとすることを知らず、夫れ高きに登りて能く賦す

ることは、即ち是れ大夫の才なり)

作者の藤原万里は『懐風藻』に詩を五首残している詩人である。序文は六朝風を特徴づける四六駢儷体の美文であり、ここには詩を詠むときの理念が記されている。それは「蘭薫」とここでの「登高」とである。「蘭薫同欣」について、古典大系は「蘭や薫(ともに香草)の如き香ぐわしい兄弟朋友の情を共に喜び合う」(前掲書)といい、杉本行夫氏は「蘭薫」を「賢人君子に喩ふ」(前掲書)といい、「蘭薫」とは「香かぐわしい兄弟朋友の情」を示していることが知られる。また「登高」は諸注に引くように『韓氏外伝』の「君子登高必賦」によると思われ、孔子が弟子たちを率いて景山に登り、志を述べさせたという故事によるものであり、優れた者は高きに登って志を陳べるべきであるという意である。辰巳正明氏によれば、この登高は大夫の九つの才能の一つでもあるとされ、これをもとに中国の登高詩が生まれていると指摘し、ここでの万里は名利を避けて風狂に身を置く詩人の立場であるとする[16)]。そのようであれば、万里は名利を棄てた者たちと自然風物を情として楽しみ、高きに登って詩を賦すという立場にあることが知られる。「蘭薫」とは、まさに詩を詠み志を陳べる者たちの香しい仲間あるいは友という意味であることが知られるのである。

そうした香しい仲間の集まりが長屋王邸の詩宴であり、それを塩屋古麻呂は次の詩において確かめている。

---

16) 辰巳正明氏「大夫の才ー山部赤人」注9参照。

五言。春日於左僕射長屋王宅宴。一首。塩屋連古麻呂

卜居傍城闕。 居を卜へて城闕に傍ひ

乗興引朝冠。 興に乗りて朝冠を引く

繁絃辨山水。 繁絃山水を辨け

妙舞舒斉紈。 妙舞斉紈を舒ぶ

柳條風未煖。 柳條の風未だ煖かならず

梅花雪猶寒。 梅花の雪猶し寒し

放情良得所。 情を放つに良く所を得たり

願言若金蘭。 願はくは言に金蘭の若くならむことを

詩は、長屋王の邸宅は占いによって宮城の傍に選ばれ、その王邸では興のわくままに朝臣を招いて宴が開かれる。絃の調べは山水の趣を演じわけ、巧みな舞はねり絹の衣をひるがえす。柳に吹く風はまだ温かだといえず、梅は咲いたが、雪はなお冷たい。気儘に思いを馳せるに格好な所、いつまでも金蘭の交わりでありたいものだと詠む。ここに朝臣たちが集まり宴会が開かれるのであるが、その場はまだ春の盛りには早いので雪が残り柳も梅も寒そうであるが、しかし、互いの友情を陳べるのに適した所であり、願うことは「金蘭」のごとくでありたいというのである。「金蘭」の語は、すでに調古麻呂の詩にも見えたように、『易』の言葉であり、金を断つ固い友情のことである。

長屋王宅の詩宴は、このように「蘭」の語を頻用して、集まった者たちの固い友情を確かめる場であったのである。まさに「蘭」は季節の花を越え、また高貴な花の意味も越えて、蘭を詠むことは

固い友情の比喩とする共通の理解の上に受け入れられていたことが知られるのである。

第五節　脱俗の世界と蘭

長屋王や藤原宇合の応詔詩に仙境の蘭が詠まれていたが、蘭はそのような異境の植物として考えられていたことが知られる。そのようであれば、長屋王の元日詩に見られる御所の花として詠まれる梅も桃も柳の糸も仙境のものであり、仙境の風景であるといえる。そこに香る蘭は、神仙世界を象徴する花として捉えられていた。そうした神仙世界に香る蘭と同じように、蘭は世俗を拒否する花としても捉えられているように思われる。いわば、蘭を通して脱俗の精神がそこにみられるように思われる。下毛野虫麻呂の「秋日於長屋王宅新羅客。一首。并序」の序文には、長屋王宅で開かれた宴において「芝蘭四座。去三尺而引君子之風。祖餞百壺。敷一寸而酌賢人之酎。琴書左右。言笑縦横。物我兩忘。自抜宇宙之表。枯榮雙遣。何必竹林之間」(芝蘭四座、三尺を去りて君子の風を引き、祖餞百壺、一寸を敷きて賢人の酎を酌む、琴書左右、言笑縦横、物我兩ながらに忘れ、自らに宇宙の表を抜きいづ。枯栄双に遣り、何ぞ必ずしも竹林の間のみならめや)と述べていて、この宴の場が「芝蘭」の場、すなわち芝や蘭の香りの処であり、そこには必ずしも竹林の間に限られるものではなく、この場もまた竹林の間に等しいのだというのである。「竹林の間」とは諸注の指摘するように、魏の竹林の七賢を指すことは明らかであり、竹林の七賢は当時の政治に対して不満を持ち、竹林に逃れて清談したという賢人たちである。いわば、世俗を逃れて儒教の礼法を誹るのであるが、それを、虫麻呂は長屋王邸の宴の様子として描いているのである。杉本行夫氏は、「何必竹林之間」について「竹林の七賢は礼法を無視した遊であるが、今日は礼法正しく且物我宮貴貧賤すべて忘却して彼此上下の隔りがない」(前掲書)というように、身分を越えた仲間の宴であることを強調したのが竹林であり、それを「芝蘭」が象徴している。これによれば「芝蘭」は、竹林の七賢のように世俗を離れて清談する場所に香るものであり、それは脱俗精神を示しているのではないだろうか。

次の詩は、藤原万里の作品である。

　五言。過神納言墟。一首。
君道誰云易。　君道誰か易きと云ふ
臣義本自難。　臣義本自難し
奉規終不用。　規を奉りて終に用ゐらえず
帰去遂辞官。　帰り去にて遂に官を辞りぬ
放曠遊嵆竹。　放曠嵆竹に遊び
沈吟佩楚蘭。　沈吟楚蘭を佩ぶ
天閽若一啓。　天閽若し一たび啓かば
将得水魚歓。　将に水魚の歓を得む

詩の意は、「君主の道をだれが容易だというのか。臣下の勤めはそれにもまして難しい。忠言を奉ったが用いられないで、官をやめて故郷に帰った。嵇康のようにのびのびと竹林に遊び、屈原のように蘭を手折って声低くうたう。もし宮門が開かれたならば、君臣親密な喜びがえられましょうに」である。「嵇竹」は古典大系では、「嵇康(竹林七賢人の一人)が竹林に遊んだ如く、心のほしいままに、気ままに竹林(浮世を離れた所に遊び、世間を遠ざかったものの)深く蘭を帯びて忠貞の身を清く保った」(前掲書)といい、竹林七賢の脱俗の精神を讃えている詩句ということができよう。この句と対句をなしている句が次の「沈吟佩楚蘭」であるが、とくに、「楚蘭」は、「楚の忠諫の士屈原が汨羅のほとりをさまよい歌った故事による。蘭は芳しいもの、心の清らかなものにいう」[17)]とあって、前句の「竹」とこの句の「蘭」が対句表現として捉えられていて、ここでの「蘭」は、脱俗の精神を象徴していることが知られるのである。

第六節　結

『懐風藻』には「蘭」の植物が見られる。この蘭は、一つには長屋王邸宅での新羅の客を送る餞宴に詠まれるが、その蘭の象徴する意味は、遠く離れていても心を一つにする友情を求めた離別の情にあった。二つは応詔詩に見られる神仙世界と蘭との関係である。天子の御所や仙境とされる吉野を神仙世界として描くために、そこに香しい蘭が生えていることを詠む。三つには詩宴に集

17) 注1の前掲書。

まる人たちが、固い友情で結ばれていることを示す蘭である。金蘭に象徴されるように、それは金を断つ固い友情であり、特に長屋王邸に集まった詩人たちの言葉として蘭が多く見られるのは、詩文を通して互いの志を陳べ、友情を深めることが目的であったと思われる。そして、四つには脱俗の精神を表す蘭である。蘭が仙境の植物として応詔詩では捉えられたが、それは世俗を超越する場所であったことによる。そうした世俗を意図的に超越する脱俗の態度の中に蘭が捉えられているのは、そのことを理解する仲間の存在を取り出すからである。

以上のように『懐風藻』には蘭のいくつかのイメージや象徴性が見られるが、これらを統一している蘭のイメージは、天子の御所や吉野の神仙世界の植物とするものと、外国の使節を迎えた詩宴や季節の詩宴に集まる詩人たちが、固い友情の中にあることを蘭を通して確かめたということである。そこには日本古代の漢詩が取り出した蘭のイメージや象徴性が認められるのである。

第四章　韓国漢詩に見る「蘭」のイメージ

第一節　序

中国には四君子という言葉がある。この四君子とは、高貴な植物を指し、蘭・梅・菊・竹であり、これらは数多く詩や画材に選ばれてきた。四君子として総称されるのは後のことであるが、東アジア古代漢詩には、この四君子の中で蘭は香りが良く友情を喩える花として中国詩に詠まれている。この蘭は古代韓国の詩人たちも詠んでいるが、必ずしも数は多くない。本稿では、主に三国時代から高麗初期の古代漢詩を対象に、「蘭」がどのように詠まれているのかについて考察を加えたい。

第二節　君子と君子の友として詠まれる蘭

現在、韓国古代詩歌の作品に蘭を素材として作られた最古の漢詩としては、『東文選』に収録されている高麗中期の金克己の「有感」という詩である。

冬寒尚未厳　冬の寒さは、今のころはあまり寒くなく
野菊留清秋　野菊は秋だからこそいっそう清い
繊枝倩雨洗　か弱い幹雨に降られて青々としている
幽蘭已枯瘁　芳しい蘭が既に枯れてしまい
歳晩誰与儔　暮れて行く日に誰をともにしようか

寧隨道傍葦　却って道端の葦に従おうとすれば
踐履羊與牛　寧ろ羊と牛に踏まれるほうがいいだろう
何殊不羈士　拘らない士がどうして
濁立違俗流　俗流と違って一人立ちできよう[1)]
（以下省略）

金克己は高麗毅宗四年頃(一一五〇から一二〇九)の文人であり、号は老峰、本貫は慶州である。彼は明宗の頃に進士試験に及第したが、草野に引きこもって田園生活をした。四〇歳になって官職に就いて龍湾防御判官を経て、翰林院に赴任した。彼の生涯についての記録はほとんど残っていないので良く分からないが、詩文を通じて作家の生涯と思想などを推定して見ることができる。老峰は李圭報とともに、高麗時代に名が知られた人物で、その当代に大家の一人として賞賛された。『三韓詩亀鑑』には彼の文集が一五〇巻があるとされ、高麗末の記録である真静国師の『湖山録』には、彼の文集が十五巻というところから見て、彼は多くの作品を創作したということが知られる。現在『三韓詩亀鑑』に三十七首、『東文選』に六十三首、『新増東国輿地勝覧』に二二四首の詩が伝わっている[2)]。詩の内容は、野菊は清らかな秋の日にまだ留まって咲いており、幽蘭はすでに枯れているという。秋の終わりの風景を描いているものであるが、菊は咲いているが蘭が枯れたというのは、次句の「暮れて行く日に誰を共にすればいいのか」から、蘭

1) 田英鎮氏編『東文選』(フンシン文化社)。
2) 宋寯鎬氏評釈『韓国名家漢詩選 1』(太学社)。

に相当する者が亡くなり、これから誰を頼りにすれば良いのかという意味であろうと思われる。おそらくそれは頼りにしていた主君であろう。道端の葦に従う位なら、羊や牛に踏まれたほうがましだというところからも、主君を失った嘆きが感じられる。このことから見ると蘭は優れた主君に喩えられ、それは君子としての主君を比喩したものと思われる。

次の詩は、洪侃『洪崖遺藁』の「呈松廣和尚」である。

白雲栖返旧山堂　白い雲は古寺に戻ってとどまり
幽樹長松演法場　静寂の樹の長い松は法門を説く場である
億刹想應蒙雨潤　多くの土も雨に降られて豊かであり
三韓親得襲**蘭芳**　三韓の土は自ら蘭の薫が芳しく
古今誰透窓虫紙　古今に誰が窓を穿つ虫であろう
名利堪悲海鳥觴　名利の場には海にて悲しく鳴く鳥の杯なのか
慚愧東華車馬裏　世俗の名利を求める中で
軟紅塵土歯銀章　軟紅の塵土の中に銀章長いのが恥ずかしい[3)]

洪侃が松広和尚に贈った詩であり、松広和尚の立派な態度に対して、名利を求めて彷徨している自分の人生を考え直そうとする意志を示したものである。華車馬裏という世俗の名利を求める自分と、名利から離れた僧侶の様子とを対比し、自らを慚愧するのである。ここに見える「三韓親得襲蘭芳」とは、「三韓の土は自ら蘭

3) 本文は、金甲起氏訳『三韓詩亀鑑』(イフア文化社)による。日本語訳は、同書の訳をもとに私訳した。なお、引用の漢字は一部省略した。

の薫が芳しく」の意味であり、その「蘭」は、君子の高潔な精神世界を象徴していると思われる。

さらに、林椿『西河集』の「賀皇甫沆及第」をみると、

所業在学術	やっていることは学問であり
雖於危難中	たとえ、難にあっても
手不釈巻帙	本を手放さない
楽哉家有師	楽しいこと、家には先生がいて
常無遠離膝	いつも膝の前を離れることがない
階庭生**蘭玉**	庭の蘭の玉が生え
不減謝安姪	謝安の姪よりいい
自古賢士輩	嘗てから賢い君子たちは
其才有得失	技に得失があるので
楊劉博見聞	楊億 劉筠は見聞が広く
李杜工綴術	李白と杜甫は著述がうまかった。(『韓国漢詩大観』前掲書)

と詠まれている。林椿は高麗中期、韓国の詩壇に初めて登場する専門的な詩人集団の竹高七賢の一人として活動した。彼は、鄭仲夫の乱によって全国を歩きまわりながら自分の志を成し遂げられず、貧乏な生活を送った不幸な詩人でもあった。彼が活躍した時期は韓国漢詩史の上では中国の漢詩の学習期に当たるが、彼が豊富な読書量を基にして詩を作ったことが知られる。彼の詩は用字の駆使が評価されており、中国の宋詩学の影響によるものである

といわれている[4]。林椿の詩は中国詩の用字を十分に学習して、これを受けての結果であるといえる。それを窺わせるのが、「自古賢士輩、其才有得失、楊劉博見聞、李杜工綴術」に見られるように、中国の賢人たちである楊億と劉筠、李白と杜甫へのあこがれであった。幼くして学問の道に進み、常に家庭教師がいて学ぶことが述べられ、その庭には蘭玉が生えているという。「蘭玉」とは、蘭草の蕾を意味している。したがって、この詩に詠まれている「蘭」は、林春の中国漢詩に対する憧憬であると同時に、中国漢詩において伝統的に詠まれる君子の高潔な品性を表していると考えられる。

また李達衷『霽亭集』の「山村雑詠」という詩には、

黄犢触樊圃　黄色い牛の子は垣根を壊し
翠禽登水亭　青鳥は水辺の亭に登る
山耕唯六甲　山の農業は五六の兵士が行い
戸役至三丁　戸口の役は三人の年配者が行う
松穉細吹籟　松は小さくて静かに吹かれる音がし
蘭孤微吐香　蘭は寂しくて細かに香を漂わせる
谷虚谹歴歴　谷が空いているので歴歴と音が明らかに聞こえ
林暗燐熒熒　森が暗いので鬼の火が輝く
(中略)
孤忠懸鳳闕　孤高の忠誠は鳳闕にあって

---

4) 本文は、李鐘燦氏『韓国漢詩大観1』(イフェ文化社)による。日本語訳は同書の訳をもとに私訳した。なお、引用の漢字は一部省略した。以下同じ。

壮志溢鵬溟　壮士の志は鵬溟に溢れる
獲覩太平日　太平の日々を迎えて
祝君千万令　王様の長寿を祈るのである(『韓国漢詩大観』前掲書)

とある。作者の李達衷は、一三〇九年～一三八五年の人で、号は霽亭、慶州に生まれる。十八歳に科挙試験に合格して成均祭酒になり、三十六歳の時に李斎賢などと王に仕えた。四十歳で史部都監判事となり、さらに名儒となり、密直提学に昇進した。七十六歳に没した(『韓国漢詩大観』前掲書)。特に注目すべきは、「松穉細吹籟、蘭孤微吐香」といって、「松」と「蘭」が対として詠まれているところである。儒教社会において松や蘭は忠節のシンボルとして詠まれるのが一般である。この詩も「孤忠懸鳳闕、壮志溢鵬溟、獲覩太平日、祝君千萬齢」から明らかであるように、主君への忠誠が示されている。この詩の全体の主題が王に対する忠節であるから、「松」は忠誠を比喩し、「蘭」は君子の香を比喩していると思われる。

一方、李集『遁村集』に「次蘭坡四詠」という詩がある。

栽培尺寸地　狭い土に栽培して
歳久未能長　歳月が経っても伸びない
常沐蘭坡露　蘭坡の露がいつも洗われ
曽経栢府霜　(蘭坡嘗為御史)早くから御史府の霜も過ぎ(蘭坡は御史になったことがある。)
性非宜糞壌　本性は腐った土に合わず

容下改炎涼　様子も暑さと寒さに変わらない
爾節本高直　君への忠貞が元より高く
肯随桃李傍　桃と李の傍らに随うべきだろうか(『韓国漢詩大観』前掲書)

この詩は蘭の四つの姿態を詠んだものであり、当該詩は「いつも蘭坡の露に洗われ、早く御史府の霜も過ぎ、本性は腐った土に合わず、容子も暑さ寒さに変わらない」というのは、いつまでも作者の心は変わらないということである。さらに、「君の忠貞が元より高く、桃と李の傍らに随うべきだろうか」というのは、この詩の主題でもあって、「蘭」は君子への忠節を象徴していると考えられよう。同じく「蘭」という作品がある。

叢蘭誰是種　一束の蘭を誰が植えたのであろう
李氏徳馨香　李氏の徳の香が芳しくて
九畹已為盛　九畹の畦にいっぱいあって
三閭何所傷　三閭の大夫が悲しく思うことが何であろう
浴薫身既潔　潔くお風呂に入ったので体はすでに綺麗で
握直袖応長　握れば直ちに袖は長きに応える
白露下庭草　白い露が草の生えた庭に降り
猗猗尤有光　ピカピカとよく輝くものだ(『韓国漢詩大観』前掲書)

この「叢蘭誰是種、李氏徳馨香、九畹已為盛、三閭何所傷」は、『楚辞』の「離騒」に「傷霊脩霊之数化、余既滋蘭之九畹兮、又樹薫之百畝」(君の度々の心変わりに心をいためる。私はこれまで蘭を九畹に植え、蕙を百畝も植えておいた)とあるのを踏まえている(李鍾燦氏前掲書)とされる。したがって、この「蘭」は、先述した詩と同じく、君子の高潔な心情を喩えていると思われる。

このように蘭は君子の徳と深く結びつきながら詠まれていることが知られる。このような君子の徳を象徴する蘭以外に、韓国古代詩には次のような蘭も登場する。

第三節　恋情・旅情と蘭

先に、新羅時代の朴仁範の「江行呈張秀才」という作品をみると、

蘭橈晩泊荻花洲	蘭草の橈で晩の葦の花が水際に触れると
露冷蛩声繞容愁	冷ややかな露の、虫の音は秋の岡を覆う
潮落古灘沙嘴沒	潮が昔の灘に落ちると、砂が静まる
日沈寒島樹容愁	日は遠い島に静まり、木陰が愁いを引き起こし
風駆江上群飛雁	風は江上の雁の群れを連れて行き
月送天涯濁去舟	月は空の端に行く舟を見送る
共厭羈離年已老	ともに旅人として年を取っていくことが嫌で
毎言心事涙濟流	心の中で語る度に涙が出るよ[5]

5) 本文は、李九義氏『新羅漢文学研究』(アセア文化社)による。日本語訳は同書の訳をもとに私訳した。なお、引用の漢詩は一部省略した。

とある。張秀才に送った詩で、旅の途中の作である。日が暮れるころの旅愁を詠んでいる。内容を見ると、この詩に現われる季節は秋であることが見て取れる。「蘭草の橈」は葦とほとんど同じものであるが、その大きさが小さい。おそらく季節のせいかもしれない。岸辺に生えている蘭橈や冷たい露にはもう暖かい感触は感じられない。蘭草の花は白く色は明るいが、冷たい感じがする。また露も同じく冷たい感じがすることからそれらを「冷」だという。このように、冷たい秋の日に虫の泣き音がする。虫は蟋蟀をいうのであろう。「蟋蟀が家にて泣き出すと、もう一年が暮れていく」[6]という詩がある。含聯には、潮が引いて水が引いたという。しかし潮が引いていたとき、そこに我が存在していた。これは我が心に満足できなかった何かがあるということを言うのであろう。大邱に来ると日は暮れてしまっており、日が沈んでしまうと天気も寒くなる。作者の位置は海や大きい川の中にある島であろう。満ち潮と引き潮があるのをみると、川よりは海である可能性が高い。しかし、それを川だと言ったのである。作者は川の中にある島にいるのである。外部から孤立し、精神的にも孤立している。軽聯では、川の上を雁が飛んでいく様子が描かれている。もしかしたら雁をとおして故郷の便りを聞くことができるかもしれないと期待する。なぜなら、雁は便りを運ぶ鳥であるからである。また一羽の雁が飛んでいくのではなく、群れを作って飛んでいくというので、冷たい秋であるが、友との関係はうまく行って

6) 注5の前掲書。

いるということを暗示している。我は自分の友のように、この雁のように仲良しであることを示唆している。大邱に来ると、我は船に乗って船旅をしているのである。それも明るく、暖かい昼間に旅をするのではなく、暗く、冷たい夜に月を友として船に乗っていくのである。天の端に一人で乗っていく船を月だけが見送ってくれるだけで、我を知ってくれる人がまったくないという意味である。ここで我は限りなく、寂しいと感じるのである。軽聯で我が寂しさを感じる具体的な理由が尾聯に現われている。我が感じている寂しさは単純に一時的なものではない。我がともに船に乗った友は、旅人である。旅人は肉体的にも疲れているだろうが、精神的にも同じ状況にある。人間は誰しもが人が自分を理解してほしいと思い、また他の人々が自分を認めてくれることを望んでいる。我と友はこうした人間の本能を満足させることができないばかりではなく、その上、年を取っているので、それを考えると何故か自分の人生を無常に思って涙を流しているのだというのである。この詩で、「蘭」「葦の花」「露」「虫の音」「風」「月」などが素材として詠まれているのは、秋の景物を通して旅愁に浸っていくように導いていく役割をしている。特に、「月」と「蘭」は旅人にとって、一層旅愁に耽る景物として詠まれているのが察せられよう。

さらに、高麗時代の金富軾に「臨津有感」という詩がある。

秋風溺溺水洋洋　秋風はひらひらとし、江水は洋洋とし
廻首長空思渺茫　空に首を回すと思いが茫茫とする

惆悵美人隔千里　寂しいことよ、愛しい人と別れているので
江辺蘭芷為誰香　江邊の蘭草は誰のために香を漂わせているだろう
（『韓国漢詩大観』前掲書）

この詩は津にあって感じたことを述べたという詩である。「美人」は一つに女性のことであり、恋人を指すと考えられる。作者は旅にあって、津に臨み、そこで恋人と千里を隔てている寂しさを詠んでいるのである。江辺の蘭の香りは、恋人を忍ばせる香であることが知られ、それが今香を放っていても空しいのだと嘆いている。そのような「蘭」は、愛しい人の香に置き換えられて恋情を引き起こす媒体になっているので、蘭は恋情の象徴だといえよう。ただ、この詩は、中国蘇東坡の「赤壁歌」の「渺渺渺兮余懐、望美人兮天一方」を踏まえているとされていて（李鐘燦氏前掲書）、そのようであればこの「美人」は女性の恋人とは限らないことになる。美人は中国の文献では男女ともに用いられ、男性に用いられる場合は立派な男性の意味となる。ここでの美人が男性であるとすれば、主君などの意味が生まれてくる。しかしながら、愛する者（恋人・主君）の香が蘭に喩えられるのは、蘭の持つ香にあったといえる。

さらに、鄭道導の「感興」（『東文選』）という詩をみると、

久客尚絺綌　長い旅人の生活は綿の服が一枚だけなのに
北風凄以涼　北風はどうしてそんなにも凄涼であるのか
団団寒露至　寒々とした露

蘭枯謝幽芳　蘭草の様子を失い枯れていく
悠悠関山遠　関山は遠く
行行道路長　行っても行っても遠いだけ
何以卒歳晩　どうやって、年末を過ごそうか
歳晩多繁霜　年が暮れると霜も降るのだ(『東文選』前掲書)

とあって、旅人として長い生活の中で、凄涼とした旅の風光に悲しむ。そのような旅の悲しみは蘭が色を失い枯れていく様子として比喩している。蘭は自身の今の姿である。しかし、蘭が旅愁の中に取り出されるのは、蘭によって思われる友人のことであったと思われる。そうであれば、韓国古代漢詩においても、蘭が友情を示す植物として理解されていたことが知られる。

第五節　結

韓国古代漢詩に見える「蘭」を考えてみると、蘭の香によってそれは高貴な植物として捉えられるのが一般である。四君子の一つとしてあるように、それは君子を比喩するものであった。君子のごとき高潔な態度や貞節は、蘭に喩えられた。そうした蘭の象徴性に対して、蘭が愛する女性を喩えるのは、特殊な例であると思われる。この美人を恋人とすれば蘭の香りは女性の香である。このように恋歌に詠まれた蘭は珍しいが、この美人が立派な男子であるならば、主君などの意味となる。その二つの意味の中に蘭が存在しているのである。一方、旅人が旅愁の中で色あせた蘭を詠むのは、蘭に自らの姿を託したからであり、それは蘭の持つ友情という象徴性が理解されていたからだといえる。

第五章　東アジア漢詩に見る「菊の花」と重陽節

第一節　序

菊花は秋の花と言えるほど秋を代表する花である。初秋から咲きはじめ、晩秋になると、霜の中でも枯れることなく凛々しく咲いて芳しい香りを放つために中国や日本、韓国の詩人たちや画家たちに愛された花である。こうした特性からいち早く中国では菊の花が詩の素材として登場して数多くの菊花に関する漢詩が詠まれたのである。蘇東坡の「贈別景劉文詩」の「荷尽己無擎雨蓋、菊残猶有傲霜枝」という詩句以来、菊の花は「傲霜高節」の花と言われる秋の景物として定着したのである。以後、中国・日本・韓国の古典詩歌に詠まれる菊花のイメージは、豊穣の象徴、隠逸の表徴、傲霜高節、死滅の悲哀、弧高の節などの儒教思想を主とした東アジアにおける菊花の共通的に現われるイメージが成立する。

日本では秋になると丹精込めて作られた見事な菊が、公園や集会場に出品され、華美を競っている。この菊の花は日本人のみならず、中国人も韓国人も好む花であり、その由来は中国の習俗である重陽節と関わって、広く東アジアに共通の文化として広がったものである。三カ国の文化状況によってそのあり方が変わってくるが、ここでは、日本・中国・韓国の古典詩歌のなかで、菊の花が重陽節とどのように関わりながら詠まれているのかを考察し、東アジアの文化として成立する「重陽節」と「菊の花」とのあり方について述べることにしたい。

第二節　中国六朝・唐時代漢詩と重陽節

中国楚の地方の習俗を記す『荊楚歳時記』には、九月九日の行事について、

社公瞻を按ずるに云う。九月九日に宴会す。未だ何れの代より起るかを知らず。然れども、漢世より以来、未だ改めず。今、北人も此の節を重んじ、茱萸を佩び、餌を食い、菊花の酒を飲まば、人をして長寿ならしむと云う。近代、皆な宴を台樹に設く。又た『続斉諧記』に言う。汝皆の桓景、費長房に随いて遊学す。長房、之(桓景)に謂いて曰く。九月九日、汝が家中、当に〔大〕災厄あるべし。急ぎ家人をして嚢を縫わしめ、茱萸を盛り臂の上に繋け、山に登り菊花の酒を飲まば、此の禍は消ゆべしと。景は言の如く、家を挙げて山に登り、夕に還り、雞・犬・羊の一時に暴かに死ぬを見る。長房は之を聞きて曰く。此れは代りとすべきなりと。今、世人、九日に高きに登りて飲酒し、婦人、茱萸の嚢を帯びるは蓋し此れより始まる[1)]。

渡辺秀夫氏は、「菊」について以下のように述べている。

菊は、キクという字音だけがあって訓はない。奈良朝に新たに中国から渡来したものといわれ、『懐風藻』の漢詩には点景として詠み込まれたことはあったが、『万葉集』には一首もみえない。菊の歌の初

1) 守屋美都雄氏『荊楚歳時記』(平凡社)。

見は、平安遷都直後の延暦十六年(七九七)の初冬の曲宴における桓武天皇の御製和歌『この頃の時雨の雨に菊の花散りぞしぬべきあたらその香を』で、大陸風の気概に長けた帝王らしく、菊を漢音のままじかに詠みこんでいる。『類聚国史』(巻七五)大同二年(八〇七)挽秋の平城帝と弟の皇太子(のちの嵯峨帝)との唱和歌のなかでは、「ふぢばかま」と読み替えられている(同・巻三一)。古辞書が「カラヨモギ」『新撰字鏡』、「カハラヨモギ」『倭名類聚抄』など、在来の類似のものに比定しようとした形跡もあり、菊を『ふぢばかま(藤袴)』とする根拠は、藤袴が菊科の多年草で、また漢名を「蘭草」「香草」ともいったので、菊に類似したものということで代用させたのであろう(一説には、色褪せてゆく菊の紫色が藤袴の淡紫色に似通うからともいう)。[2)]

九月九日の宴会に、菊花の酒を飲むことと、また、除災のために茱萸を臂に掛け、山に登り菊花の酒を飲むという習俗が見られる。「茱萸」については、守屋美都雄氏が「香気の強い植物を帯びて悪気を避けることは、『楚辞』の離騒に『秋蘭を紉けて似て刷るとなす』とあるのにも徴せられるが、茱萸については『西京雑記』巻三に『(漢の武帝の宮人)買刷蘭、・・・九月九日　茱萸を佩び、蓬餅を食し菊花の酒を飲み、人をして寿を長からしむ」とある。周処の『風土記』には『俗、此の日に於いて、茱萸の気烈しく成熟するを以て此の日を尚び、茱萸の房を折り、以て頭髻に挿す。言うところは悪気を避け、初冬を禦ぐ』とあり、北魏の賈思勰の『斉民要術』巻四、第四十四『種茱萸』にも『又た術に曰く、茱萸の子を屋内に懸く

---

2) 渡辺秀夫氏『詩歌の森 ―日本語のイメージ』(大修館書店)。

れば、鬼畏れて入らざるなり』とある。日本でも重陽の節句に茱萸が用いられた。室町時代の『公事根源』という書に『君臣に菊花賜わる・・・御帳の左右に茱萸の嚢をかけ、御前に菊瓶をおく』とある例を青木正児氏は指摘されている」[3]という。

では、中国漢詩に重陽が中国の文化としてどのように詠まれているか具体的な作品を検討してみたい。

A 屈原。離騒(『楚辞』)

朝飲木蘭之墜露兮。 夕餐秋菊之落英。[4]

朝には木蘭の滴る露を吸い、夕には秋菊の散る花片をくらう

ここで屈原は「露を吸い、秋の菊の花びらを食べる」という。これが後の六朝・初唐の詩に現われる「重陽節」の「菊酒」に繋がるものではないだろうか。六朝・初唐の詩に現われる「重陽節」をみると次のように詠まれる。

B 陶淵明伝(梁、蕭統)

嘗九月九日(無酒)。出宅 辺菊叢中坐、久之、満手把菊。忽値弘送酒至, 即便就酌、酔而帰。[5]

嘗て九月九日(酒無し)。出でて宅辺の菊叢の中に坐し、之れを久しうして、満手に菊を把る。忽ち弘の酒を送りて至るに値い、即ち

3) 注1の前掲書による。
4) 原文と訳は、目加田誠氏訳の中国古典文学大系『詩経・楚辞』(平凡社)による。
5) 原文と訳は、松枝茂夫・和田武司氏訳の『陶淵明全集(上)』(岩波書店)による。

に便ち就きて酌み、酔うて帰る

C 陶淵明。九月閑居。并序。

余閑居、愛重九之名。秋菊盈園、而持醪靡由。空服九華、寄懐於言。

余れ閑居して、重九の名を愛す。秋菊は園に盈つるも、而も醪を持するに由靡し。空しく九華を服して、懐いを言に寄するのみ

B、Cともに陶淵明の詩であり、「九月九日」というから明らかに「重陽節」を詠んでいる。殊にBでは、「いっぱいの菊を摘んでいた。と、そのとき突然王弘のもとから酒を届けて来たので、さっそくその場で飲み始め、酔って家に帰った」というのである。ここで菊叢にあって、「菊酒」を飲むのは脱俗者の精神を表す行為であろう。いわば、脱俗者の飲む「菊酒」とは、世の中を離れて自然を友としながら隠士の精神を求めることであり、「菊酒」によって「重陽」をひとつの文化伝統として形成させたのである。Cは作者が田園生活をするようになってから「重陽節」を愛でるようになったという。菊の花が咲き乱れ美しいのでその景色を見ながら酒を飲みたいが飲めないことを歎いており、それでただ「菊の花」を服してその心情を詩に表した理由を詠んでいる。いうまでもなく「菊」「酒」「重九の華(菊の花)」は「重陽節」の習俗を端的に示している箇所である。

D 王維。九月九日憶山東兄弟。

独在異郷為異客。　独り異郷に在って異客と為す

毎逢佳節倍思親。　佳節に逢う毎に倍ます親を思う
遥知兄弟登高処。　遥かに知る 兄弟 高きに登る処
遍挿茱萸少一人。[6]　遍く茱萸を挿すも一人を少かん

独り異郷にあって重陽の日に逢う度に親を頻りに思うのだといい、兄弟たちが高処に登って重陽の日を送っているだろうと思われるが、そこに私を欠いているのだというのである。この詩の「遥知兄弟登高処」「遍挿茱萸少一人」のように「兄弟を岡に登って思う」と「頭に茱萸の枝を挿す」という表現に「重陽節」の習俗がよく現れており、一句目の「私はただ一人」というのと四句目の「欠けている」という表現から深い孤独感が示されている。このように、中国漢詩に詠まれる重陽節は、除災の習俗を背景としながら、まず脱俗の精神や山に登り菊花の酒を飲むことで仲間を失った悲しさを慰める心情を詩作するところにあったと思われる。

第三節　日本漢詩に見る重陽節

日本最古の漢詩集『懐風藻』には、「菊」が六例詠まれている。日本古代にも「菊」が詩の素材として取り上げられ、「菊」は秋の季節感を読む素材として意識されたということであろう。これについては辰巳正明氏と波戸岡旭氏の論がある[7]。

6) 原文と訳は、前野直彬氏注解の『唐詩選(下)』(岩波書店)による。
7) 『懐風藻』と「菊」に関する論文は、波戸岡旭氏の「作寶楼宴詩考―重陽宴詩成立以前―」(『上代漢詩文と中国文学』(笠間書院)、辰巳正明氏「菊花の酒―平城京漢詩木簡の詩学」『万葉集と比較詩学』(おうふう)があ

E 境部王。五言。秋夜宴山池。一首

対峰傾菊酒。　　峰に対かひて菊酒を傾け

臨水拍桐琴。[8]　水に臨みて桐琴を拍つ

F 吉智首。五言。七夕。一首。

菊風披夕霧。　　菊風夕霧を披き

桂月照蘭洲。　　桂月蘭洲を照らす

Eは境部王の「秋夜山池に宴す」という作品である。詩の内容は「峯を仰いで菊酒の盃を傾け、池を臨んで拍桐の琴をひき」ということである。「菊酒」とは沢田総清氏の『懐風藻註釈』によれば、「菊華酒。菊の花と葉とを黍米にいれて醸し、来年の陰暦九月九日に不祥を祓ふために飲む酒」[9]であり、また林古渓氏の『懐風藻新註』ではその出典に『西京雑記』の「九月九日佩茱萸、食蓬餌、飲菊華酒、令人長寿、菊華舒時、玕菜茎葉、雑黍米醸之、至来年九月九日始熟、就飲焉、故謂之菊華酒」[10]をあげている。「菊酒」を飲む確かな理由は分かっていないが、すでに日本古代では菊酒を菊酒として受け入れ、これを背景に詩を詠むのである。

Fは「七夕」が題であり、「秋風が夕もやを吹きはらい、秋の月は蘭の香る島を照らしている」というのである。これは詩題が「七夕」であり、「菊風」は秋の風の意に用いられていて、「重陽節」という

る。

8) 本文と訳は、小島憲之氏の日本古典文学大系『懐風藻 文華秀麗集 本朝文粋』(岩波書店)による。

9) 沢田総清氏『懐風藻註釈』(大岡山書店)、林古渓氏『懐風藻新註』(明治書院)。

10) 林古渓氏『懐風藻新註』(明治書院)。

年中行事を詠んでいるのではなく、菊風とすることで秋を表現しているのである。

G 田中淨足。五言。晩秋於長屋王宅宴。一首。

水底遊鱗戯。　水底に遊鱗戯れ

岩前菊気芳。　岩前に菊気芳し

H 長屋王。五言。於宝宅宴新羅客。一首。

有愛金蘭賞。　金蘭の賞を愛でてこそ有れ

無疲風月筵。　風月の筵に疲るること無し

桂山余景下。　桂山余景下り

菊浦落霞鮮。　菊浦落霞鮮らけし

Gの詩の内容は「水底に遊魚の鱗が光り、岩の前には菊花の香が芳しく」というのである。この詩は菊花の香を詠んでいる。注意すべき詩語は「岩前」と「菊気」である。「岩前」とは、「菊の花」が咲いている場所を意味している。「菊気」について小島憲之氏によれば、「菊の香をいう」[11]と解釈している。さらに「君侯愛客日、霞色泛鸞觴」というから「重陽節」に直接関係があるのではなく、波戸岡旭氏によれば、「これら四首の菊は、単に秋の景物描写としてのみ、桂・蘭等と共に用いられている。しかし、『岩前菊気芳し』・『菊浦』とあるのは、菊花の咲く位置が示されていて興味深い。作宝楼の庭池の水際に植えられていたのである。菊を水際に植えるのでは、南陽酈懸(河南省)甘谷の菊水の故事(『風俗通』・『荊州記』)

11) 注8の前掲書頭注。

に拠っているのではないかと思われる」[12]と指摘しているように、「岩前」とは、菊の咲いている場所であり、これは「曲水の宴」の故事を踏まえた「春秋の季節の宴」であろう。

Hは作宝の詩宴の主人である長屋王の詩で、注目すべきものは「金蘭」と「桂山」である。これらは「金蘭のような交わり」と「桂のように変わることのない友情」をさしている。また「風月」が象徴しているのは「友情」である。なぜなら、「金蘭」というのは古代中国の詩文から発したものであり、それを『懐風藻』の詩人たちは「友情」をあらわす表現として使っていたことを知ることができ、「桂山」の「桂」は永遠に変わることのない友情を詩にあらわすものであることがわかる。さらに、「風月筵」が「風月」を賞美する新羅人たちとの交友の席であることは明らかであるからである[13]。「菊浦」とは菊花が咲いている岸辺を示しており、この詩には「重陽」の言葉が直接に現われていないが、菊の背後には中国の重陽節が意識されているだろうと思われる。

I 安倍広庭。五言。秋日於長屋王宅宴新羅客。一首。

雁飛明月秋。 雁は飛ぶ明月の秋
傾斯浮菊酒。 斯れの浮菊の酒を傾け

J 藤原宇合。七言。秋日於左僕射長王宅宴。一首。

霑蘭白霧未催臭。 蘭を霑らす白露未だ臭を催さね

---

12) 注7参照。
13) 注7参照。

泛菊丹霞自有芳。　菊に泛かべる丹霞自らに芳ひ有り

Iは安倍広庭の作で、「明月の秋空を雁は飛んでいき、菊花を浮かべたその酒杯を傾ける」と、旅立つ新羅の使節を送る時に詩作を通して「友情」詠むという長屋王家の宴の様子を窺わせる詩である。Jは藤原宇合の「秋日於左僕射長王宅宴」という作品で、作者は帝都の空は晩秋の雲が棚引き、王の邸宅は秋の光で静かであることを詠んで、「蘭をうるおす白露は香を含んでいないが、菊にただよう赤い霞は自然の香がある」といい、菊花の香を詠んでいる。

これらの六例をみると、「菊」は既に秋の景物として詠まれ、季節感を表す段階に入っており、「菊酒」「菊風」「菊の芳(香)」「菊浦」を詠み、単独語の「菊」の用例が見られないのが特色である。さらに、長屋王家の新羅使節を送る宴で詠まれたことが特徴である。特に「菊浦」と「菊酒」とは中国の「重陽節」と深く関わっていると思われ、「菊」が単なる秋の景物だけをさしているのではなく、舶来植物でありながらも、中国からの文化である「重陽節」をいち早く取り込もうとする長屋王家の宴の先取的態度があろう。

第四節　韓国の古典詩歌と重陽節

一方、韓国古代詩には、「重陽節」がどのように詠まれているのか。韓国の高麗俗謡に「動動」(ドンドン)という歌がある。

八月令：八月十五日は、ああ、お盆だが、あなたと共にいてこそ、今

日が楽しいお盆になるだろうに
九月令：九月九日(重陽節)に、ああ、薬に飲む黄菊の花が庭に咲くと稲葺きの家が静まり返ることよ
十月令：十月に、ああ、秋胡頽子(あきぐみ)の木のように、折ってからしまって置く人はいない14)

この詩は作者・年代が未詳の高麗俗謡であり、月齢によって年中行事と季節感に基づいて男女の愛情を詠じた作品である。この詩は口承であったのを朝鮮時代に韓国語に記したものが伝わるが(『楽学軌範』)、月齢体の嚆矢というところに意義があると言える。題の「動動」とは、各聯末尾の「アウ　動動たり」から発生したものであるが、「動動」とは、太鼓の音の象徴的な擬声語である。この歌は、初聯に序詞があり、後の二から十三聯までは正月から十二月までの月齢体になっている現在最古の歌である。なかでも注目に値するのは九月の「薬に飲む黄菊の花が庭に咲くと稲葺きの家が静まり返ることよ」と詠じているところである。「黄菊」を通して「物寂しさ」が詠まれ、さらに「薬に飲む黄菊の花」から考えると「重陽節」を詠んでいることは間違いなく、「不老長寿」の意味が内在されていると思われる。

この高麗俗謡に対して高麗漢詩では「重陽節」がどのように詠まれているか。高麗中期の漢詩人である李奎報(一一六八～一二四一)の二首をあげて、「重陽節」がどのように捉えられているのかを考

14) 本文は金ユンワン・李ジャンヒ『韓国の古典詩歌解釈と鑑賞』(Gulboetsa)を参照した。

えてみたい。

①「重九日既以手病未出遊」(巻七)

去年尚州遇重九。去年尚州で重陽節を迎えたが

臥病沉錦未飲酒。長い病気のため今も酒を飲めないままでいる[15)]

②「十月日見黄菊盛開」(後集巻七・全一二句中第五、六句目)

媚徒爾妍香。 菊はむなしくよい香を放っているが

予病飲豈敢。 私は病気なので思い切って菊酒を飲むことができない

①②ともに作者は病気のために酒を飲めず、辛い心情を訴えている。「李奎報が描く菊花の背後には、重陽節の風習や季節の感覚があることが強く感じられる。ここには長寿を保つという言い方は見られないが、彼は菊が長寿を表すという伝統をよく知っており、病のためにその長寿の酒が飲めないという矛盾を嘆かわしいと感じているのであろう」[16)]という指摘があるように、伝統的な「菊」と「酒」の組み合わせを踏まえながらも中国漢詩の表現では見られない、病に罹って好きな酒を飲めない状況を、逆説的に表現している。本来、菊酒は不老長寿の薬酒でありながらも、自分の病により飲めないのだというのは、醒めた詩人のイロニーである。ここに中国漢詩とはことなる高麗詩人の詠む漢詩の、特異性

15) 本文は、李鐘燦氏『韓国漢詩大観 1』第2巻、第3巻『李圭報①②』(イフェ文化社)を参照した。

16) 朴美子氏「韓国高麗時代の詩における『菊』の様相ー比較文学の観点からー」『熊本大学文学部論叢』(文学篇)を参照。

が読み取れるように思われる。

第五節　結

中国漢詩に詠まれる「重陽節」は邪気を除く習俗を基本として山に登り菊花の酒を飲むことで脱俗や、仲間を失った悲しさを慰めるために懐かしい人を思う心情を詩作するところにあった。日本古代の『懐風藻』の「菊花」は、主に長屋王邸での新羅使節を送る宴に詠まれたものである。特に「菊浦」と「菊酒」とは中国の「重陽節」と深く関わっていて「不老長寿」の思想を暗示させ、「菊」は秋の景物だけをさしているのではなく「重陽節」の思想を暗示させ、長屋王家という宴の場に移されつつあった。

なお韓国の高麗歌謡の「動々」は「黄菊」に作者の物さびしい心情を添えて歌った作品で、この詩が一月から十二月まで月齢別に素材を分けて四季という季節感を詠み込んでいるということである。九月には、「菊の花」が詠まれ、「薬に飲む黄菊の花」という表現から考えると「重陽節」を詠んでいて、「不老長寿」の意味が含まれていると思われる。漢詩の場合、伝統的な「菊」と「酒」の組み合わせを踏まえながらも中国漢詩の表現では見られない「菊」と「酒」が、重陽節における風流の遊びに欠かせない詩材として受け止めるのみではなく、病に罹り好きな酒を飲めない状況を逆説的に表現している。

第二編
東アジア古典漢詩に見る「鶯」の象徴性

第一章　中国漢詩に見る「鶯」のイメージ

第一節　序

「鶯」は「雀科目、鶯科と鶯属にあたり、韓国のどの地域においても見られる夏の渡り鳥である。中国、韓国、満州、ウスリ江流域、アムル江流域などに繁殖し、インドシナ、ミヤンマ、インドネシア、中国南部、などにおいて、冬を過ごす。この鳥は、野外にては区別が不可能であるほど雌雄が似ており、嘴は薄く、赤い色であり、目から後頭まで黒い帯があって、英語名は、Black-Naped Orioleという。学名は、Orious Chinesisから、Oriolusは、鶯をさし、『金色の色合いを帯びる鳥』といい、Chinensisから、－Ensisというランチン語は、この動物が、最初に採集された基産地を意味するもので、中国が、この鳥の基産地とされる。羽の毛と尾は黒く、全身が濃い黄色なので、かつてから、鶯、鸎、黄鳥、黄雀、黄鸝、金依公子などと言われた」1)とある。これで、鶯の生態学的な習性が読み取れる。中国漢詩においては、「鶯」は『詩経』では、「黄鳥」と表記され、「やぶの鶯」という詩語が生まれ、それが、後に「やぶに鳴く鶯」という日本の和歌における典型的な「鶯」の詠まれ方の原型となる。さらに、鶯は春を告げる鳥とされ、「春の鳥」というイメージが定着するようになった。また「梅に鶯」や「柳」などの春の景物と取り合わせて詠まれる。辰巳正明氏の指摘によれば、「『梅』と『うぐひす』が組み合わせの世界で歌われている。この組み合わせは、中国の六朝以後には定着し、『梅花隠処隠嬌鶯』(隋江総『梅花落』『芸文類聚』巻八十八)にも例がある。その世界が、『懐風藻』の『春日翫鶯梅』(葛野王)や、万葉集に採り入れられ、『花鳥歌』として形成されていった」[2]といって、「梅」と「鶯」の花鳥詩の原型を中国の六朝をはじめ唐時代の漢詩に求めている。

ここでは、中国の古代漢詩の中で、特に、『詩経』をはじめ、漢・魏・六朝と唐時代の漢詩の具体的な用例をあげて古代中国の漢詩における「鶯」がどういうふうに詠まれているのかについて述べることにしたい。

第二節　詩経・楚辞に見る「鶯」の詠まれ方

詩経をはじめ、楚辞・六朝の漢詩には、「鶯」という詩語が「鶯、

---

1) 李・ウ・シン氏『私たちが知らなければならないわが国の鳥の百種類』(ヒョンアン社)。

2) 辰巳正明氏『万葉集と中国文学』(笠間書院)及び、井手至氏『遊文録万葉(一)』(和泉書院)を参照した。

鸎、黄鳥、黄雀、黄鸝、金依公子」などに表記されている。詩経の中で「鶯」が最初に登場するのは葛覃(国風・周南)である。

葛之覃兮　葛はのびて
施于中谷　谷間に匐い
誰葉萋萋　萋々とその葉茂る
黄鳥于飛　黄鳥は飛んで
集于灌木　やぶにむらがり
其鳴喈喈　喈々とさえずっている
葛之覃兮　葛はのびて
施于中谷　谷間に匐い
維葉莫莫　莫々とその葉茂る
是刈是獲　刈って煮て糸とって
為絺為綌　ふと布や細布に織る
服之無斁　その仕事つゆもいとわぬ
言告師氏　さて師氏に告げ
言告言帰　暇乞い里に帰ろう
薄汙我私　いざわが馴れ衣
薄澣我衣　いざ洗いすすごうよ
害澣害否　どれを洗いどれをのこそう
帰寧父母　はやくわが父母のもとに。[3)]

「旧説ではこれも后妃の徳で解釈しようとするが、葛をとって、

3) 目加田誠氏『中国古典文学大系詩経・楚辞』(平凡社)による。訳も同書による。なお、旧漢字は新漢字にし、返り点は省略した。以下同じ。

絺(ち)となし、綌となす作業は、后妃の身分には適していないという説もある。その身分は知らず、実は平素骨身惜しまず働いて、さて時に里帰りを、それも保姆に頼んで許しを得て、さあ帰るとなると、まず汚れ物を洗っておくのは女のたしなみ。いそいそと心も空に、それはそのままにしておこうかと、たまさかの里帰りなら、心をはずむのももっともであろうか」[4]という。この詩では谷間の葛と「黄鳥」が組み合わせになって詠まれている。特に注意すべきは、「黄鳥于飛、集于灌木、其鳴喈喈」とあって、「鶯」が藪に群がってさえずる様子を細かく捉えている。これより「やぶの鶯」という詩表現が誕生すると考えてよい。「鶯」はその鳴き声が中心的に詠まれているのをみると、確かにこの詩における「鶯」は聴覚的な表現とともに谷間の鶯が詠まれている。

また「凱風」(邶風)には、

凱風自南　そよ吹く風は南より
吹彼棘心　吹いていばらの芽は育つ
棘心夭夭　いばらの若芽わかくして
母氏劬勞　母の苦労ぞ限りなき
凱風自南　そよ風吹く風は南より
吹彼棘薪　吹いていばらの木は伸びぬ
母氏聖善　母の恵みははてなき
我無令人　うたてや我ら人ならず
爰有寒泉　浚のほとりの寒泉は

4）目加田誠氏の前掲書の解説による。

在浚之下　その村人を湿おす
有子七人　ななたりの子はありながら
母氏勞苦　母の苦労ぞ絶え間なき
睍睆**黄鳥**　うぐいすさえも春来れば
載好其音　好き音に人を喜ばず
有子七人　ななたりの子は有りながら
莫慰母心　母慰めむすべもなし

と詠まれ、「母の慈愛を思い、それに報い得ぬ自分を責める悲しい歌。小雅の蓼莪の詩と相通ずるもの。旧説にこの詩を、七人の子がありながら、再婚しようとする母を諫める歌とする。『孟子』告子篇に、『凱風は親の過の小なるものなり』ということがある。三家詩の方では、継母に仕える孝心としたもの(小弁の詩と共に)もあるようだが、いずれにせよ、この詩を詠んで、そのような連想は浮かばぬ。ただ親思う子の、純情麗しい歌である」(目方田誠前掲書)とされる。この詩では、鶯は春の到来を告げる鳥として詠まれているところに特色があると考えられる。

次に「黄鳥」(秦風)には、

交交黄鳥　黄鳥はいばらに止まり
止于棘　　交々と囀っている
誰從穆公　穆公に殉じたは誰
子車奄息　子車の子奄息
維是奄息　おおこの奄息は

百夫之特　百夫にも匹した人
臨其穴　　その墓穴に臨んでは
惴惴其慄　びくびくと慄えるばかり
彼蒼者天　心なき天は
殲我良人　この良い人を殺したのか
如可贖兮　もし身代わりがゆるされるなら
人百其身　百の命も惜しむまいに
交交**黄鳥**　黄鳥は桑に止まり
止于楚　　交々とさえずっている
誰從穆公　穆公に殉じた誰
子車鍼虎　子車の子仲行
維此鍼虎　おおこの仲行は
百夫之禦　百夫にも防りし人
臨其穴　　その墓穴に臨んでは
惴惴其慄　びくびく慄えるばかり
彼蒼者天　心なき天は
殲我良人　この良い人を殺したのか
如可贖兮　もし身代わりが許されるなら
人百其身　百の命も惜しむまいに

と詠まれる。右の詩の序にこれは、三良を哀れむ歌とあり、これは秦の穆公が死んだ時、大勢の家臣と共に子車氏(秦の太夫)の三子を殉死させた。目加田誠氏によれば、「みな秦の立派な若者であった。国人がこれを哀しんで黄鳥の詩を賦したことは『左伝』文公六年に出ている。この悲劇は当時の人の心を傷ませるものであった。朱子の解によれば、彼らが生き埋めされるとき、穴に臨んで惴々と慄え恐れたと聞く哀れさ。鄭玄は彼らが自殺して従ったと考える故に、後人がその墓穴に臨んで、当時を悼んで心慄えることと解した。いずれにせよ殉死した人々はいずれも立派な人々だった。今その側の樹に鳴いている何事もなかったような黄鳥の囀り。彼らの魂が黄鳥となって囀っているように感じたのではあるまい。ちなみにこの事件が周の嚢王三十一年、西紀前六百二十一年のことであった」とする。この詩の背景にはこうした悲しい歴史的な事実が存在している。そこで、考えられるのは子車氏(秦の太夫)の三子の殉死と黄鳥が絡み合っているのは、悲しみを孕んでのことだけではなく、その魂が「黄鳥」となってさえずっているというのだ。「黄鳥」が魂を運ぶ鳥というイメージがここから出発していると考えられる。しかも、黄鳥が交交とした声で鳴き、聴覚的な感覚表現をもって悲しい心情表現が描かれていると思われる。

また〈小雅〉の「黄鳥」にも、

黄鳥黄鳥　黄鳥よ黄鳥よ
無集于穀　穀の木に集まって
無啄我粱　啄いてくれるな私の粟を
此邦之人　あまりつれない
不我肯穀　この国の人
言施言歸　ええ帰りたや
復我邦族　わが邦族に

黄鳥黄鳥　黄鳥よ黄鳥よ
無集于桑　桑の木に集まって
無啄我粱　啄いてくれるな私の粱を
此邦之人　此邦の人
不可与明　あてにもならぬ
言施言帰　ええ帰りたや
復我諸兄　わが諸兄
黄鳥黄鳥　黄鳥よ黄鳥よ
無集于栩　栩の木に集まって
無啄我黍　啄いてくれる私の黍を
此邦之人　此邦の人
不可与處　あてにもんらぬ
言施言帰　ええ帰りたや
復我諸父　わが諸父に

とある。序は宣王を刺る詩とし、朱子は他国に往って、不遇な境遇にいる民の歎きとする。ただ、宣王を刺るというのは無理であろう。ことに、次の詩句の「言施言帰、復我邦族」をみると、この詩において「黄鳥」には望郷の情が内包されていると思われる。

他に、〈小雅〉の「緜蠻」には、

緜蠻黄鳥　文著るき黄鳥は
止於丘阿　丘山の阿に止まれど
道之云遠　わがゆく手いと遠ければ
我労如何　わが悩み如何ならん

飲之食之　御酒御食を賜わりて
教之誨之　教えてごとこの後車
命彼後車　今ぞこの後車
謂之載之　召し出でて装いさせむ
緜蠻**黄鳥**　文著る黄鳥は
止于丘隅　丘山の隅に止まれど
豈敢憚行　いかでわれ行くをいとわむ
畏不能趨　疾く行かぬことこそ畏れ
飲之食之　御酒 御食を 賜わりて
教之誨之　教えてごとかしこみつ
命彼後車　今ぞこの後車
謂之載之　召し出でて装いさせむ
緜蠻**黄鳥**　文著る黄鳥は
止于丘側　丘山の隅に止まれど
豈敢憚行　いかでわれ行くをいとわむ
畏不能極　疾く行かぬことこそ畏れ
飲之食之　御酒 御食を 賜わりて
教之誨之　教えてごとかしこみつ
命彼後車　今ぞこの後車
謂之載之　召し出でて装いさせむ

とある。目加田誠氏によれば、「序は身分の低い臣が乱世を刺るといい、朱子も微賤の者が苦労して、その身のたよりどころのないことを鳥に托したものとする。そのほかの多くの説があるが、みな通じない。これは、遠く使臣として出てゆく者を宴飲させ、これに使命を教誨し、そこで、使臣は労をいとわず、ひたすら使命をかしこんで出発するということを歌ったものだと思う」(前掲書)とある。さらに三章は章ごとに八句に構成されている。この詩において「黄鳥」は、朱子の説くように、微賤の者が苦労して、その身のたよりどころのないことを「黄鳥」に托したものとしたほうがスムーズに流れていくのである。それは、次の句をみると、「緜蠻黄鳥、止于丘側、豈敢憚行」という詩句からも明らかであるように、「黄鳥」は目加田誠氏の指摘の如く、その身のよりどころのないことを托したものといってよいだろう。

詩経における「鶯」の詠まれ方に関して簡単にまとめてみると、葛覃(国風・周南)では、「やぶの鶯」という詩表現が誕生する。「鶯」はその鳴き声が中心的に詠まれているのをみると、確かにこの詩における「鶯」は聴覚的な表現とともに谷間の鶯が詠まれている。また「凱風」(邶風)では、「鶯」の鳴き声をもって、母情を喩えていると思われる。特に、鶯は春の到来を告げる鳥として詠まれている。さらに「黄鳥」(秦風)には、子車氏(秦の太夫)の三子の殉死と黄鳥とが絡み合っていて、「鶯」が魂を運ぶ鳥として宗教的な内容とともに、やはり、悲しみを孕んでのことであり、黄鳥の交交とした鳴き声という聴覚的な感覚表現をもって悲しい心情表現が露呈されいて、「黄鳥」(小雅)の望郷の情が内包されていると思われる。さらに、「緜蠻」〈小雅〉には、「黄鳥」は、朱子も微賤の者が苦労して、その身のたよりどころのないことを「黄鳥」に托したものとする。

第三節　六朝漢詩と文選に見る「鶯」のイメージ

次に、六朝時代における「鶯」の詠まれ方について考えてみたい。ここでは伊藤正文氏編の『漢・魏・六朝詩集』を基本テキストとし、その中で二首を用例としてあげて論じることにしたい。

陳の窗陰鏗の「開善寺」には、

鷲嶺春光遍　鷲嶺にも似た鐘山は春の光にみち
王城野望通　遥か王城のあたりが眺めわたせる
登臨情不極　高みに登り見おろせば楽しさ極まらず
蕭散趣無極　気のむくままにさまよえば興趣は尽きぬ
鶯随入戸樹　鶯は門戸にそう木立より出入りし、
花遂下山風　花は山を吹き下る風を追って舞い散る
棟裏帰雲白　堂宇の棟には帰りくる雲が白く
窗外落暉紅　窓の外には落ちゆく夕日が赤い
古石何年臥　年ふりた石はいつより臥しているのか
枯樹幾春空　枯れた樹は幾たびの春を空しく迎えたのか
淹留惜未及　なろうことならさらに逗留を重ねて
幽桂在芳叢　芳しい林にひっそりと立つ桂にならいたい[5)]

とある。「開善寺」は建康(南京)の鍾山にあった寺で、梁の武帝(在位五〇二–五二九)の天藍一四年(五一五)に建てられた。南朝の首都

---

5) 伊藤正文氏編『中国古典文学大系 漢・魏・六朝詩集』(平凡社)による。訳も同書による。なお、旧漢字は新漢字にし、返り点は省略した。以下同じ。

であった建康には、仏教を篤く信じた武帝による仏寺の建立が多く見られる。晩唐の杜牧の「江南の春」には、

千里鶯啼いて緑紅に映ず
水村山郭　酒旗の風
南朝　四百八十寺
多少の楼台　煙雨の中

と歌う。伊藤正文氏は、「情景察すべきであろう。なお、開善寺を詠んだ人に、蕭統(照明太子)・徐伯陽・釈洪偃などがいる、この作品には、斬新な句法や巧妙な対句(「棟裏歸雲白、窗外落暉紅」)が見え、唐詩に与えた影響は大きい」(前掲書)と指摘する。詩の内容は、思いっきり気のむくままにさまよえば興趣が尽きなく、鶯は門戸の木立より出入りし、花は山に吹く風を吹き降ろす風を追って散るのだという。特に、「鶯随入戸樹、花逐下山風」は対句表現になっており、さらに、「鶯」と「花」が取り合わせの表現になっているのが見える。ここでは、「鳴く鶯」という『詩経』の「鶯」の詠まれ方とは違って、門戸にそう木立より出入りする鶯が視覚的な表現で詠まれている。また、これとは別に、陳の 江総の「南還尋草市宅」の詩には、

紅顔辞鞏洛　まだ紅顔の頃に河南の町に別れをつげ
白首入轘轅　白髪の老人となって河南の山に入る
乗春行故里　春の陽気に誘われて故里をめぐり行き

徐歩採芳蓀　ゆるやかに歩みつつ、香り草を摘む
径毀悲求仲　小道は崩れて求仲の至らぬを悲しみ
林残憶巨源　竹林は荒れて、ありし日の山濤を偲ぶ
見桐猶識井　桐の木を見ては、なお井戸の残るを知り、
看柳尚知門　柳に目をとめて、門のありかに気づく
花落空難遍　花散るが故に虚しさに閉ざされることなく
鶯啼静易諠　鶯鳴けば静かさはたやすく破れる
無人訪語黙　人の訪れて語りあうこともないからには
何処叙寒温　世間並みの挨拶をどこで交せばよいであろう
百年獨如此　百年の人生もひとりこのように過ごせるならば
傷心豈復論　ああ 胸は傷む、くり言はもうやめにしよう。(伊藤正文氏前掲書)

とあり、夫または愛人の帰還を願う女性の歎きを歌う。江総には他に一篇同題の作品がある(『芸文類聚』)が、その篇はテキストによっては梁の簡文帝の作品とし(『玉台新詠集』)、彼の作品とは確定できない。この篇はすべて対偶法を用い、唐人の排律体の風を開くと評される。この詩も「花洛空難遍、鶯啼静易諠」といって、花が散る頃ちょうど鶯が鳴いて静寂が破れたという聴覚的な感覚表現とともに、「花」と「鶯」が取り合わせの表現になっているのが特徴的に見られる。辰巳正明氏の指摘によれば、「日本古代において、梅と鶯の文学を形成したのは、明らかに漢文学という外来の文学に依拠したことで可能だったが、万葉集巻五の大宰府梅花の宴は、楽府『梅花落』との関係から考えられ、懐風藻の詩は近江朝

の宮廷詩の中で多く詠まれたと思われる季節詩を継承したものと考えられる。もちろん、近江朝の季節詩も中国六朝・初唐の季節詩によって成立したものであっただろう」[6]とあるように、「花(梅)」と「鶯」が取り合わせの表現をもって詠まれるのは六朝の頃からであると考えられる。六朝時代の漢詩を二例ほどあげて述べたが、その詠まれ方の特徴は「鳴く鶯」という聴覚的な捉え方と、「花」と「鶯」のような花鳥詩が形成されているところである。

---

6) 辰巳正明氏「持統朝の漢文学」『万葉集と中国文学 第二』(笠間書院)。

第四節　唐詩に見る鶯と花の取り合わせの表現

ところで、こうした六朝における「花」と「鶯」の取り合わせの表現は、むしろ、初唐から晩唐にかけて、一層色濃く展開される。

① 李白の「侍従宜春苑奉詔賦龍池柳色初青聽新鶯百囀歌」

東風已緑瀛洲草　東風に瀛洲の草はもう緑になり
紫殿紅楼覚春好　紫殿や紅楼の春のながめは良い。
池南**柳**色半青青　池の南の柳はもう半ば青くなり
縈烟裊娜拂綺城　霞にこめられなよと美しい城壁を払う。
垂絲百尺挂雕楹　百尺の柳の糸は彫刻した柱にかかり
上有好**鳥**相和鳴　こずえではうぐいすが鳴きかわし、
間関早得春風情　さえずりかわしてもはや春風の情を得ている。
春風巻入碧雲去　春風はうぐいすの声をまきあげて青空に入ってゆき
千門万戸皆春声　千門萬戸の都じゅう春の声がする。
是時君王在鎬京　このとき天子さまは鎬京にいまし
五雲垂暉耀紫清　五色のめでたい雲の光が大空に輝いた。
丈出金宮随日伝　そこでご行列は宮中を出て太陽の方角へとむかい
天回玉輦繞**花**行　天子さま玉輦を花の間にめぐらされる。
始向蓬莱看舞鶴　はじめは蓬莱の島へいって舞う鶴をごらになり
還過茝若聴新鶯　ついで茝若聽で初鶯を聞かれる。
新**鶯**飛繞上林苑　初鶯は上林苑をとびめぐり
願入簫韶雑鳳笙　おごそかな雅樂の笙の音にまじろうとする。[7]

---

7) 田中克己氏編 『中国古典文学大系　唐代詩集(上)』(平凡社)。訳も同書による。なお、旧漢字は新漢字にし、返り点は省略した。以下同じ。

とある。七言古詩で、宜春苑すなわち興慶宮内の苑で「龍池柳色初青聴新鶯百囀歌」の旧題の歌を、玄宗の命で作らされているから、天宝二年(七四三)の春の作であろう。春になって草が緑色に彩り、柳と霞が一層春めく中で鶯が梢でさえずり、天子は玉輦を花の間にめぐらされ、はじめは蓬莱の島へいって舞う鶴をごらんになり、二鳥の声はおごそかな雅楽の笙の音にまじろうとするのだという。この詩において、注目したいのは、東風・柳・春風・花・鶴などの春の景物が数多く登場しているところである。これは鶯と花という六朝以来の花鳥詩の伝統を受け継ごうとする作風であると同時に、鶯は春の景物として定着しはじめたことを示唆するのである。こうした作風の詩は、李白の「対酒」と「荊門浮舟望蜀江」にも現れてくる。

② 李白「対酒」

勧君莫拒杯　君に勧めるが献杯を拒んではならないよ
春風笑人來　春風が笑いに来るだろうから
桃李如旧識　桃や李は旧知の人のように
傾**花**向我開　花を傾けてわたしに向かって咲いている
流**鶯啼**碧樹　居場所を定めぬうぐいすは緑の木の間に啼き
明月窺金罍　明月は金の酒樽にのぞきこんでいる
昨日朱顔子　昨日は紅顔を自慢した青年も
今日白髪催　今日は白髪がはえはじめる
棘生石虎殿　いばらは石虎の宮殿に生じ
鹿走姑蘇台　鹿が呉王の姑蘇台に走っている

自古帝王宅　むかしから帝王のすみかは
城闕閉黄埃　やがて城門は閉じ黄埃がとびかう
君若不飲酒　きみがもし酒を飲まなければ
昔人安在哉　昔の人はいまいずこかよく考えてごらん

③ 李白「荊門浮舟望蜀江」

春水**月**峽來　春の大川の水は明月峡から来るが
浮舟望安極　これに舟を浮かべると眺めははてしない
正是桃花流　まさしく桃花の流れで
依然錦江色　錦江のいろそのままである
江色緑且明　大川の色は緑でかがやいて
茫茫与天平　ひろびろと天まで平らかにつづいている
逶迤巴山尽　まがりくねった
搖曳楚雲行　楚の雲はたなびいて動いている
雪照聚沙**雁**　残雪が砂の上にあつまる雁を照らし
花飛出**谷鶯**　落花は飛び散り鶯も谷から出て来る
芳洲却已転　花の咲く洲は舟の動きでかわってゆき
碧樹森森迎　緑の木々が茂って迎えてくれる
流目浦烟夕　目をやれば浦べは煙りたなびく夕べとなり
揚帆海**月**生　帆を揚げると東海から月が出た
江陵識遥火　はるかに火影が見えるので江陵とわかるが
応到渚宮城　そこの渚宮にいまに着くことだろう

②は五言古詩であり、詩中の地名から考えると石虎の都にあった鄴(現在の河南省安陽県)か姑蘇台にあった呉県(今の蘇州市)での作、唐の大乱を予想しての作である(田中克已篇『中国古典文学大

系 上』の解説による)。特に、この詩は完璧な花鳥風月を詠んでいるのが特徴的である。たとえば、春風・花・鶯・明月などの景物が詠まれている。これは六朝以後の花鳥詩と風月詩との配合の形で詠まれている。そして、③は五言古詩で、乾元二年春に、荊門(今の湖北省宜都県)で舟遊びをしたことを題にして詠んだものである(同上)。この詩にもやはり雪・雁・鶯・花・月などの景物が詠まれている。これも風だけが抜けているが、花鳥風月を意識して詠んでいることが読み取れる。ここで、注目に値するのは「谷鶯」である。これは『詩経』の「葛之覃兮、施于中谷、維葉萋萋、黄鳥于飛」(葛はのびて、谷間に匐い、萋々とその葉茂り、黄鳥は飛ぶ)という詩句を引用する形で詠んでいる[8)]。したがって、この詩においての「鶯」のイメージは花鳥詩の形成過程の中で理解する必要があるだろう。

次に、杜甫の四首について触れてみることにしよう。

④ 杜甫「江畔濁歩尋花七絶句」

---

8) 谷間の鶯に関しては、渡辺秀夫氏の「谷の鶯・歌と詩とー〈典拠〉をめぐってー」『中古文学』(第二十一号、中古文学会)によると、「鶯が谷からいち早き春の訪れを報らせる早春の鳥(景物)であるということは、『毛詩』伐木篇そのものから直に導びかれるものではなく、唐詩や、それを承けた倭詩の世界に広く行われたものであるということができる」とし、さらに「この〈谷の鶯〉の例は、そのようなケースの一つと言えよう。もとより、中国詩や倭詩にはそれぞれの広範な、独自の歴史的な経緯があり、それらの実態に則した個別的な検討が必要で、むしろ、こうした作業の中にこそ、単に千里歌の出展云々の問題を越えて、古今時代の詩の流れと歌のゆくえとの重なり合う動態的な具体相を明かすことができると思われる」と指摘している。

黄四娘家**花**満蹊　黄四小母さんの家は小道も花でいっぱい
千朶萬朶壓枝低　ぎっしり花がついて重くて枝もたれさがるほど
留連戯蝶時時舞　そこにちらついていた蝶がときどき舞いあがり
自在嬌**鶯**恰恰**啼**　うぐいすが自由に飛びながらいいのどを聞かせている。

④は　黄四小母さんの家へいく道には花がたれさがるほどで、そこに蝶が舞い、鶯の鳴き声が聞こえるのだという。ここで、春の季節感を特徴付けるものとして、花・蝶・鶯などが詠まれている。これもいうまでもなく「花鳥」をテーマにして詠んでいる花鳥詩の一つに数えられるものである。

⑤ 杜甫の「上牛頭寺」
青山意不盡　青い山に登り面白くてたまらない
袞袞上牛頭　どんどんと牛頭山にのぼって行く
無復能拘礙　何ものにも邪魔されることなく
真成浪出遊　本当に気ままにのんびりと遊びに来た
花濃春寺静　花の色は濃く春の寺はしずかだ
竹細野池幽　ほそく伸びている竹、しずかな山の中の池
何処**啼鶯**切　どこかで鶯がなきしきり
移時濁未休　しばらくはその声はとどまりそうにもない。

この詩は五言律詩である。広徳元年(七六三)春、梓州での作で、作者は時に五十二歳。前年(宝応元年)射洪・通泉の旅をおえ、梓州にもどった杜甫は、この年もほとんど一年中梓州を中心に近辺を

あちこち旅して歩く。都の方では正月に賦将の史朝義(史思明を殺して首魁となっていた)が官軍に攻められて縊死し、安史の乱も収束をみたが、唐の社会情勢は決して平和になるといったものではなかった。お寺の風景を「花の色は濃く春の寺はしずかだ、ほそく伸びている竹、静かな山の中の池、どこかで鶯が鳴き、暫くその声はとどまりそうにもない」(小野忍氏『中国古典文学大系 上』の前掲書)と描いている。詩の構成をみると「花濃春寺静、竹細野池幽」の二句が静の世界を詠んでいると思えば、「何處啼鶯切、移時濁未休」では動の世界を詠んでいる。つまり、花の色を視覚的に捉え、鶯の鳴き声を聴覚的に捉える二重の感覚表現をもって詠まれているのが特徴的であり、これも花鳥詩の一環として考えていいだろう。

⑥ 杜甫「人日」

元日到人日　元日から人日まで
未有不陰時　日の光がかげらない日はなかった
冰雪**鶯**難至　氷のため雪のため鶯も里には来ない
春寒**花**較遲　春もまだうすら寒く花のさかりもおくれている
雲随白水落　雲は白水の流れにしたがって山の方から落ちかかり
風振紫山悲　風は紫色の山を悲しそうにふるわせている
蓬鬢稀疎久　私のびんの毛は大分少なくなった
無劳比素絲　まばらな白い糸そっくりに

この詩も五言律詩であり、大暦三年(七六八)春正月の作とされる

(田中克己氏前掲書)。詩の内容は、元日の頃になると、寒いためなのか雪のためなのか鶯が里に来ず、しかも花も咲き遅れ、雲は山の方から落ちかかり、風は悲しそうに吹いている厳しい冬が通り過ぎ、ようやく春が訪れるが、春を告げる鶯も鳴かず、それに、花も咲かず、この春を「悲しい」と詠んでいる。こうした詩の内容からみると、鶯と花は取り合わせの表現をもって詠まれていると同時に、春の到来を告げる「春鳥」のイメージとして詠み込まれていることが見て取れる。

⑦ 杜甫「過津口」

南岳自玆近　南岳はここから近い
湘流東逝深　湘江は深く東の方に流れている。
和風引桂楫　静かな風が船のかじをひくように吹き、
春日漲雲岑　雲におおわれた峰の方まで春の日はみちている
回道過津口　まわり道して津口による
而多楓樹林　楓の林の多い所だ
白魚困蜜網　目のこまかい網の中では白魚が苦しそうにしている
黄鳥喧嘉音　鳥たちはうるさい程美しい声で鳴き騒いでいる。
物微限通塞　小さなものたちにも運命の吉凶はある
惻隠仁者心　そばで見て同情するのは仁者の心というべきか
瓮餘不尽酒　かめの中にはつきることのない酒がある
膝有無声琴　ひざには音立てぬ琴がある
聖賢両寂寞　かつてそれらをうたった陸機も陶淵明も二人とも死に
眇眇濁開襟　はるかなことを思い、私ひとりはくつろいだ気持でいるこの詩は、五言古詩である。前の詩と同じ頃の作であり、杜甫は三月に潭州に入り、さらに南航して衡州に向かったが、この作品は潭州から衡州に向かう途中の作である。さて、この詩だけは「鶯」と表記されておらず、「黄鳥」と表記されているのが特徴的である。詩の内容をみると、楓の林の多いところに白魚が苦しそうにしており、鳥たちは美しい声で鳴いている。こういう小さいものたちにも運命というものがあって、それに同情してみていると仁者の心が伝わり、酒を飲み、琴を前にしながらかつての陸機や陶淵明の二人を思い浮かべてくつろぐ気持ちであると詠んでいる。ここでは、黄鳥が「黄鳥喧嘉音」と、鶯の鳴き声を聴覚的に捉えている。ここには、「鳴く鶯」のイメージが色濃く描かれている。

⑧ 常建の「落第長安」

家園好在尚留秦	故郷にわが家はあるのだが、まだ秦にふみとどまっている
恥作明時失路人	太平の御代に進むべき道もない身となったのはお恥ずかしい
恐逢故里**鶯花**笑	ふるさとに帰れば鶯にも花にも笑われようから
且向長安度一春	ひとまずは長安で今年の春を送ることにしよう[9]

これは、七言絶句である。この詩に詠まれている落第とは科挙に応じて不合格だったことをさす。唐の制度では、受験生はそれ

9) 前野直彬氏『中国古典文学大系 唐代詩集(下)』(平凡社)。訳も同書による。なお、旧漢字は新漢字にし、返り点は省略した。以下同じ。

ぞれの本籍地または居住地で予備試験を受け、それに合格した者が地方長官の推薦を得て上京し、中央の科挙試験を受ける。科挙は春に施行されることときまっており、合格発表は牡丹の咲くころであったという。鶯と科挙試験について次の津田潔氏の論がある。

一方唐代の科挙に於いては、その初期から進士科が本来上位であった筈の秀才科や明経科を凌いで重視され、その試験科目には六八一年にそれ迄の策問と帳経の他に、詩賦の作成が加えられて、それが合否を左右したのに関連して『文選』が文人学士の必読書になったのである。このようにして、『文選』そのものの流行に加えて、科挙試験という場に於いて、従来の経書の暗記と共に、『文選』とその注釈類に習熟することを余儀なくされるうちに、一気に広まったのではなかろうか。また「遷鶯」に、六朝期のように、単なる春の景物としてではなく、及第や昇進を意味する経書としての解釈が加わってくるのも、受験生達に経書という詩文の意味を兼ね具え、しかも春に行われる科挙という時宜になった。いわば典故のエスプリと意識されたからであった[10)]。

これから確かめられるのは、「恐逢故里鶯花笑」という表現は、先の『詩経』の「緜蠻」〈小雅〉に、「緜蠻黄鳥、止於丘阿、道之云遠、我勞如何、飲之食之、教之誨之、命彼後車、謂之載之」(文著るき黄鳥は、丘山の阿に止まれど、わがゆく手いと遠ければ、わが悩み如何ならん、御酒　御食を賜わりて、教えてごとこの後車、今

10) 津田潔氏 「『毛詩』伐木篇の『鳥』についてー『白氏六帖』鶯門考(上)ー」『漢文学会々報』第三十四輯(国学院大学漢文学会)。

ぞこの後車、召し出でて装いさせむ)とあるのを受け継いで、六朝を経て「谷の鶯」や「遷鶯」は、科挙試験に合格して身分が昇進することを意味するようになったことを示唆する。さらに、付け加えると「鶯花」とあるように、「鶯」と「花」が対をなして詠まれているのは花鳥詩の伝統的な表現だと認められる。

⑨ 韓偓「春尽」

惜春連日酔昏昏　行く春を惜しんで毎日うつらうつらと酔心地
醒後衣裳見酒痕　醒めて見れば着物に残る酒のたのしみ
細水浮**花**帰別澗　細い流れは花びらを浮かべてよその谷へと落ち
継雲含雨入孤村　ちぎれ雲は雨を含みつつわびしい村を訪れる
人閑易有芳時恨　なすこともない身は春の恨みを抱きやすく
地勝難招自古魂　形勝の地ゆえに古来の場の漂泊の魂ももどりがたい
慚愧流**鶯**相厚意　うれしいのは枝をわたる鶯のあつい志
清晨猶為到西園　晴れた朝には今での庭をたずねてくれる

これは、七言絶句の詩である。作者が戦乱を避けて閩(福建省)の王審知のもとに身を寄せていたころの作と思われる。詩の内容は、行く春を惜しんでいるところ、目覚めて見れば服に酒の臭いが残っているままで、ちぎれ雲がわびしい村を訪れる春の恨みは抱きやすく、鶯が枝にやってきて鳴いてくれるのがうれしいのだという。この詩において春は一句目に、「惜春連日酔昏昏」といって「行く春を惜しむ」と表現しており、さらに、五句目でも「人閑易有芳時恨」といって、「春の恨みを抱きやすく」と受け止めている。

そうした悲しげな春を鶯が庭に訪ねてきて鳴いて慰めてくれるのがありがたいというのである。したがって、この詩では、鶯は悲しみの題材に詠まれているのではなく、心の救済として詠まれているのが分かる。その上、花鳥が詠まれている。したがって、この詩も「花鳥」詩として成立していることが知られる。

⑩ 李嘉祐「傷呉中」

館娃宮中春已帰　館娃宮の中に春が帰ってきて
闔閭城頭**鶯**已飛　闔閭城のほとりにもう鶯が飛ぶ
復見**花**開人又老　花が開くのをまた見るごとに人は老い行くのだ
横塘寂寂柳依依　横塘はひっそりと柳が風に靡いている
憶昔呉王在宮開　思えば昔呉王の宮殿におわしたところ
館娃満眼看花発　目に満ちる美人たちは咲く花と見え
舞袖朝欺陌上春　朝ごとの舞の袖は都大路の春にもまさり
歌声夜苑江辺**月**　夜ごとの歌声は川の上の月かげにむせび泣いた
古來人事亦猶今　昔から人の世は今と同じようなもの
莫駅清觴与緑琴　美酒の盃と緑の琴に飽いてはならぬ
濁向西山聊一笑　私はひとり西山に向かって笑みをもらす
白雲芳草自知心　白雲と春草とは言わずともわが心を知ってくれよう

右の詩は、七言古詩である。春秋時代の呉の昔をしのびながら酒を飲んだときの作である。館娃宮の中に春が帰ってきて闔閭城のほとりにもう鶯が飛び、花が開くのをまた見るごとに人は老い行き、横塘はひっそりと柳が風に靡いているのだという。この詩においても「鶯」と「花」が取り合わせの表現になっており、さらに「柳」も加わってくる。他に「花」と「鶯」が取り合わせの表現になって花鳥詩として詠まれているのが、崔道融の「暮晩」、武元衡の「春興」、包融の「送國子張主薄」、韓偓の「半醉」、王維の「田園楽」、王建の「宮詞」、劉長卿の「過鄭山人所居」、白居易の「琵琶行」、鮑君徽の「昔春花」などである。

「鶯」は「柳」との取り合わせを見せる。前述した⑩李嘉祐の「傷呉中」、武元衡の「春興」に「鶯」と「柳」の取り合わせの表現が見られる。

Ⓐ 秦毛「春日閑居」

一似桃源隠　桃源の隠れ家さながらに
將令過客迷　立ち寄る人を迷わせよう
礙冠門柳長　門にかぶさる柳の枝は長く
驚夢院鶯啼　夢を呼びさます鶯は庭にさえずる
澆薬泉流細　薬草の根を洗っていく小川の流れ
囲碁日影低　碁をかこむうち日かげもかたむく
与家無外事　一家そろってすることもなく
共愛草萋萋　萌えたつ若草を愛でている

五言律詩である。三首のうちの第一首である。作者が南安(福建省)の九日山中に隠棲していたころの作であろう。詩の内容は、桃源の隠れ家の門には、かぶさる柳の枝は長く、夢を呼びさます鶯は庭にさえずり、碁をかこむうち日かげもかたむく、一家そろってすることもなく、萌えたつ若草を愛でているのだという。門にかぶさる柳を視覚的に庭に鳴いている鶯の鳴き声を聴覚的に捉えている。やはり、これも「鶯」と「柳」の取り合わせの表現をもって春の風景を描いている。次のⒷをみると、

Ⓑ曹松「長安春日」
浩浩看花晨　ひろびろと暁ける花見の朝
六街揚遠塵　六街には遠く車馬の塵が舞いたっている
塵中一丈日　その塵の中からさし出た太陽
誰是晏眠人　誰がのんびりと眠っていられるのか
御柳舞着水　水面に触れながら舞う御溝の柳
野鶯啼破春　春を告げて鳴く藪鶯の声
徒云多失意　とかく思うにまかせぬ愚痴を言いながらも
猶自惜離秦　長安を去るにはまだ心の残る私なのだ

とある。これは、五言律詩である。作者は科挙に落第を続け、光化四年(九〇一)に七十余歳でようやく及第した。おそらくその受験中、長安にとどまっていた間の作であろう。詩の内容は、花見の朝、六街には遠く車馬の塵が舞いたっていて、水面に触れながら舞う御溝の柳、春を告げて鳴く藪鶯の声を聞いていると、長安を離れようとするのは惜しいのだという。ここでも、水面に舞う柳を視覚的に捉え、藪に囀る鶯の鳴き声を聴覚的に捉えており、「柳」と「鶯」の取り合わせの表現が目立つ詩である。

Ⓒ 段成式「折楊柳」

枝枝交響鎖長門	しだれ枝が交錯して長門の宮殿をとざす
嫩色曾沾雨露恵	その若葉の緑はかつて雨露のめぐみに潤ったものだが、
鳳輦不来春欲尽	帝のおとずれもないまま、春は尽きようとしている
空留鶯語到黄昏	残るは鶯の声ばかり、もう黄昏が近い。

七言語絶句の詩である。「折楊柳」は、楽府体の望郷詩であるが、ここでは柳の枝を折るという原義から離れ、柳の姿を春景として描いている。「柳」と「鶯」との取り合わせの表現は春の穏やかな季節感を描いている。

第五節　結

『詩経』における「鶯」の詠まれ方をみると、葛覃(国風・周南)には、「やぶの鶯」という詩表現が誕生している。「鶯」はその鳴き声が中心的に詠まれているのをみると、確かにこの詩における「鶯」は聴覚的な表現とともに谷間の鶯が詠まれている。また「凱風」(邶風)では、「鶯」の鳴き声をもって、母情を喩えていると思われる。特に、鶯は春の到来を告げる鳥として詠まれている。「黄鳥」(秦風)には、子車氏(秦の太夫)の三子の殉死と黄鳥が絡み合っているのは、悲しみを孕んでのことであり、黄鳥の交交とした鳴き声という聴覚的な感覚表現をもって悲しい心情表現が詠まれ、望郷の情が内包されていると思われる。さらに、「緜蠻」〈小雅〉には、朱子も微賤の者が苦労して、その身のたよりどころのないことを「黄鳥」に托した。六朝と唐時代の漢詩は、『詩経』の谷間の鶯の表現が定着して科挙試験の合格や身分の昇進の象徴として詠まれ始め、さらに「花」と「鶯」という取り合わせの表現をもって花鳥詩が形成されるようになる。また、「柳」と「鶯」の取り合わせの表現も見られるようになり、次第に「鶯」の鳴き声を詠む聴覚的な感覚表現が中心となって、春の季節感を代表する景物として定着しはじめるのが見られる。

第二章　日本古代漢詩に見る「鶯」のイメージ

第一節　序

中国古代漢詩の場合、『詩経』をはじめ、漢・魏・六朝における「鶯」の象徴性として「谷間の鶯」という熟語が成立し、科挙試験に合格して身分の昇進を象徴するという意味合いが定着したことが知られる。また六朝から初唐のごろには、鶯の鳴き声を聴覚的な感覚表現に捉えて「梅に鳴く鶯」「花に鳴く鶯」などの取り合わせの表現とともに、鳴き声を通して春の到来を告げる春告げ鳥や春を呼ぶ鳥のイメージが定着した。『万葉集』における「鶯」は、辰巳正明氏の指摘によれば、「およそ万葉集が受容した梅と鶯の季節感は、奈良朝以降、神亀･天平期初頭に出発するものであった。そこには、季節を良辰･美景の理念として表現した可能性を推測することができる。それは明らかに漢文学と一体となった表現の希求に基づいており、奈良朝初頭の新たな表現として成立したのである」[1)]とされる。さらに『懐風藻』について「季節感に対する深い関心を示した文学であり、日本人の季節感の成立の原点を形成した文学であったことと、これが懐風藻がモデルとした詩が六朝初唐の詩であることから見れば、それは必然的なことである」(同上)と指

1）辰巳正明氏『万葉集と中国文学　第二』(笠間書院)。さらに、辰巳正明氏の『万葉集と中国文学』(笠間書院)と井手至氏『遊文録万葉篇(一)』(和泉書院)の論文には、『万葉集』と『懐風藻』における「鶯」が中国六朝以来「梅」と「鶯」という形で取り合わせの表現をもって詠まれたり、また花鳥詩がこの時代から定着したと指摘している。

摘していることから、懐風藻における「鶯」のイメージは中国六朝の漢詩と深い繋がりがあると同時に奈良朝をはじめ、天平時代頃から「梅」と「鶯」が春の季節感を想起させる詩題に定着したことが知られる。

第二節　梅と鶯の取り合わせの表現

日本文学史において「鶯」は、詩の素材として数多く詠まれたことを考えると、日本人に愛された特別な動物であったことが分かる。いわば、「鶯」は中国詩文からの舶来動物であるにもかかわらず、『万葉集』や『懐風藻』などの詩歌の素材として詠まれることをみると、単なる中国漢詩の模倣にとどまらず、日本人によって、日本に住み着いている鶯を日本人が自分の思想や感情、あるいは、自国の風土性を基にして新しい美意識を発見したと言って過言ではあるまい。それは、辰巳正明氏が述べるように「万葉集が巻八・巻十の両巻に季節分類の歌群を置いたことは興味深いことである。その後和歌集において季節歌群が編纂の優位性を見せることは『古今集』以下の勅撰集によって明らかである。もっとも、この文学史の流れは万葉集から古今集へと直接的に展開するのではなく、平安初頭の漢文学史との流れの中で『古今集』の季節歌群が他の歌群に先行して優位になる過程があった。その意味から考えるならば、『古今集』の季節歌の優位性は、漢文学との関係を何らかの形で背負うものであったと思われる」(同上)と指摘しているように、「梅」と「鶯」の問題は季節感を詠み始める平安初頭の漢文学史の流れの中で成立したことが知られる。それは、『古今集』の序文に「夫和歌者、託其根於心地、発其花於詞林者也、人之在世、不能為、思慮易遷、哀楽相変、感生於志、詠形於言、是以逸者其声楽、怨者其吟悲、可以述懐、可以発憤、動天地、感鬼神、化人倫、和夫婦、莫宜於和歌、和歌有六義、一曰風、二曰賦三曰比、四日興、五日雅、六日頌、若夫、春鶯之囀花中、秋蝉之吟樹上、雖無曲折、各発歌謡、物皆有之、自然之理也(やまとうたは人の心をたねとしてよろづのことの葉とぞなれりける、世の中にある人ことわざしげきものなれば、心に思ふ事を見るものきく物につけていひいだせるなり、花になくうぐひす水にすむかわづの声をきけば、いきとしいけるものいづれか歌をよまざりける)(中略)」[2]とあるのをみると、明らかに、『古今集』以来の季節歌群中で「花に鶯」や「梅に鶯」という修飾語が見られるようになる。また斉藤正二氏も、「『梅に鶯』といえば、まず“日本美”を代表するシンボルの一つと考えているのが今までの常識であった。(中略)日本人が古来『梅に鶯』という客観的相関物を指定したのは『深い自然研究』の成果だと、そう説明されているのである。本当にそうか。本当に日本伝統美は自然研究の上に形成されたものであるか。一やはり、わたくしは、ここに、疑問を提起したい気持ちを抑えることができない。そこで、わたくしなりの探求作業の一部を報告させてもらうと、「梅に鶯」という、この美学的法則の定位は、じつは“中国起源”だったのである。少ない余白でその証明をすることは至難であるけれど

2) 久保田淳氏篇『合本八代集』(三弥井書店)を参照した。

も、まず、『梅に鶯』の出典第一号を尋ねてみる。それは、日本最古の漢詩集『懐風藻』(七五一年成立)のなかに求められる。この『懐風藻』には、ウメを詠材にした詩作品が十一首も登載されているが、そのうちの一番古い日付のものは葛野王の五言詩で、だいたい七〇〇年前後の制作と比定される」[3]といい、「梅に鶯」という熟語を中国漢詩からのものであることを指摘している。ところで、『懐風藻』には、「鶯」と「花」が取り合わされて詠まれているのは四首あり、これらの詩は「花鳥」を題材に詠むことから花鳥詩と命名することができる。辰巳正明氏はまた「作者層を見ると分かるように、鶯も持統朝を中心として奈良朝初頭に至る間に詠まれており、梅の傾向と等しい。そして、鶯もその後に万葉集の鳥として鳴きはじめることになるのである」(同上)と指摘している。この花鳥詩については、すでに第一編において論じたが、ここでは、「鶯」と「梅」、また「花」と「鶯」の表現が如何に違ってくるのかについて論じることにする。

葛野王の「春日翫鶯梅」を見ると、

聊乗休假景。 ちょっと休暇の日をかりて
入苑望青陽。 園に入って春の景色を眺めた
素梅開素靨。 白梅は白くさきほころび
嬌**鶯**弄嬌声。 **鶯**はあでやかに囀っている
対此開懐抱。 うららかな景に心もほどけ
憂足暢愁情。 愁いもいつか消えていく

3) 斉藤正二氏『日本人と動物』(八坂書房)。

不知老将至。 老いのことなどすっかり忘れ
但事酌春觴。 盃を手に春の興にひたるばかり[4)]

とある。これは休暇の折に庭園で、春の風景を楽しむことを詠む詩である。春の苑には白い梅の花がほころび、鶯がにぎやかに鳴いていると詠み、この梅の花を見、鶯の声を聞くにつけて心が開放されて、老いのことも忘れ春の觴を酌むのであるという。この詩が完成するまでの経緯について、斉藤正二氏は次のように述べている。

さて、ここで問題とすべきは、「聊乗休假景」の一句が、初唐の盧照隣の「山林日田家」という詩の一節「帰休乗仮日」を下敷きにしている点、第三句、四句「素梅開素靨。嬌鶯弄嬌聲」が、陳江総の「梅花落」詩の一節「梅花密処蔵嬌鶯」を下敷きにしている点、さらに、この一節全体をつうじて唐太宗「除夜」および王羲之「蘭亭記」などを踏まえた類似語が頻繁に用いられている点、この三点である。いかに中国詩文を崇拝した日本律令文人貴族ではあっても、かたっぱしから中国古典を渉猟読破するほどの学力はまだ与えられていなかったろうことは、想像に難くない。しかるに、七～八世紀ごろの律令知識人が座右に置いて“虎之巻”のようにして活用した書物の一つに、『芸文類聚』(初唐の欧陽詢らの撰)という文芸エンサイクロペディアがあった。というよりは、記紀や万葉に夥

4) 本文の序と詩は、小島憲之氏の『日本古典文学大系　懐風藻　文華秀麗集 本朝文粋』(岩波書店)を、現代語訳は、江口孝夫の『懐風藻』(講談社文庫)を参照した。以下同じ。

しい痕跡をとどめる中国詩文はほとんどこの『芸文類聚』一冊をとおして習得されたとみるほうが正しいくらいである。この『芸文類聚』巻第八十六「梅」の項に、陳江総の「梅花落」がちゃんと引かれ、ちゃんと登載されているのである。おそらく、律令知識人たちは、梅と鶯との取り合わせの妙をば、この文芸エンサイクロペロディアによって初めて教えられ、ああこれが詩というものかと、この世に"美"の存在する驚きに浸ったことと思われる。葛野王の在世当時、(中略)しかし、「梅プラス鶯イクォル美」という美学的数式をいち早く学習し理解した点、われらの祖先の鋭さはたいしたものだと感服せざるを得ない。[5)]

確かに中国の漢詩表現である「梅に鶯」という取り合わせが、『芸文類聚』の陳江総の「梅花落」から詩作の知識を得て創作した可能性が高い。また、この詩について辰巳正明氏は「花鳥は必ずしも梅花とは限らず、抽象化されている。それに対して、「鶯梅」は具体的な詠まれ方である。これは何を意味しているのだろうか。いずれも持統朝漢文学の問題を指示するものであるように思われる」[6)]といって、懐風藻においての「鶯梅」の漢詩表現が葛野王の「春日翫鶯梅」のみであり、それが、また持統朝漢文学の問題であり、なお且つ、近江朝の季節詩であったことを指摘している。この詩における「鶯」と「梅」との取り合わせの表現は、『芸文類聚』の陳江総の「梅花落」からの知識を得て、それが近江朝の季節詩として成立したことが推察される。

---

5) 注3の前掲書。
6) 注1を参照。

第三節　花との取り合わせ表現

「鶯」と「梅」の取り合わせに対し、「鶯」と「花」とを取り合わせる詩が三首見られる。特に注意すべきは、「鶯」と「花」の取り合わせの表現の場合、「鳴く鶯」であって、その声に注目して詠まれているところにある。そこで、具体的な用例をあげると、釈智藏の「翫花鶯」は、

桑門寡言晤。　僧の住まいに訪れる友は少なく
策杖事迎逢。　いつも杖つき山野を眺め歩いている
以此芳春節。　春もいい時節
忽値竹林風。　竹林のさわやかな風が頬をなでる。
求友**鶯**嫣樹。　鶯は木々の間を友をもとめて鳴き
含香**花**笑叢。　花は葉の間に芳香を放っている
雖喜遨遊志。　山歩きは好きなのだが
還媿乏雕蟲。　それにしても詞才のないのが恥ずかしい

と詠まれている。智藏が唐で仏教を学び、帰国してからの作とすれば持統朝のことである。僧である智藏にとって共に語り合う人は少なく、そこで杖をついては人に逢って語ることを日課としている。この芳しい春に出かけたところ、思いがけずも竹林の風にあったという。竹林の風とは、竹林七賢の清談を指すものと思われる。そこは、世俗を離れ、友を求める鶯が木に鳴き、香しい花が叢に咲いているという(辰巳正明氏前掲書)。この詩に詠まれてい

る季節は「春節」や「鶯」「花」などを通して春であることが分かる。この詩において特に注意すべきは「鶯」と「花」が同時に詠まれていることであるが、それはこの詩が花鳥をセットにして詠もうとする中国六朝・初唐あたりの「花鳥」詩の詠まれ方を受け継いでいる点である。辰巳正明氏によると「このような花と鶯(花鳥)の形は、『芳樹雑花紅、群鶯乱暁空』(唐李嶠「詠鶯」)、『花闌鶯亦懶』(唐雍裕之「残鶯」)など、唐代には花鳥の形が多く詠まれている。おそらくこの詩の『花鶯』もこのような傾向の中にあるものであろう」(前掲書)」という。

また、犬上王の「遊覧山水」をみると、

暫以三余暇。 たまたま休暇の時をえて
遊息瑤池浜。 御苑のほとりを遊覧した
吹台哢**鶯**始。 吹台には鶯がさえずり
桂庭舞**蝶**新。 桂花の下、蝶がひらひらと舞っている
沐鳧双廻岸。 水に潜む鳧はつがいで岸辺を泳ぎ
窺鷺濁銜鮮。 魚をねらう鷺は口に獲物をくわえている
雲罍酌烟霞。 雷文模様の酒樽から春の趣きを酌み
花藻誦英俊。 花・水草のあでやかな詩文を口ずさむ
留連仁智間。 山川の間に足をとどめ
縦賞如談倫。 思う存分鑑賞し議論をしあう
雖尽林池楽。 林池の自然美に楽しみを尽くすものの
未翫此芳春。 まだまだ賞美しつくせるものはない

とあって、余暇の折に宮中の山水に遊覧した詩であり、遊覧した春景が列挙される。池濱(宮中の庭にある池)に遊覧すると、楼台では鶯が鳴き始め、桂の庭では蝶が舞い始めたという。さらに鴨の対が岸を飛び、鷺が魚を口に食わえている様子が詠まれる。この山水仁智の世界は、あたかも竹林七賢の清談の如くであるという。この詩においても「鶯」と「花」がセットになって詠まれている。さらに「蝶」「鳧」「鷺」も同じく春の風物である。これらは、いわゆる山水仁智の世界を彩る景色である。

一方、春日蔵老の「述懐」は、

花色花枝染。　花は枝一面に咲きそめ
鶯吟**鶯**谷新。　鶯の囀りは鶯の谷に新鮮である
臨水開良宴。　水のほとりに風雅な宴を開き
泛爵賞芳春。　流れに盃をうかべて春の景物をめでる

とある。詩は、花が咲き誇っているとき、鶯の鳴き声が聞こえ、水辺には春の宴が開かれ、水の流れに盃を浮かべて春景を楽しむ様子が詠まれる。辰巳正明氏は「美しい風景(美景)を賞でることも、述懐の詩の一つの形である。花の色が美しく色づき、また鶯の鳴き声は鶯のいる谷で鳴きはじめる。このような良辰・美景に当たって詩宴を開いて賞でる(賞心)こと、そして詩を詠むこと(楽事)、それが詩人たちの理念であった。ここの春景はそのような理想の中で描かれたものである」(前掲書)と指摘される。この詩においても鶯は、やはり、「花鳥」の散り合わせの意識を持って描かれ

ているのが察せられる。

第四節　春の告鳥

巨勢朝益須の「応詔」の詩には、

玉管吐陽気。　玉の笛は陽気に朗らかになり
春色啓禁園。　春の気は御苑に満ちている
望山智趣広。　山を望みみると智者の情勢で広々と
臨水仁懐敦。　水を見下すと仁者の感懐ひときわ
松風催雅曲。　松吹く風は高雅な曲をかなで
鶯哢添談論。　囀るうぐいすは談論の興を添える
今日良酔徳。　今日天子の高徳に酔う深い感激を
誰言湛露恩。　なんで月並みなことばで讃ええよう

と詠まれ、先述した詩群とは違って、「花鳥」の取り合わせの表現は見られないもので、「松風」と「鶯」「露」などの詩語が見られるのが特徴的である。いうまでもなく季節は二句目に「春色」とあるから春景が詠まれているのが分かる。この詩に対して辰巳正明氏は、「禁園の春と天子の山水仁智の徳をのべて、その天子の徳に沿う松風の調べと、談論に沿う鶯の鳴き声とが詠まれる。松は高潔を意味する植物であり、松風は天子の徳そのものを指すのであろう。さらに、その場(宴)に集う者の貞節をも現わしていると思われる。そして、人々の談論の中に鶯の鳴き声が交じることで、その

談論は高貴で高尚なものとなる。それらはすべて天子の徳によるからである」(前掲書)と指摘している。「松」「松風」のもっている意味は高潔な精神世界にある。だが、作者はどうして「鶯哢添談論」と表現しているだろう。それは、人々が高尚な談論を交わしているように、鶯の鳴き声を人々が群がって談論する様子に見立てていると思われる。したがって、「松風」も「鶯の鳴く声」も聴覚による感覚表現であると同時に、春の到来を告げる鳥として詠まれており、いずれも天子賛美の素材として詠まれているところに特徴が見られる。

第五節　結

『懐風藻』に現れる「鶯」の意味について論じてきたが、それをまとめてみると次のようになる。「鶯」と「梅」の詩が持統朝から奈良初頭において詠まれる特徴があり、こうした梅と鶯の文学が形成したのは、中国の六朝あたりから初唐にかけての外来の漢詩に依拠したのである。つまり、『芸文類聚』などの漢文学を受け、また楽府の「梅花落」との関係からも考えられ、近江朝の宮廷詩に登場したものと思われる。さらに、鶯は「梅」と「花」などとともに取り合わせの表現が目立っており、また、鳴き声を通して春の到来を告げる動物として、天子の徳をほめる鳥として『懐風藻』に登場したことが理解できる。

第三章　韓国漢詩に見る「鶯」のイメージ

第一節　序

今まで中国古代漢詩をはじめ、日本の古代漢詩集である『懐風藻』に詠まれている「鶯」のイメージについて考察してきた。その結果、中国漢詩の場合、『詩経』をはじめ、六朝・唐時代の漢詩において、「鶯」はその鳴き声を通して冬がさり、春になったことを知らせる春告げ鳥のイメージが定着し、さらに、六朝以来、「梅」や他の「花」と組み合わせることで「花鳥」詩として詠まれるようになったこと、また、日本の『懐風藻』においても、こうした中国漢詩の表現を受け継いで「梅に鶯」という熟語が形成して、一つの日本の花鳥詩の文化を誕生させる切っ掛けとなったことが知られた。それでは、こうした鶯は韓国の古代漢詩においては、どういうふうに詠まれているだろう。これに対する先行論文は今のところ見当たらない。それ故に、三国時代から高麗時代にわたって、鶯を詠んだと思われる漢詩を中心として、その詠まれ方について論じてみることにしたい。

第二節　三国時代の漢詩と「鶯」の詠まれ方

次の詩は、韓国文学史上で最古のものであり、高句麗第二代王、琉璃王三年(一七B・C)の作で、漢訳された「黄鳥歌」(高句麗)である。

この詩について『三国史記』(巻第十三・高句麗本記第一)に次のような記録がみえる。

〈王妃の松氏がなくなると、王は二人の女を娶った。一人は禾姫といって鶻川人は雉姫といって漢人の娘であった。二人の女は王の寵愛を競い、互に反目し不和であった。それで王は涼谷に二つの宮殿を建て、別々に住ませた。ある時、王が箕山と言う所へ狩りに行き、七日経っても戻って来なかった。この間二人の女は、口喧嘩をして争っていたが、禾姫が雉姫にむかって、「おまえは賤しい漢家の婢でありながら、どうしてそんなに無礼千万であるか」と罵った。雉姫はひどく恥じ入り、彼女を恨みながら逃げてしまった。王はこのことを知り、馬を走らせて雉姫を追ったが、彼女は怒って再び戻ろうとしなかった。王が木の下で休んでいると木の枝に黄鳥(うぐいす)が飛んで来て寄り添った。それをみて歌を作っていうには、1)

翩翩黄鳥　翩翩と飛ぶあの黄鳥は
雌雄相依　雌雄ともに依り合っているが
念我之濁　私の悲しさを考えると
誰其與歸　誰とともに帰って行くだろう2)

1) 李・ウ・シン氏『私たちが知らなければならないわが国の鳥の百種類』(ヒョンアン社)。
2) イ・ガンレ氏校注『三国史記』(図書出版Hangilsa)。

といって、寂しくつらい思いをして戻ってきた王は木の枝に飛び行き来している黄鳥みて感じるところがあって、この歌を作ったという。

この歌は王が愛する妻の雉姫を失い、失恋のつらさを黄鳥に宅して詠んだ歌である。紀元前の十七年頃に、すでに抒情的な歌が作られたというのは文学史上、詩歌の発達過程から見て注目すべきである。

この漢詩は四言四句からなり、詩経の原始形と同じ形式を取っている。三国時代には、中国の古典の中でも詩経は早くから入ってきている。高句麗の場合、小獣林王二年(三七二A・D)に太学を設置し、同時に権門勢家では、別に局堂という私設学校を建てて教育を施し、その教科書の第一が五経であった。一方百済は、聖明王十九年(五四一A・D)に中国の梁と外交関係を結び、毛詩博士を招いた(三国史記・百済本記)とある。黄鳥歌は、紀元前十七年ごろの作で、漢武帝の四郡設置以来中国の古典も入り、知識層に学ばれたことが判ると共に、四家の詩経(魯詩・斉詩・韓詩・毛詩)の中でも、毛詩が三国ではより重んじられたことも知り得る。

この黄鳥歌が、詩経の影響を強く受けているのは明らかで、詩の中に同一字を重畳させているのは、詩経の中の周南・関雎篇の「関々雎鳩」や、兎罝篇の「粛々兎罝」などと同類である。又、特に題目並に内容が、詩経「小雅」の「黄鳥」の詩に似ている。従って三国の中でも高句麗は、漢詩文が詩経文学の影響を、建国初期から強く受けており、漢詩によるとは言え、叙情詩の発生が、早くから芽生えていたことなどが推察される[3)]。そこで、この詩をみると、1句–2句と3句–4句が対句をなしていることが分かる。さらに、この詩における「黄鳥」が象徴しているのは、王と雉姫の恋愛にある。したがって、この歌は恋歌に属すると思われる。

また、次の二首はともに「花」と「鶯」が取り合わせの表現をもって詠まれているものである。崔光裕の「長安春日有感」では、

麻衣難拂路岐塵	麻衣であるから道の埃が落ちにくく
鬢改顔衰曉鏡新	変わってしまった顔を夜明けの鏡をみて気づき
上国好**花**憂裏艶	隣国のよい花は憂いの中で美しく見え
故園芳樹夢中春	故郷の山の芳しい樹は夢中の春のようである
扁舟烟月思浮海	扁舟に乗り霞みも月に心は海へと向かう
羸馬関河倦問津	羸馬は国境の辺りにおいて、浦口を聞きながら疲れている
祇為未酬蛍雪志	ただ、蛍雪の志を十分に果たすことができなくて、
緑楊**鶯**語太傷神	青い柳と鶯の鳴き声に心を痛めるだけである[4]

とあり、作者は新羅末の文人である。彼は新羅の憲康王の十一年(八八五年)宿衛学生として唐に留学して賓貢科に及第した。詩に優れ、崔致遠・崔承祐・朴仁範などとともに、新羅十賢のひとりとされる。こうした学問的な背景をもって、作者が唐の首都である長安に留まり、ある春日に感じた感懐を詩に詠んだものである。

3) 金思燁氏著『朝鮮文学史』(北望社)。
4) 李鐘燦氏『韓国漢詩大観 1』(イフエ文化社)を参照した。以下同じ。

歳月はまた流れて春がやってきて、鏡の中に映し出される白髪を見て、故国を離れてくる際に思っていた目標を果たせなかった苦しい心情を詠んでいる。ここで問題になるのは、「鶯」という詩語がどういう意味をもっているのかである。詩題が「長安春日有感」であるように、この詩は春の季節感を、花、烟月、緑楊、鶯などの詩語をもって詠じている。いわば、「上国(中国)の長安の花草香も故国の夢中芳樹に匹敵できないほどであるというところに、旅人の憂愁は高枕望月の中で関河に遊ぶ。頷・頸聯は旅人の客苦をうまく描いている。結局は、賑やかな異国の春景を触物傷情で結んでいる。緑色の柳に、さえずる鶯、これもただ、憂愁を駆り立てるだけである」[5]と指摘されているように、顔衰、好花、煙月などの語が実景として、視覚的な表現であるのに対して、芳樹は嗅覚的な表現になって対句表現を用いている。さらに、「柳」と「鶯」という組み合わせになっているのは注目すべきところと言える。とくに、鶯語という聴覚的な感覚表現をもって、春の寂しさを詠んでいるのは、素材は違っても中国の杜詩の「蜀相」の「映階碧草自春色、隔葉黄鸝空好音」と、「春望」の「感時花濺涙、恨別鳥驚心」などと詩情が類似していることがわかる。したがって、この詩において「鶯」は、春の悲しい詩情を盛り込んでいると思われる。

一方、崔致遠の「酬楊酬贍秀才選別」(『桂苑筆耕』)という詩をみると、

5) 金甲起氏訳『三韓詩亀鑑』(イフア文化社)を参照した。

海槎雖定隔年回	海路は年が変わると回ってくることに決まっていても
衣錦還郷愧不才	錦の服を着て帰るには、この才能がないのが恥ずかし
暫別撫城富葉落	暫く離れるこの荒い城には木の葉が落ちる季節であるが
遠尋蓬島趁**花**開	遠く尋ねる蓬莱の島には花が咲く時に着くだろう
谷鶯遥想高飛去	谷の鶯は遠くまで飛ぶことを思い
遼豕寧暫再献来	遼豕は再び捧げることを恥ずかしく思う
好把壮心謀後会	勇壮な心を以て、また会うことを思うと
広陵風月待銜盃	廣陵の風月は再び酒の席を待っている

これは科挙試験を受けるために、道を急ぐ楊贍を見送るときに作り贈った詩である。首聯ではまず、自分の置かれている身の上について述べる。新羅では一年が経つと必ず往来する使者の船がくるのでその舟に乗ると故郷へ帰ることができるが、故郷に錦を飾るには物足りないところが多くてまだ故郷には帰ることができないのが恥ずかしいだけだという。以前は落葉が落ちると撫城で暫くの間別れ、花が咲くと時間を合わせて、いつも蓬莱島までやって来て会ったりした。いまあなたは科挙試験を受けるために故郷を離れるので、谷間において高く飛び上がって出世できる先のことが期待される遼豕のようで、つまらない識見だけを持っている自分が恥ずかしく、今はたとえ別れたとしても、心を強くし、後に再会できる約束をし廣陵の地のよき景色を楽しみ、酒を

飲めるその日を期待するのだという。この詩は、科挙試験のために故郷を離れる友人の旅路を祝福し、相対的に他郷において暮らしている自分の惨めな人生を述べている。では、この詩において「鶯」が含んでいる意味はどういうものであろう。「衣錦還郷愧不才、暫別撫城富葉落、遠尋蓬島趁花開、谷鶯遥想高飛去」とあるように、作者は、科挙試験に受かって故郷に帰りたいという気持ちを述べ、「谷鶯遥想高飛去」は「谷の鶯は遠くまで飛ぶことを思い」というように、これは、科挙試験に受かって出世することを詩句の内面に内包させているのであり、「鶯」は作者自身をさしている。さらに、「花」と「鶯」が取り合わせの表現をもって詠まれ、「花鳥」の詩を意識して作られていることが推察される。

第三節　高麗時代の「鶯」の詠まれ方

高麗漢詩の中で「鶯」を詠んでいる詩として、陳澕の「春日和金秀才」(『梅湖遺稿』)を一番始めにあげることができる。その詩は、

繞檻爐煙学細雲　欄干に立ち込めている煙は流れていく雲に似ている
酒醒愁重両眉**春**　酒から覚め、愁いは重く 両眉は春である
鶯驚**雨**脚斜穿院　鶯は雨音に驚いて院を斜めに穿ち
蜂把**花**心懶避人　蜂は花の中心部を捉えてゆっくりゆっくりと人を避ける

とある。詩の内容は、立ち込める煙はまるで雲のようであり、酒の酔いから目覚めると、もはや春になっていた。鶯は雨音に驚いて院を斜めに飛び、蜂は花に止まっているという。注目に値するのは三句と四句に「鶯」と「花」が詠まれているのが見られるところである。これは、「花鳥」の詩であると同時に、「鶯」と「花」の取り合わせの表現であることが分かる。次に、林椿の「暮春聞鶯」(『西河集』)をみると、

田家三月麦初稠　農家の三月麦も乾き始め
緑樹初聞**黄栗留**　緑色に色付いている樹に初めて鶯の鳴き声を聞くと
似識洛陽**花**下客　洛陽の花の下の客を知るようであり
慇懃百囀未能休　密かに百回も鳴いて止むことがない

と詠まれ、農家は三月になると麦が乾き始め、森からは鶯の鳴き声が聞こえ、洛陽の花の下で客が遊覧をしているのを知り、絶えずに鳴き続いたという。この詩も「鶯」と「花」とが取り合わせの表現になって詠まれている。特に、「鶯」の鳴き声に目を留めていることが特徴的である。ここらは、鶯の鳴き声を聴覚的な感覚表現を通して捉えようとする作者の意図が窺われる。さらに洪侃の「諸朗巻上」(『洪崖遺藁』)にも、

花気濃如百和香　花の香りは濃くあらゆる香が調和をなして
鶯歌燕舞侑歓場　鶯の歌と燕の舞いは楽しみを添える
中興盛徳元無像　中興の豊かな徳は元々姿が見えず
憑杖新**詩**与画忙　杖をついて作る詩とその絵に忙しい[6)]

とある。これも「花」と「鶯」「燕」などがともに詠まれており、中国六朝から初唐のあたりから詩表現として固定化し始めた「花鳥」詩の類であり、類型的な「花」と「鶯」の取り合わせの表現が見える。「花気」(花の香り)と「鶯歌」(鶯の歌)がともに詠まれ、そこには嗅覚と聴覚による感覚表現が特徴的である。

先述した三首が「花鳥」の詩であるとすれば、次の四首は、「鶯」が単独的に現れるものである。洪侃の「次韻和金鈍村四時歐陽公韻」(『洪崖遺藁』)をみると、

王屋山下多仙草　王屋山の麓に多い仙草

---

6) 注4の前掲書。

天壇山南雲屋小	天壇山の陽地に小さい雲屋
景色不与人間同	その景色は世の中とは違って
長松清泉是素飽	生い茂る松、清い水が漲り
視之人間在火中	見ると人間は火の中にいる
心未清涼有何好	その心が濁っているのに、何をもっていいといえよう。
驢耳那得聴黄鸝	驢はどうして鶯の鳴き声を知ろう
牛角元能抵翠鳥	牛角までも青い鳥にまかせ
赤玉之舄遠遊冠	赤玉の神と遠遊冠
異境怨不帰来早	仙境に急いで入ることができないのを歎いているだけ
他時儻遇昆崙奴	これから後に、昆崙にて会うときには
万水千山訪張老	奥深い山峡において張老を訪れる[7]

のように詠まれる。張老は妻と神仙になり王屋山の天壇の南側に住んだとされる中国小説の内容を詩化して、自分の理想を披瀝したものである。全三段に分けてみると、第一段の一～四行は王屋山の仙境を、第二段の五～八行は仙界から見下ろした俗界を、第三段の九～十二は自分の理想を述べる。ここには理想郷を歌う避世観が読み取れる。そして、ここでは、鳴く鶯が捉えられている。その鳴き声は、仙境においてのものであり、心の濁っている俗世のものではない。いわゆる鶯の鳴き声は脱俗の世界を求める精神世界を象徴していると思われる。次の詩は、白賁華の「御褸酔

7）注4の前掲書。

西施」(『南陽詩集』)である。

憶曽西子下呉台　嘗て西施が呉国の櫓台から降りた容子を思うと
酔魄因風一舞来　酔っている魂は風によって舞いを舞い
画猒**鶯**啼睡半破　昼間の眠気を半破る鶯の鳴き声を嫌い
残紅何忍踏庭苔　廃れた紅色はどうして庭の苔を踏むことがあろう。

嘗て西施が呉国の櫓台から降りてくる容子を思うと、酔っている魂は風によって舞いを舞い、昼間の眠気を破る鶯の鳴き声を嫌い、廃れた紅色馬車は庭の苔をどうして踏むことがあろうという。他の詩とは違って、ここでは「晝猒鶯啼睡半破」といって、鶯の鳴き声を否定的に捉えているところである。鶯は春の風物として春の到来を告げる高貴な鳥であるはずなのに、鶯の鳴き声が厭だという。おそらく、これは、詩題が「御褸酔西施」であることから、呉国を滅亡へと導いた西施に対する反感を鶯の鳴き声を嫌うことから描いているのだと思われる。つまり、鶯の鳴き声には、一国の滅亡という歴史が内包されており、鶯の鳴き声を捉えなおしていると考えられる。

次の李奎報の「秋送金先輩登第還郷」(五律)という詩に、

射策登高第　科挙に及第して高い位に立ち
騰装返故郷　威勢も堂々として故郷に赴く
春同**鶯**出谷　鶯とともに山村を離れ
秋趁**雁**随陽　雁に随って南へ行く

落日愁行色　夕暮れの頃離れる様子が寂しく
孤煙慘別腸　孤独の煙の中で離別が悲しい
明年会相見　来年には、また会えるだろうから
好去莫霑裳　無事に行きなさい、涙だけは流さないで

とある。この詩は作者が二〇代の若いときに作った作品である。首聯では題の意味をそのまま受け継いで、科挙試験に及第して行装を整えて帰っていく金先輩の様子を描いている。この詩を作るようになった切っ掛けをここで説明している。含聯は離れていく人の還郷と関る理由を提示しているが、金先輩という人の栄光を賛美する内容である。春に故郷を離れて科挙試験に及第し、秋に戻っていく金先輩の還郷を対比的に描写した。鶯が谷から離れて高い樹に登るように大きな意志を抱いて故郷を離れるのを、秋の雁が日に随って南の故郷へと還郷する姿に託し形容しているが、春景を代表する鶯と秋景を代表する雁をもって上京と帰郷を表現したところが意味深いところである。軽聯は感情の転換が見える。科挙試験に及第して帰郷するから楽しいはずである金先輩は、作者と別れるのが大変つらいようである。しかし、金先輩が帰郷する途中に避けることができない苦難と離別の悲しみを表現した聯である。すなわち、日が沈むときがくると旅人の生き様が寂しく思われ、家から立ち上がる煙をみると、作者と別れた悲しさが募るだろうという。そして尾聯は、離別のために悲しいが、涙を流すことなどをしまいといっている。なぜなら、来年には再会できるだろうからという内容である。先述したように、注意す

べきは、この詩では特に「春同鶯出谷、秋趁雁随陽」の句で、「鶯」と「雁」が対として詠まれていることである。いうまでもなく、「鶯」は春景を、「雁」は秋景を代表する景物として現れてくる。もちろん、「鶯」は単なる鳥のイメージを越え、「出谷」かつ身分上昇を比喩しており、雁は別れを表している。また鶯が「雁」とともに詠まれることで、春と秋の季節の変化を象徴的に示し、季節感を漂わせる風物として描いていると思われる。また、李穡の「自感」(『東文選』)をみると、

無悶是聖人　悩みがないのが聖人であり
遣之賢者事　これを送るのが賢者である
戚戚以終身　悩みで自分を駄目にする者
斯為小人耳　これがいわば、小人である
我学本空疎　私の学問は元々空っぽであるから
我行多乖異　私の行動は正しくないところが多い
有聲触于耳　何か音が耳を通ると
忘動寧復止　馬鹿な行動をどうして止められよう
鶯語融吾神　鶯の鳴き声は私の心を融和させ
虫鳴悽我志　虫の鳴き音は私の胸を悲しくする
我則践我迹　私は自分の後を振り返って みるが
歳月其逝矣　歳月はただ流れていく
抑戒皎如日　そもそも抑戒は太陽のように明るく
尚期無自棄　自分で忘れないことをいつも望むだけ[8]

8) 田英鎮篇『韓国古典文学選 東文選』(フンシンブンカシャ)。

とある。昔から自分を戒めるのが士大夫の大きい修身の一つであった。特に「鶯語融吾神、虫鳴悽我志」の鶯の鳴き声と虫の音とを対比しているところに注意すべきである。鶯の声によって自省させるのだというのは、鶯は聖人・賢者を比喩するのであろう。

第四節　結

三国時代から高麗時代までの漢詩を中心として、鶯を詠んでいると思われる漢詩の用例をあげながら、論じてきた。その結果次のようなことが明らかになった。たとえば、高句麗第二代王、琉璃王三年の作の漢訳された「黄鳥歌」では、黄鳥が象徴しているのは、王と雉姫の恋愛である。崔光裕の「長安春日有感」をみると、「柳」と「鶯」が組み合わせになって表現され、鶯の鳴き声を聴覚的に捉えて春の寂しい心情を盛り込んで詠まれており、崔致遠の「酬楊酬贍秀才選別」では、「鶯」は作者自身をさしており、科挙試験に受かって出世することを詩句の内面に内包させているのである。また「花」と「鶯」が取り合わせの表現をもって詠まれ、「花鳥」の詩を意識して詠まれている。さらに、高麗漢詩もこうした新羅の漢詩表現の伝統を受けて、陳澕の「春日和金秀才」では、「鶯」と「花」が詠まれている。これは、「花鳥」の詩であると同時に、「鶯」と「花」の取り合わせの表現が十分に意識されていることが知られる。林椿の「暮春聞鶯」も、「鶯」の鳴き声に目を留めていることが特徴的である。ここには、鶯の鳴き声を聴覚的な感覚表現を通して捉えようとする作者の意図が窺われ、洪侃の「諸朗巻上」(『洪崖遺藁』)にも類型的な「花」と「鶯」の取り合わせの表現が見え、「花気」(花の香り)と「鶯歌」(鶯の歌)がともに詠まれて嗅覚と聴覚の感覚表現が特徴的である。これらの詩に対して、洪侃の「次韻和金鈍村四時歐陽公韻」の「黄鸎」のイメージは、鳴く鶯が捉えられている。その鳴き声は、仙境においてのものであり、心の濁っている俗世のものではない。いわゆる鶯の鳴き声は脱俗の世界を求める精神世界を象徴していると思われる。

白賁華の「御褸酔西施」の鶯の鳴き声には、一国の滅亡という歴史が内包されており、鶯の鳴き声を捉えなおしている。李奎報の「秋送金先輩登第還郷」には、「鶯」と「雁」が対に成って詠まれている。いうまでもなく、「鶯」は春景を、「雁」は秋景を代表する景物として捉えられ、「鶯」は単なる鳥のイメージを越え、身分上昇を比喩しており、「雁」とともに詠まれることで、春と秋の季節の変化を象徴的に示し、季節感を漂わせる風物として描いている。特に、この詩は、新羅時代の崔致遠の「酬楊酬贍秀才選別」と同じく、鶯を通して出世するという身分の上昇を象徴的に詠んでいるのは、『詩経』からの伝統を引いてのものであると思われる。ほかに、李穡の「自感」という詩では、鶯の鳴き声から自省を促すものとしているのが特徴だといえる。

第三編
東アジア古代漢詩に見る「雁」の象徴性

第一章　中国古代漢詩にみる「雁」のイメージ

第一節　序

雁は高貴な鳥である。文献に記載される雁は一般にシベリアに営巣するまがんAnser Albifornsのことをさしている。この渡り鳥は十二月から三月にかけて東部と中部地中海の海岸で冬を過ごす。『動物のシンボル事典』によれば、「毎年冬至になるとエジプトに現れる雁は太陽の鳥つまり原始卵から生れた太陽とみなされていた。そういう意味で、この鳥はファラオの霊魂を象徴していた。王の即位式毎に古代エジプト人は四方に向かって四羽の雁を放していた。その渡りの出発点であるアルタイ山脈では、雁は天神の使者であってシャーマンを自分の背中に乗せて天まで導く聖なる鳥と仰がれた。シャーマンは馬の霊を追い掛けて上空に飛ぶためには雁に乗らなければならなかった。(中略)そういう神秘的な機能を持たされたので、雁はなによりも秘儀羽を伝授された者の鳥である。太陽の鳥であるから預言能力を持ち、神託を伝えることができる。ローマ人はカピトーリウム山の上にそびえ立っていたユーノー・モネータのローマ神殿の近くに聖なる雁を飼っていた。ところがガリア人がローマの城を攻撃しようとした時、雁が金切り声をあげて危機がせまっているのを市民に伝えた」[1)]とある。「万葉集には、『雁鳴』などの語を含む歌が七〇首ほどある。秋に北方から飛来し、春に帰るガンカモ科の渡り鳥。秋の景物の『秋風』『帰雁』『紅葉』『鹿』『霜』などと関連して季節の推移を詠む歌が多い。『今朝の朝明秋風寒し遠つ人雁が来鳴かむ時近みかも』(十七・三九四七)の『遠つ人雁』は、雁が遠方から渡って来るところから擬人化された表現、もしくは雁が便りを運ぶことから遠い人を結ぶ鳥と考えられている。雁を使いとみるのは、漢書(李広蘇建伝『芸文類聚』など)に伝わる蘇武の故事(雁の足に信書をつけて放ったという)による。雁そのものをさした例もある。記紀の天若日子物語の喪屋の場面に、「岐佐理持」という葬送の役に任ぜられた「河雁」が見え、霊魂とかかわる鳥として考えられる」[2)]という。こうした内容から雁は東洋と西洋ともに神秘的な能力を持っている使者としてのイメージが確立しているのが見て取れる。この雁は中国の詩文に多く見られるもので、それがどのようなイメージの中で詠まれているのかについて論じてみることにしたい。

---

1) ジャンポール・クレベール著『動物シンボル事典』(大修館書店)。
2) 堺信子氏「古代文学の『雁』」『学習院大学上代文学研究』(昭和五八年三月)。

第二節　雁と恋情

『詩経』邶風の「匏有苦葉」という作品に次のようにある。

匏有苦葉　　匏に苦い葉
濟有深渉　　渉りは深い
深則厲　　深けりゃ腰まで浸して渉り
浅則掲　　浅けりゃ裾をからげて渉る
有瀰濟有瀰盈　水は渉りにみなぎって
有鷕雉鳴　　雌雉はしきりに鳴いている
済盈不濡軌　　渉り満ちれば車轂を濡らせ
雉鳴求其牧　　雉はなに鳴く夫を呼ぶ
雝雝鳴**雁**　　**雁は鳴く鳴く**
旭日一旦　　朝日はのぼる
士如帰妻　　妻を呼ぶなら若者よ
迨冰未泮　　冰のとけぬ冬の間に
招招舟子　　招くよ招くよ舟びとが
人渉人卬　　人は渉れど私はゆかぬ
人渉卬否　　人は渉れど私はゆかぬ
卬須我友　　私は私のよい人を待つ[3)]

この詩について、目加田誠氏の指摘によれば、「旧説に衛の宣公と夫人の淫乱を刺る、というのは不可。川辺の男女誘引の歌。お

3) 目加田誠氏訳『中国古典文学大系　詩経・楚辞』(平凡社)。原文と現代訳を参照した。

よそ川を渉るということは、詩のなかで、たびたび結婚に関係して言われる。男が誘い、女が川を渉ってついて行って夫婦となる。王質が、男女の家が川を隔てて住み、そこで結婚の申し込みも、結婚も、みな、水を渉ることであらわす、といっているのはこの点に気付いたものだろう。川を距てるよその部落との結婚から、やがて川を渉ることが結婚の象徴となったのだろうか。日本の古典文学にも、やはり川渉りで結婚を意味しているものがあるし、今の俗語にも同じような例がある。未婚の女性の死をいたんで、渉る川も渉らずに死んだ、というごときである。グラネーのいう、春の水辺の遊戯で、男女が結ばれる、というだけではないようである。この詩は前二節が女のたわむれて答える歌か」[4]とある。この詩における雁は、その鳴き声によって朝日が昇るのだと詠まれ、若者たちの恋愛を誘引する内容となっている。また佐野あつ子氏は、「『詩経』の雁は、飛ぶ様子、鳴き声などの生態が詠まれながら、男女間の秩序を守るもの、特に、婦徳に関わる譬喩としての儒教的解釈が加えられている」[5]という。男と女の間に川は結婚を意味するのであるが、さらに男女の恋愛を象徴している。こうした『詩経』の「雁」の詠まれ方があり、それを受けて、漢・魏・六朝の漢詩に見る「雁」と恋情の問題があり、それについて述べてみると次のようである。

---

4) 注3の解説を参照した。
5) 佐野あつ子氏「雁の使」と恋歌の形成」『万葉集と東アジア 1』(国学院大学文学部日本文学第1研究室、万葉集と東アジア研究会編、二〇〇六年三月)。

① 漢劉徹「秋風辞」

秋風起兮白雲飛	秋風が吹くと白雲が飛んで行く
草木黄落兮**雁**南帰	草木の葉が黄色くなって落ちると雁は南へと飛んでいく
蘭有秀兮**菊**有芳	蘭は花が咲き、菊は香しいのだが
懐佳人兮不能忘	佳人を想うと忘れることができない
泛楼船兮済汾河	楼船を浮かべて汾河を渡るとき
横中流兮揚素波	中流を横切って白い波を立たせる
簫鼓鳴兮発棹歌	笛と太鼓の音が響き、船歌を歌う
歓楽極兮哀情多	歓楽が尽きないのにもかかわらず悲しい情が多く
少壮幾時兮奈老何	若さはどれほど保ち、年を取るのをどうしたらいいのか[6]

「秋風が吹くと白雲が飛び、草木の葉が黄色くなって落ちると雁は南へと飛んでいき、蘭は花が咲き、菊は香しくのだが、笛と太鼓の音が響き、船歌を歌うが、想う人を考えると悲しみが募り、若さも長くなく、ただ年を取っていくのだ」という。「この詩は漢武帝の作である。武帝はいち早く河東へと御幸をして后土に祭事を行ってから臣下たちと宴会を楽しみ、その楽しみが尽きないので自分で「秋風辞」を作った」(注6の前掲書)という。特に「草木黄落兮雁南帰、蘭有秀兮菊有芳、懐佳人兮不能忘」をみると、秋の景物である「秋風」「雁」「蘭」「菊」などが登場して秋の季節感を色濃くし

6) キム・テワン『漢魏六朝漢詩選』(韓中歴代漢詩選①、宝庫社、二〇〇五年十月)。旧漢字は新漢字に直した。

ている。さらに「雁」は作者に「歓楽極兮哀情多」を感じさせる景物である。つまり「雁」は恋情を象徴しているのである。なお、『玉台新詠集』の用例をあげて見る。

② 鮑令暉「題書後寄行人」

自君之出矣　あなたが出かけてから
臨軒不解顔　わたしは軒先をのぞんでも顔をほころばせて笑ったことなく
砧杵夜不発　夜は砧や杵の音を立てず
高門書常関　画は高い門をいつもかぎかけておく
帳中流熠燿　「かや」の中には蛍が流れとび、
庭前華紫蘭　庭には紫の蘭が咲きだした
物枯識節異　草木が枯れるので季節が近づいたことが分かるし
鴻来知客寒　鴻が飛んでくるので旅をしている人は寒かろうと知る
遊用暮冬尽　あなたの出遊もこの冬のくれ限りでおしまいになるでしょう
除春待君還　わたしはただ春のすがれた頃にあなたがもどってこられることを待っている。7)

「愛するひとが旅に出てから作者は笑うこともなく暮らしていた。夏がきて蛍が飛び交い、庭には紫の蘭の花が咲き出して香しい香りを漂わせ、草木が枯れるのを見て、夏が過ぎ、秋が到来したことを知り、雁が飛んでくるのをみて旅に出た愛する人が帰っ

7) 鈴木虎雄氏『玉台新詠集 中』(岩波書店)。原文と現代訳を参照した。なお、旧漢字は新漢字に直した。

てくるまでまちます」という。この詩において、恋情を募らせる詩語に「砧杵」「熠燿」「紫蘭」「鴻来」などが見える。これらは季節の移り変わりを表す言葉であると同時に、作者の恋情を含ませている詩語でもある。殊に「雁」は、恋情を象徴している代表的な詩語であるといえよう。

③ 王元長〔融〕「遊禽暮知反」

遊禽暮知反　遊びに出かけた禽は日暮れには返ることを知っているが
行人独不帰　旅へでた人ばかりは帰ってこぬ
坐銷芳草気　春はいたづらに芳草の気をなくさせてしまい
空度**明月**輝　秋は空しく明月の輝くのをみすごしている
嚬容入朝鏡　朝、鏡に向かうとしかめた顔がかがみにはいってくるし
思涙点春衣　春衣をきれば思いの涙がきものにポチくとしたたる
巫山彩雲没　巫山には彩雲きえて男女逢うことなく
淇上緑條稀　淇上には桑の木の葉も枯れてまばらになった
待君意不至　あなたを待っているのにとうくあなたは帰ってこぬ
秋雁双双飛　秋の雁ばかりが雌雄うちつれて飛んでいる(注7の前掲書)

と詠まれる。詩の内容は旅に出た動物さえ出かけたら帰ってくるが、それに対して愛する人は出かけたらなかなか帰ってこない。春の芳草の香を忘れてしまい、秋になると空しく明月を眺めながら旅に出て帰ってこない恋人を思い浮かべ、春のきものを吹くと空しく涙が絶えず、 桑の木の葉も枯れ、秋の雁が 雌雄うちつれて

飛んでいる様子を見ながら愛する人を待っているのだという。この詩においても「芳草」「明月」「條稀」「秋雁」などの季節感を示す景物が詠まれていることが知られる。さらに「待君意不至、秋雁双双飛」には「雁」が対として詠まれ、そこに恋情を表す景物として詠まれていることを明らかにする鍵となっている。

④ 魏曹丕(文帝)「秋風蕭瑟天気涼」

秋風蕭瑟天気涼	秋風がさびしい音をたてて天気は涼しくなった
草木搖落**露**為**霜**	草木はゆられ落ちて露は霜にかわる
羣燕辭**帰雁**南翔	燕のむれは暇乞いして立ちかえり雁が南へかけてくる
念君客遊多思(思断)	わたしはあなたが旅へでていて腸をちぎられる思いをしておられるとおもう
慊慊思帰戀故郷	あなたもあきたらず故郷恋しと思っているだろうに
君(何)為淹留寄他方	なんでよそに身を寄せて滞在しておられるのか
賎妾煢煢守空房	わたしはひとりさびしくうつろのへやを守っている
憂来思君不(敢)忘	心配がわいてきてあなたを思って忘れることができない
不覚涙下霑衣装	おもわず涙がおちてもすそをぬらす
援琴鳴絃発清商	琴を引きよせて絃を鳴らすと清商のさえた音がでる
短歌微吟不能長	歌声は短く吟じかたはかすかでとても長く声を引くことはできない

明月皎皎照我牀	明月が皎皎としてわたしのねどこを照らす
星漢西流夜未央	星や天の河は西へ移ったが夜はまだなかばでない
牽牛織女遙相望	牽牛織女の二星がお互いに遠くから眺め合っている
爾独何幸(辜)限河梁	あなたたちはどんな罪があってそんなに河や橋で隔てられているのか(わたしもそんなものだ)[8]

とある。「秋風がさびしく天気は寒いとき、草木の葉が枯れ、寒いために露は霜になり、燕と雁は南へと飛んでいく。わたしはあなたが旅に出てから辛い思いをしました。あなたも故郷を偲んでいるはずなのに、どうして他のところに留まって帰って来ようとしないのですか。だからわたしはさびしく一人で寝床を守っています。琴を弾き、絃を鳴らし、歌を歌いますがそれも長く続きません。そのとき明月は照らし続け、牽牛織女の二星が移り、互いに眺め合っているが、河や橋に隔てられてなかなか逢えないようにわたしとあなたも同じだという。この詩には、「秋風」「露」「霜」「燕」「帰雁」「明月」などの秋の季節感を表す景物が詠まれていることが知られる。そこで、「雁」のイメージをみると、「羣燕辞帰雁南翔、念君客遊多思(思断)」の句と「憂来思君不(敢)忘、不覚涙下霑衣装」の詩句をとおして「雁」は恋情を表しているのが明らかである。

---

8) 鈴木虎雄氏『玉台新詠集 下』(岩波書店)。原文と現代訳を参照した。なお、旧漢字は新漢字に直した。

③ 張載「我処思兮在朔湄」

我処思兮在朔湄	わたしの思う人は北方の水のほとりにいる
欲往来之白雪霏	その人のそばへ行こうと思うが白い雪が飛ぶ
登崖永眺涕泗頽	崖にのぼり永く眺めて涙や鼻汁がたれさがる
我之懐矣心傷悲	わたしのもの思い、心が痛み悲しむ
佳人遺我雲中翮	美人がわたしに鳥の起ち羽をくれた
何以贈之連城壁	なんでそれに答えるか、連城の壁だ
願因帰鴻起(超)隔	どうか帰りゆく鴻に頼って遠く隔てたところを飛び越えたい
終然莫致増永積	しかし結局はこのからだをあちらへやれぬから心の心配の積もりが増すばかりだ(注8の前掲書)

とある。「恋人は北方の遠くに離れており、そこに行こうとするが、白雪が飛び、道をさえぎる。仙女がわたしに鳥の羽をくれたので恋人のところへ行けないので飛んでいく雁に身を寄せて飛んで行きたいが、それもできずにただ心配だけが募る」のだという。この詩には、特に、「白雪」と「雁」が詠まれて晩秋の風景を描いている。この詩においても「雁」は恋情を象徴しているのが知られる。

以上で、『玉台新詠集』に詠まれている「雁」と恋情について述べてきたが、次に晋の無名氏の「独鹿篇」をみると、

独鹿独鹿　独鹿独鹿
水深泥濁　水は深く泥は濁って
泥濁尚不　泥が濁っているのはいいが

水深殺我　水が深いと私を殺す
雍雍**双雁**　ともに鳴き続く雁
游戯田畔　田畔にて遊んでいるが
我欲射**雁**　私が雁を射ようとすると
念子孤散　あなたの疲れが心配になる
翩翩浮萍　揺れる水中の浮萍草
得**風**揺軽　風に吹かれて揺れ動いている
我心何合　わたしは誰と心を合わせて
与之同并　ともにくらしたらいいだろう
空牀低帳　空牀に垂れている帳に
誰知無人　誰が人がいないのを知るだろう(注6の前掲書)

と詠まれる。「『独鹿篇』は楽府〈舞曲歌辞〉に属するものである。晋国の〈拂舞歌〉の一つ。独鹿は独禄であるが、その意味ははっきりとしない。風刺之詞という説もある」(注6前掲書の解説参照)という。一双の雁が鳴き続きながら田畔にて遊んでいる時、雁を射ようとすると長い間離れている恋人が浮かんで来て雁を射る気がなくなり、代わりに恋人の安否が心配になり、その上、風に揺れ動く浮萍草はまるで落ち着かない作者の心情を表しているように、揺れ動き、孤独に耽けている作者はともにしてくれる人がいないので空いている寝屋をみると一層孤独感が募るのだという。ここの「雁」に託されているイメージはどういうものであろう。これを論証する前に、糸口となる幾つかの詩語について触れて見ることにしたい。特に「双雁」と「空牀」は意味の上で、反対の意味を持っている。それは、「双雁」は恋人同士の恋情の意味が含まれているのに対して、「空牀」と「無人」という詩語は、相手(恋人)のいない独りぼっちの孤独な作者の現在の状態を表す言葉である。これらの詩語を組み合わせて考えてみると、「雁」は恋情を象徴していることが知られる。

また、唐の張若虚に「春江花月夜」という詩がある。

(前略)

此時相望不相聞　いまこの時、月を望んで遥かな人をしたっても、たよりを聞くすべもない
願遂**月**華流照君　どうか月の光の後を追い、ともに流れて恋しいあなたをてらしたいものを
鴻雁長飛光不度　だが雁の列が長くわたって、月の光もとだえる
魚龍潛躍水成文　魚も龍も水底深くおどって、水面には波紋が広がるばかり
昨夜閑潭夢**落花**　ゆうべ私は、しずかな淵のそばで花の散る夢を見た
可憐春半不還家　ああ、春ももう半ばなのに、私はまだ家に帰れない
江水流春去欲盡　川の水はゆく春をおし流し、流し尽くそうとしている
江潭落**月**復西斜　そして川の淵に落ちかかる月も、西へとかたむいた[9)]

9) 前野直彬氏注釈『唐詩 上』(岩波書店)。原文と現代語訳を参照した。

この詩は楽府題の一つである。「南朝最後の天子である陳の後主が作った曲名だという。この詩は題名をそのままに、春の川べりに花が咲き、明月の照らす夜の情景を歌っている。全体は月がさしのぼってから沈むまでを枠として構成され、叙景と甘美なムードをからみあわせているが、ほかの詩に多い故事の引用のごく少ないところが、この詩の深い情緒を伝えるのに特別の役割をはたしたといえよう。なおこの詩の作られた場所を、詩中に見える「瀟湘」のあたりとする説もあるが、必ずしもそう考えねばならぬことはあるまい。作者の郷里である江蘇省揚州あたりの実景に想像を加えたものとしてもよかろう。また前篇を旅に出た夫(または恋人)を思う女の歌と見る解釈もあるが、前半の表現は女性とするにはややふさわしくないと考えられるので、以下にしるすように、旅立った人を思う女性の嘆きをはさんで遊子の情がうたわれているとする解釈をとる」[10)]とあるように、この詩は、愛する人と別れて辛い思いを月と雁に託して詠んでいる。それは、次の詩句、「此時相望不相聞、願遂月華流照君、鴻雁長飛光不度」をみると明らかであるように、「月」は「遙かなる人をしたう」媒介としての意味に用いられ、しかも、「雁」が列を作って飛んでいく様子を男女間の秩序を守るもの、すなわち、婦徳を捉えているといえよう。これは、『詩経』から発生して、唐時代の漢詩に至るまで定着した「雁」のイメージだと思われる。

10） 注9の前掲書による。

第三節　雁と望郷の念

列を作って自由自在に飛んでいく雁を見て、故郷への思いを詠んでいると思われる幾つかの用例を挙げて雁のイメージの形成を考えたい。

① 魏曹操「却東西門行」

鴻鴈出塞北　乃在無人郷　鴻は北の涯、国境のあたり、人の住まぬ郷より飛びたち
擧翅萬餘里　行止自成行　羽根を伸ばす一万余里、飛ぶも憩うも秩序を保ち、
冬節食南稲　春日復北翔　冬には南に稔る稲をついばみ、春にはまた北に翔け帰る
田中有転蓬　随風遠飄揚　田畑に生じ、風のままに転がる蓬は、遠く彼方をゆらゆらと
長與故根絶　万歳不相當　もとの根と別れたまま、永遠に再会の機は訪れぬ[11]

② 魏曹丕「燕歌行」

秋風蕭瑟天気涼　素木揺落露為霜　秋風はものさびしく大気は冴え、草木は枯れて落ち、露は霜となる。
羣燕辞**帰鴈**南翔　念君客遊多思腸　燕は帰って行き、雁も南に翔ける、旅にある君を思えば、千々に

11）伊藤正文氏・一海知義氏篇『中国古典文学大系 漢・魏・六朝詩集』（平凡社)。以下同書による。なお現代語訳も同書による。

		乱れるわが心
慊慊思帰恋故郷	何為淹留寄他方	怨み侘び故郷を偲ぶ君よ、何故にかくも長く、主人いぬ部屋に、ひとり待つこの妾
賤妾煢煢守空房	憂来思君不敢忘	ひとり待つこの妾、憂愁に閉ざされ、ひたすらに君を恋い慕し、
不覚涙下霑衣装		いつしか涙は衣裳を濡らす。
援琴鳴絃発清商	短歌微吟不能長	琴の絃かきならせば、清商の調べ起こり、のどかに歌うは難しく、ひきつれ声もとぎれがち、
明月皎皎照我牀	星漢西流夜未央	明月はしらじらと、わが床を照らし、銀河は西に傾くも、夜は果てしなく
牽牛織女遥相望	爾濁何辜限河梁	牽牛と織女は恋しげに、互いを見返す、お身たちは何故にかくも逢瀬のままならぬ。

のように見える。右の①②は旅人の望郷の情を雁に託して詠まれている。①は「雁」が北の国の故郷のあたりから飛んで来て、春になると、その故郷へと帰ることを詠んでいる。②では「乃在無人郷」といって、人の住まなくなってしまった廃墟化した故郷の様子を描いている。秋風がさびしく吹きすさび、草木が枯れ落ち、露が霜になるほど寒く、燕は南へと飛んでいく。「燕」と「雁」とが季節の移り変わりによって、故郷へ帰っていくが、長い間旅に出ている夫(恋人)はなかなか帰ってこようとしないので怨むほどだと

言って、辛い妻の恋情を詠んでいる。その中でも、「慊慊思帰恋故郷」という句は、長い旅から帰ってこない夫に対して、一人待つ妻の恋情を詠むが、燕と雁は思うがままに行き来するのに、そのようにできないので悲しいのだと歎いているという。こうした内容をみると、二首ともに「雁」は、望郷の念を象徴しているといえる。それは、殊に「人郷」と「故郷」という詩語に色濃く現われている。

③ 漢蔡琰「胡笳十八拍」

鴈南征兮欲寄辺心	雁が南へ飛ぶ日 この心伝えよとねがい
鴈北帰兮為得漢音	雁が北に帰る日故郷の便りをと思う
鴈飛高兮邈難尋	雁が高く飛びゆき、 はるかに問うすべもなく
空腸斷兮思愔愔	空しく胸をかきむしり 心はふさぐ
攢眉向**月**兮撫雅琴	眉をひそめて月に向かい 琴かきいだき
五拍泠泠兮意彌深	蘆笛の五ふし音は澄んで思い深まる。

伊藤正文氏の指摘によれば、「さきの『非情詩』と同じく蔡琰の作とされるが、後代の偽作とする説も有力である。一句七言—十二言から成る楚辞風のスタイル。胡は北方の異民族、笳は蘆笛で、蔡琰の帰国後匈奴の人たちが蔡琰を慕って作ったともいわれ、のちに琴の曲にうつしたのだともいわれる」[12]とある。詩の内容は、雁が北に帰る日故郷の便りをと思い、雁が高く飛びゆき、はるかに問うすべもなく、空しく胸をかきむしり心はふさぐのだという。

12）注11の前掲書による。

この詩で注目されるのは、「雁」と「月」が取り合わせの表現になっており、しかも、両方とも秋の景物として深まっていく秋の季節感を詠んでいることであり、さらに「雁」は、作者の望郷の情を伝えるべき故郷への便りを象徴しているところにあると思われる。

④ 曹丕「雑詩」

漫漫秋夜長 烈烈北風涼 秋夜ははてもなく長く、ひゅうひゅう鳴る北風は身にしむ
展転不能寝 披衣起彷徨 寝がえりをするも眠られず、衣をはおり、あたりを彷徨う
彷徨忽已久 白露沾我裳 久しく彷徨えばいつしかに、わが裳露にしとどぬれそぼつ
俯視清水波 仰看明月光 時には清らかな川面に見入り、また明るい月をふりあおぐ
天漢廻西流 三五正従横 銀河ははや西に流れ移り、さそり・海蛇の星くずはあちこちに
草虫鳴何悲 孤雁濁南翔 草虫のすだく音はひたぶるに悲しく、群にはぐれて飛ぶ雁はひとり南に翔ける
鬱鬱多悲思 緜緜思故郷 胸ふさがり、悲しみのみ多く、はるばると故郷に想いを馳せるも
願飛安得翼 欲済河無梁 飛んで行くには身に翼なく、渡り越えるにも河に橋なく
向風長歎息 断絶我中腸 遠い彼方より吹く風に溜息つけば、わが腸はちぎれんばかり

「雑詩」とは詩題の一種であり、その詩題について定説はまだないが、「流例に係わらず、ものに遇いて即ち言う。故に雑というなり」(『文選』の王粲の「雑詩」の李善注)というのと、「古人の作る所、もと題目あり、選びて『文選』に入れるに、『文選』その題目を失い、古人これを詳らかにせず、名づけて雑詩という」(『文鏡秘府論』論文意)というのが有力な二説である。「後者が詩題の淵源を説くに対し、前者は『文選』が「雑詩」と題した作品を綜合的に検討したのちに、下された定義と察せられる点が見える。ただ後世、自由に題材を選定しつつ、自己の感懐をこめる作品の詩題となったことは事実である」[13]とされる。この詩において特徴的に現れている秋の景物として「北風」「明月」「草虫」「雁」などが詠まれている。これらを通して「雁」は秋の景物として定着していることが読み取れる。しかも、この詩においての「雁」は、「緜緜思故郷」から望郷の情を象徴していることが察せられよう。

⑤ 魏曹植「雑詩」

高台多北風	朝日照北林	高い台には悲しげに風が吹きつけ、さし昇る朝日が北の林を照らし
之子在万里	江湖廻且深	想う君は万里の彼方にあって、横たわる江も広くまた深い
方舟安可極	離思故難任	筏や船ではどうして渡れよう、離れ住むこの思いまことに堪えがたい
孤雁飛南遊	過庭長哀吟	ひとり飛ぶ雁は南方をめざし、庭を横切り

13) 注11の前掲書の解説を参照した。

	つつ長く悲しげに鳴く
翹思慕遠人 願欲託遺音	心かぶり、遠くの人いよいよ慕わしく、消息伝える仲立ちを雁に願った
形影忽不見 翩翩傷我心	その姿たちまち見えず、私を悲しみの底につきおとす

六首中の一作であり、五言詩である。「李善注は六篇とも比喩であって、政治の苛烈さが友人間の交際を絶ち、賢人を窮地に陥れることをいうとし、鄄(郢に作るは誤り)城(山東省濮県東)にて故郷を思って作ったとするが、六篇とも一時の作ではなく、その時期もにわかに定め難い」(前掲書)という。それでは、この詩において「雁」はどういう意味を持っているだろうか。「翹思慕遠人、願欲託遺音、形影忽不見、翩翩傷我心」といって、遠くに離れている恋人に「雁」に便りを託して愛情を送る様子が読み取れる。したがって、この詩における「雁」のイメージは、雁の使、すなわち恋情を象徴していながらも、故郷への望郷の念をも同時に含んでいると思われる。

⑥ 梁沈約「詠湖中鴈」

白水滿春塘 旅鴈每廻翔	清らかな水は春の塘にみちあふれ、渡りゆく雁が常に翔けめぐっている
唼流牽弱藻 斂翮帯余霜	流れにもぐっては柔らかな水草をついばみ、翼をたたむ姿にはなごりの霜が消え残る

羣浮動軽浪　単汎遂孤光　群れ漂いつつさざ波を揺らし、ひとり浮かんでは余光につれを追う
懸飛竟不下　乱起未成行　高く飛んでは久しく舞いおりず、驚きたっては列をつくろうとせぬ
刷羽同揺漾　一挙還故郷　羽根をつくろってともにひらひら、一挙に故郷めざして帰りゆく

とある。これは、五言詩である。「斉・梁の頃より盛行した『詠物詩』の代表作のひとつである。『詠物詩』は事象物体の細密描写を意図するが、多くは宮廷内の題を定めての競作に由来する」(前掲書)という。「清らかな水は春になって漲り、雁は翔けめぐって、羽根をつくろってともにひらひら、一挙に故郷めざして帰りゆく」様子を詠んでいる。これは、雁が春になると北へと飛んでいく様子をみて、作者が自分の故郷への思いを雁に託して詠んでいると思われる。そこで、「雁」は、望郷の念を象徴的に表していると考えられる。

⑦ 王維「使至塞上」

単車欲問辺　ただ一人、辺境の地方を巡察しようと
属国過居延　典属国の官を拝命した私は、居延のあたりにさしかかった
征蓬出漢塞　思えば、わが身は風に吹かれる蓬に似て、はてしない旅路へと漢のほとりで立ちでて行く
帰鴈入胡天　故郷へ帰る雁が、異国の空へと飛んでいくように
大漠孤烟直　大砂漠のかなたには、ただひとすじの煙が、まっすぐ

	に立ちのぼっている
長河落日円	はるかに流れゆく川のはてには、落日が丸い姿をくっきりとみせながら沈む
蕭関逢候騎	私は蕭関で物見の騎馬武者に出会った。
都護在燕然	その話では、都護どのはいま燕然山まで前進しておられるそうな(うれしい勝ちいくさのしらせである)[14]

この詩の解説によれば、塞上は辺境の防塞のあたり。開元二十五年(七三七)、作者が節度判官(節度使の属官)に転任となり、涼州(いまの甘粛省武威)にあった河西節度副大使崔希逸の幕府へと赴任する途中での作。役人が天子の命をうけて出かけるのを「使」という。辺境の地方を題材にした、いわゆる「辺塞詩」では、楽府体の詩はもちろんだが、それ以外でも、わざと時代を漢代にとってうたったものが多い。この詩もその一つである」(前掲書)とある。詩の内容は、「ただ一人で辺境の地方を巡察しようと出かけて、居延のあたりにさしかかった。考えてみると、自分の身は風に吹かれる蓬のようであって、果てしない旅路へと漢のとりでを立ち出でいく。故郷へ帰る雁が、異国の空へと飛んでゆく」である。この詩において大事な言葉は「帰鴈」という語である。これは、先述したように、故郷へと飛んでいく雁のことであるが、ここでは、旅をしている作者が遠く離れている故郷を思い浮かべながら、望郷の念を雁に託して詠んでいるものであると思われる。したがって、この詩において、「雁」は望郷の念を象徴していると言ってい

14) 前野直彬氏注釈『唐詩 中』(岩波書店)。原文と現代語訳を参照した 。

いだろう

⑧ 唐張均「岳陽晩景」

晩景寒鴉集	かたむきかけた日光のもと、さむざむとした烏の群れが、ねぐらへつこうと集まってくる
秋風旅**雁帰**	秋風をうけつつ、旅する雁は北へと帰ってゆく(鳥でさえわが家へ、わがふるさとへと帰るというに)
水光浮日去	川のかがやく水面は、落日の光をその上に浮かべて流れ去る
霞彩映江飛	夕やけ雲は、その色を川に反射させながら、飛んでゆく
洲白**蘆花**吐	川の中洲は真っ白に、蘆の花が咲き乱れ
園紅柿葉稀	庭園の中は紅に散り残った柿の紅葉がちらほらと見える
長沙卑濕地	わが行くかた、長沙は、低くてじめじめとした、不健康なところだ
九月未成衣	しかも配流の身は、陰暦九月、秋ももう末というのに、いまだに冬のしたくもできていない、うらぶれたありさまである

とあり、「岳陽は湖南省、洞庭湖の東北端にのぞむ景勝の地。晩景は夕日の光。景は影と同じで、光のこと。洛陽の人である作者が、安禄山の反乱のときにとらえられ、降服したというので、反乱の平定後に南方へ流される途中、岳陽を通ったときに作った詩という。天下の絶勝とうたわれる美しい風物を詠じながら、配流

の旅の嘆きがこめられている」(前掲書)という。この詩においても「雁帰」という語が見られる。「秋風旅雁歸」(秋風をうけつつ、旅する雁は北へと帰ってゆく鳥でさえわが家へ、わがふるさとへと帰るというに)といって、旅する雁さえも北へと自分の故郷へと飛んでいくのだが、配流の身になって旅している作者は、故郷へ帰るこができない心情を「九月末成衣」(しかも配流の身は、陰暦九月、秋ももう末というのに、いまだに冬のしたくもできていない、うらぶれたありさまである)といって、配流の旅の嘆きを詠んでいる。この詩の「雁帰」という語から、望郷の念が取り出される。

第四節　雁の使

「雁」のイメージは便りを運ぶ鳥にある。このイメージを作るもとになった故事は、『漢書』の蘇武の故事である。佐藤保氏は、次のように指摘している。前漢の時期に漢の使者として匈奴に赴いた蘇武は、そのまま匈奴の地に抑留され、北海(バイカル湖)のほとりで羊を飼う仕事に従事していた。その間、漢はたびたび蘇武をかえすように願った。上林苑に飛んで来た雁の足に結びつけられていた手紙から蘇武の生存が確認され、蘇武は出国後十九年たってようやく帰国できた。「雁信」「雁書」「雁足」「雁使」(手紙の別称)などの言葉を生むもとになった故事がこれである[15)]。この故事によって、「雁信」「雁書」「雁足」「雁使」(手紙の別称)などの言葉が発生したことが察せられる。

① 梁范雲「贈張徐州謖」

田家樵採去 薄暮方来帰	田舎住まいの身は薪を採りに山へ行き、暮れ方にようやく家に戻りついた
還聞稚子説 有客款柴扉	帰ってくると子供が言うには、柴の戸をたたいて訪ねてきたお客があったよ
儐従皆珠玳 裘馬悉軽肥	後先につき従う人はみな真珠や玳瑁に身を飾り、軽い皮衣をつけ、肥えた馬に乗っていたよ
軒蓋照墟落 伝端生光輝	車の蓋は村里に照り映え、旗じるしも光っ

15) 佐藤保氏『漢詩のイメージ』(大修館書店)。

		て輝いていたよと
疑是徐方牧	既是復疑非	さては徐州の太守どのかと思ったものの、そうともそうでないとも考えられる
思旧昔言有	此道今已微	「故旧を遺れず」との言葉もあるが、それも今では殆どすたれてしまった
物情棄疵賤	何獨顧衡闈	落ち目になれば顧りみぬのが世の常なのに、君だけはよくぞ荒屋にお出下さった
恨不具雞黍	得與故人揮	くやしいのは鶏を割き黍飯を作り、昔なじみと酒を酌み交わせなかったこと
懐情徒草草	涙下空霏霏	あれこれ思い悩み、嘆きを繰り返せば、いたずらにはらはらと涙はこぼれる
寄書雲間鴈	為我西北飛	雲間の雁に手紙を託すことにしよう、雁よ、私のために西北のかたに飛んでおくれ

(前掲書)

伊藤氏によれば、「張稷の伝は『梁書』巻十六に見える。張稷は字を公喬と言い、轉国将軍として北徐州刺史に任ぜられた。『梁書』本伝に『稷は性烈亮にして善く人と交わり、官を歴て蓄聚無し』と見える。この篇は范雲の不在中に訪れた張稷によせる想いを歌った。当時雲は何かの事で官を免ぜられていたのであろう」(前掲書)という指摘がある。「田舎の生活のために詩人は薪を取りに山へ行ってきた間に見知らない人が訪れてきたというのである。それに対して詩人は思い切り接待できなかった気持ちをのべ、くやしいのは鶏を割き黍飯を作り、昔なじみと酒を飲み、あれこれ思い悩み、嘆きを繰り返せば、いたずらにはらはらと涙はこぼれると」

といい、次の詩句に「雲間の雁に手紙を託すことにしよう、雁よ、私のために西北のかたに飛んでおくれ」とあるように、友に自分の思う心情を雁に託して送りたいとのことである。これから「雁」は、「雁の使」を象徴していることが知られる。

② 唐王湾「次北固山下」

客路青山外	船旅の道すじは、青い山(北固山)の外側をまわってゆく
行舟緑水前	わが乗る船は、みどり色の春の水を前にしつつ進む
潮平岸両闊	川波は平らに、両岸はどこまでも広い
風正一帆懸	追風をうけて、川すじにひとつ浮かぶ船の帆は、高く掲げられる
海日生残夜	(そして停泊した北固山のふもとでは)海からさしのぼる日は、まだ夜のあけやらぬうち、波の上に生まれ出る
江春入旧年	川べりの春は、まだ明けぬ年のうちから、この地方を訪れる(江南の春は早いのだ)
郷書何処建	故郷からのたよりは、どこで受けとることになるだろうか
帰雁洛陽辺	北へ帰る雁(そして、その雁に託した私のたよりは)、いまごろ洛陽のあたりまで行っているであろうか

前野直彬は、「北固山は江蘇省鎮江の北にある山。その三面を揚子江がめぐり、要害の地として知られる。次は宿泊すること。江南の地方を旅していた作者が、この山のふもとに船をとめて一泊したとき、故郷の洛陽を思う心をこめて作った詩。作者は若いころ、江南で生活したことがあるので、そのときの作と推定される」

(前掲書)と指摘している。ここで、注目すべきことは、「郷書」とは故郷からの便りの意で、「帰雁」という語は、先述した如く、漢の蘇武が匈奴(フン族)への使者となり、先方に抑留されたとき、漢の天子が御苑で猟のおりに、蘇武からの手紙を足に巻いた白雁を得た。それを証拠に匈奴を追求したので、蘇武は帰国することができたという。これから、雁は便りを伝えるものとして詩文に用いられるようになった。

詩は「船旅の途中の風景を描きながら、江南の地方に入ったところ春を迎えたのだが、故郷からの便りは、どこで受け取ろうかと思い、北へ帰る雁に自分の便りを託して送った」と詠むように、ここから窺われるのは、雁を通して「雁書」「雁使」が中国詩の中で定着しているということである。

第五節　雁と季節の推移

次の節では、今までの「雁の使」というイメージとは違って、季節の推移を詠んでいると思われる詩を四首ほど挙げて陳べることにする。

① 魏嵇康「幽憤詩」

(前略)

嗟余薄祜　少遭不造　ああ 私は幸せ薄く、幼い時に父を失い

哀煢靡識　越在繦緥　憂い悲しむことを知らず、繦緥の中にくるまっていた

母兄鞠育 有慈無威 母と兄とに養い育てられ、慈しまれるも厳しさを知らず

恃愛肆姐 不訓不師 愛に甘えて傲りたかぶり、訓されず、師にもつかなかった

(中略)

実恥訟冤 時不我与 訴えが理由なくとも恥ずかしいことだが、時勢は私に味方せぬようだ

雖曰義直 神辱志沮 真実はこちらにあるとはいえ、魂は屈辱にまみれ、志は 挫け

澡身滄浪 豈云能補 滄浪の水に身を清めても、もはや汚濁はぬぐいきれぬ

嗈嗈鳴鴈 奮翼北遊 雁はなごやかに鳴きかわし、大きく羽ばたいて北に飛び

順時而動 得意忘憂 季節に従って移りゆき、満ち足りて思いわずらうこともない

嗟我憤歎 会莫能儔 ああ 私は嘆き、また憤る、まったく雁とはくらべられぬ

事與願違 遘兹淹留 事態は願望と食い違い、囚人としてここに留めおかれている

「この作品は嵇康が親友の呂安の事件に連坐して入獄した時に作られた。呂安の事件とは、呂安の異母兄呂巽が呂安の妻と密通し、発覚を恐れてかえって、呂安を不孝の罪で告発した。嵇康は友人のために弁護したが、彼が魏の宗室と婚姻関係にあったこと、しばしば不遜の言動をなしたこと、当時の権臣鐘会の怨みを

買っていたことなどが併合されて、彼自身も有罪となり、やがて死刑に処されることとなった。彼が死を予知していたか否かは分明でないが、四言の長篇に悶々の情とともに、彼の精神史を書き綴っている」(前掲書)という状況の詩である。この詩において「雁」は、「噰噰鳴**鴈**、奮翼北遊、順時而動、得意忘憂」といって、春になって北へ飛んで行く、その雁の様子を通して季節の推移を詠んでいる。

② 魏阮籍「詠懐詩」

歩出上東門	北望首陽岑	歩みつつ上東門を出て、北のかた首陽の岑を眺めると
下有采微士	上有嘉樹林	下方には薇をつむ男がおり、上方にはみごとな林が見える
良辰在何許	凝霜霑衣襟	平穏な時はいつ訪れるのであろう、氷りついた霜が襟をぬらし
寒風振山岡	玄雲起重陰	寒い北風が山や岡をゆるがし、黒い雲があたりを暗く閉ざし
鳴鴈飛南征	鶗鴂發哀音	雁は鳴きつつ飛んで南をめざし、百舌は哀しげに衰亡の季をつげる
素質遊商声	悽愴傷我心	秋の気配にものはみな色あせると思えば、悲しみはつのり、わが胸は破れんばかり(注8の前掲書)

「この一首は阮籍の『首陽山の賦』と、発想及び措辞に共通する部分が見える。同時の作かもしれない」(前掲書)という。詩は、「寒い

北風が山や岡に吹き、雁は南へと飛んで行きながら、その鳴き声はまるで衰亡の季をつげるようである」という。この詩での「雁」は、秋になって南へと飛んでいく様子、秋の季節感を表す景物として見られ、「霜」や「寒風」とともに詠まれている。この詩においても「雁」は秋の到来を告げる季節の推移を象徴する景物として詠まれている。

③ 晉左思「雜詩」

秋風何洌洌	白露為朝霜	秋の風の何という厳しさ、白い露も朝には霜となる
柔條旦夕勁	緑葉日夜黄	若い枝は朝に夕に固くなりゆき、緑の葉は日に夜に黄色ばむ
明月出雲崖	皦皦流素光	明るい月が雲の崖に顔を出し、しらじらとしたを流す
披軒臨前庭	嗷嗷晨鴈翔	窓を開けて庭先に臨めば、かうかうと暁の雁が渡りゆく
高志局四海	塊然守空堂	志高く西海を狭しとしていた私も、今ぽつねんとひと気ない部屋を動かぬ
壯齒不恆居	歲暮常慨慷	少壮の時はいつまでもつづかぬもの、暮れ行く年に胸はいつも高まる

李善は、左思が時の権力者賈充の書記官に任命され、これを拒否したときの作とする。「秋風が厳しく吹き、白い露は霜となり、明るい月が雲の端にかかって照らしているところ、窓を開けて庭

先をみると雁が渡って行き、暮れていく歳月のために胸が詰る」のだという。これも秋の景物である「露」「霜」「明月」「雁」を詠み、秋の季節感を詠じている。

④ 唐李頎「寄司勲盧員外」

流澌臘月下河陽	陰暦十二月、とけ初めた氷は、黄河の北側にあるこの町に下って来た
草色新年発建章	やがておとずれる新年、若草の色は建章宮のあたりに萌えつつあろう
秦地立春傳太史	秦の地方の立春は、太史によって伝えられ
漢宮題柱憶仙朗	漢の宮殿の柱にしるされた田鳳の名誉につけても、尚書省につとめる君のことがしのばれる
帰鴻欲度千門雪	北へ帰る雁は、宮殿の門に降りつんだ雪を越えて飛び去ろうとし
侍女新添五夜香	侍女たちは夜を通してたき続ける香を、新しく足し加えている

故人今已賦長楊ーあの揚雄にも似た、すぐれた文学を作る人が推薦され、昇進するのは、いつのことか(それももう、遠いことではあるまい)。昔からの友人、君は、今はもう、長楊の賦にも似た名作を作ったのだから

員外はそこの属官。「盧員外とは作者とほぼ同輩にあたる詩人で、盧象という人物のことかと思われる。確実なことは不明。この詩の作られた事情は、結びの句の『故人』の解釈によって二通り

に考えられる。故人を作者自身とする説に従えば、作者が昇進のため、盧員外に推薦を求めた詩ということになり、故人を盧員外とする説をとれば、盧が何かの詩を作ったのに対し、作者が賞讃の気持ちを詩にあわらして贈ったということになる。いま後者の解釈をとっておく」[16]。詩の内容からすれば、友人同士の贈答詩に当たるものであるが、この詩においても「雁」は「歸鴻欲度千門雪」といって、春になって北へと飛んでいく様子を通して季節の推移を詠んでいるのが見て取れる。

第六節　結

以上、中国古代漢詩における「雁」の詠まれ方について述べてきたのだが、それをまとめてみると、次のようなことが認められる。「雁」は中国の古代漢詩においては、秋の景物である「秋風」「露」「霜」「北風」「月」などと組み合わせられて、「秋の鳥」を代表する鳥へと展開したのである。殊に、蘇武の故事によって、後に、雁書、信書、雁使などの詩語が誕生するようになったのである。『詩経』の邶風の「匏有苦葉」と唐代の張若虚の「春江花月夜」には、雌雉と雁に代表される景物をもって、男女の恋愛を象徴的に詠んだりしている。また曹操の「却東西門行」をはじめ、曹丕の「燕歌行」と張均の「岳陽晩景」などの詩では、「帰雁」という詩語をもって、雁を通して旅人の故郷を思う望郷の念を詠んだり、あるいは、沈約

16）注14 の前掲書による。

の「詠湖中鴈」、王維の「使至塞上」や曹植の「雜詩」をみると、恋人に便りを寄こす恋情を伝える媒介体として詠まれたりする。さらに蘇武の故事を踏まえて、「雁信」「雁書」「雁足」「雁使」などの言葉をもって、「雁の使」というイメージを詠む梁の范雲の「贈張徐州謖」や唐時代の王湾の「次北固山下」などでは、飛んでいく雁に手紙を託して友情や恋愛の感情を伝えたり、江南の地方から春になって北へ帰る雁に故郷への便りを託す「雁の使」というイメージが形成されるようになった。

一方、魏の嵆康の「幽憤詩」や魏の阮籍の「詠懐詩」、晉の左思の「雜詩」、唐時代の李頎の「寄司勲盧員外」などの詩では、雁が秋の代表的な景物として「北風」「秋風」「月」「霜」「露」などの景物と取り合わせの表現をもって、秋の到来を告げる鳥、つまり季節の推移を象徴する鳥としてのイメージが形成されたのである。このように漢詩における「雁」のイメージは、恋情・望郷の念、雁の使、季節の到来などを形成し、特徴的に詠まれたことが知られるのである。

第二章　日本古代漢詩に見る「雁」のイメージ

第一節　序

雁は平安時代の詩歌において、渡り鳥としての習性により、秋に飛来して春とともに故郷の北国に還っていくところから、「来る雁」と「帰る雁」とに峻別されて、それぞれ秋と春の代表的な景物となっている。

鈴木日出男氏によれば、「古来、雁もまた、他の鳥類と同じように、異界と現実世界との間を天翔けて、霊魂を運ぶものと想像されてきた。他に、秋月の下の砧の音と雁の声が秋の悲愁をきわだてるという趣は、じつは、漢詩文的な新しい美意識であった。このように、漢詩と和歌において雁は、多く詠まれ、詩人たちや歌人たちに長らく愛されてきた浪漫性を孕んでいるために、文学の素材に詠まれたのである」[1)]という。だが、こうした雁の美意識に対する本格的な論文は、多く見られない。

「雁」に対する論文として、佐野あつ子氏の「『雁の使』と恋歌の形成」がある。氏は、「雁のテーマ化は、中国文学では、既に『詩経』に見えているが、その儒教的解釈が以後の中国文学における雁を位置づけた。『文選』の用例を見ても、季節・交友・夫婦の関係の秩序を保つ政治性を雁はもつ。この秩序外にあるのが『玉台』と同様のテーマ性の中にある。それは、儒教文化圏では排除されるべ

1）鈴木日出男氏『源氏物語歳時記』(筑摩書房)。

き男女の恋情をテーマ化した玉台世界の共有であり、中華から離れた周辺にあらわれる文化の独自性の展開である。『万葉集』を豊かにしているものが恋歌であることを『雁の使』が教えているのである」[2)]と指摘して、「雁」の詠まれ方を中国古代詩歌と万葉集の恋歌と関係づけ、万葉集における「雁」は、ただ単に、中国文学の影響によるものではなく、万葉集を豊かにしているものが「雁の使」にあるという。これらの事実からみれば、氏の指摘は示唆するところが大きいと思われる。

本稿では、日本最古の漢詩集である『懐風藻』を主なテキストにして「雁」が如何に詠まれているのかについて述べてみることにしたい。

『懐風藻』には、「鴈」「鴈池」という漢字表記を合わせて、七例ほど見られる。ただ、「鴈池」は鳥類ではなく、「立派にかざりたてた食台」の意味に用いられるから取り除き、後の六例だけを論証の対象にしたい。

第二節　雁と秋の到来

釈智藏の「五言。秋日言志。一首」を見ると、

欲知得性所。 本性に叶った地を願って
來尋仁智情。 山川の風情を尋ねてやって来た

---

2) 佐野あつ子氏「『雁の使』と恋歌の形成」『万葉集と東アジア 1』(万葉集と東アジア研究会編、二〇〇六年三月)。

氣爽山川麗。 大気はさわやかに、山や川は美しい
風高物候芳。 風は天高く吹き、風物もすがすがしい
燕巣辞夏色。 雛の巣立った燕の巣には夏の面影も消え
鴈渚聴秋声。 渚の雁のなく声に秋の訪れを知る
因茲竹林友。 この自然の変化を前に、わが竹林の友よ
栄辱莫相驚。 栄誉恥辱などに心を乱すことのないように[3)]

とあって、「老荘の思想に本づく清談者流のうち、その理論を處世生活に應用して儒家的禮法を無視して曠達的行為を事とする實行派の所謂竹林の七賢は、好んで竹林に遊んで、放談荒飲し、琴酒に託して昏迷に逃れ、一切世俗の形式的道徳を排斥して性の自然に任せ、恬淡寡慾、物外に超越するを尊んだ。その中心人物は意氣宏放なる阮籍と峭直なる嵆康とであった。この詩に於いて、『欲知得性所』、『因茲竹林友、栄辱莫相驚』等の句は老荘の思想及び竹林の七賢の思想の影響がある」[4)]とあるように、この詩の主題は、脱俗の精神であろうが、もちろん、「雁」が脱俗を表わしているとは、限らない。なぜなら、詩題が秋日の志懐を詠述した詩であり、しかも、「燕巣辞夏色、鴈渚聽秋聲」とあるのを見ると、これは、対句表現をもって、夏の景物として燕が、秋の景物として雁が詠まれているので、夏から秋へと移り変わる季節の到来を告げるものに雁が選ばれ、さらに、雁の鳴き声を聞いてやっと秋が来

3) 本文は、小島憲之氏『日本古典文学大系 懐風藻 文化秀麗集 本朝文粋』(岩波書店)、現代語訳は江口孝夫氏篇の『懐風藻』(講談社文庫)による。以下同じ。なお、旧漢字は新漢字に直した。
4) 杉本行夫氏『懐風藻註釈』(弘文堂書房)。

たのだと察知したことが詠まれる。したがって、この詩において、雁は秋の到来を告げるものとして、秋の景の中にあることが知られるさらに、そこから「竹林の友」が導かれているところには、雁と友という関係も見えて来る。

また、守道公首名「五言。秋宴。一首」には、

望苑商気艶。 望苑の苑地に秋の気は麗しく
鳳池秋水清。 鳳凰の池には秋の水が澄みとおっている
晩**燕**吟**風**還。 帰りおくれた燕は秋風の中を鳴いて帰り
新**鴈**拂**露**驚。 新来の雁は露の深さに眠りをさます
昔聞濠梁論。 昔、荘子が橋の上で遊魚の楽しみを論じたが
今弁遊魚情。 今のわたしは鳳池で魚の心情を味わっている
芳筵此僚友。 文雅の席上で同好の友たちと
追節結雅声。 楽の調べのままに歌声をあげている

とある。「博望苑」とは、漢の武帝が太子であった時賓客を招待した苑であるが、それにも比すべき観望の苑には秋の気は美しく、池は秋の水が清らかであるとし、昔荘子が遊んだように、今日も池に遊んでいる魚の情を判別して、友は節を追って雅声を結ぶのだという。この詩も先述した 釈智藏 の「秋日言志」と同じく、「晩燕吟風還、新鴈拂露驚」といって、対句表現をもって、燕とによる季節交替としての雁が詠まれている。これらの「燕」「秋風」「雁」「露」は、秋の美しい季節感を詠むにふさわしい秋の代表的な景物であることが察せられる。特に、燕の鳴き声と秋風の音は聴覚的な感覚表現であると同時に、秋の悲愁をも示しており、続いて雁

が登場して、もはや夏が去り、秋が到来したことを表わすために「雁」が詠まれているが、そこから導かれるのは、文雅の同好の士との遊宴にある。

こうした秋の到来を喩える「雁」を素材にして詠んだ詩に対し、次の詩は、秋の到来とともに、離別の情を詠んでいる詩である。

第三節　作宝楼の文学サロンと離別の情

長屋王の作宝楼の詩に多く詠まれた「秋日於長屋王宅宴新羅客」は、新羅からの使節を招いて送別の宴が開かれた時の詩であるが、山田史三方の「五言。秋日於長屋王宅宴新羅客。一首。并序」の序文をみると、

（前略）

于時露凝旻序。	時に秋天に露が結び
風轉商郊。	風は郊外を吹きめぐっている
寒**蟬**唱而柳葉飄。	ひぐらしが鳴いて柳は散りひるがえり
霜**鴈**度而蘆花落。	雁が渡ってきて蘆の花が散っていく
小山丹桂。	淮南王は赤い木犀に
流彩別愁之篇。	離別の情をうたい
長坂**紫蘭**。	曹子建は香る紫蘭に
散馥同心之翼。	心を同じゅうする思いを述べた
日云暮矣。	日が暮れ
月將除焉。	月が出ようとしている。
酔我以五千之文。	わたしを酔わせたのは老子の五千言であり
既舞踏於飽徳之地。	徳にあきるほどこの庭に舞いおどり
博我以三百之什。	わたしの心を広めるのは詩経三百篇であり
且狂簡於叙志之場。	詩作の庭で途方もないことを歌う
請写西園之遊。	何とかして西園での雅遊を描写し
兼陳南浦之送。	あわせて南浦の送別を述べたいものである
含毫振藻。	筆を手にとり、詩藻を発揮し

式贊高風云爾。　　気高い風格をほめたたたえるばかりである

という。秋になると、露が結び、そこに強い風が吹く。ひぐらしが鳴いて柳は散りひるがえり、雁が渡ってきて蘆の花が散っていくと述べ、秋の美しい景物を取りあげて詠じている。「露」「風」「雁」「蜩」「蘆」「散る柳」などの景物が秋の寂寥感を一層漂わせるために選び出されて詠まれるようになったと思われる。特に蘆花が落ちる時に雁が渡って来るという風情は、秋の季節感を十分に表現し得ている。これらの風景が長屋王の庭の風景だとすれば、これは情景に属するものであり、心情表現に入るのは、「流彩別愁之篇、長坂紫蘭、散馥同心之翼」であり、これは、これから遠くへと旅立っていく新羅の使節に対する離別の情であるといえよう。したがって、「雁」と「蘭」が示すのは、友人との離別を喩えていると思われる。

なお、下野朝虫麻呂の「五言。秋日於長屋王宅宴新羅客。一首。并序」に、

長王以五日休暇。　　長屋王は五日の休暇を利用されて
披鳳披閣而命芳筵。　　御殿を開放し酒詩の宴会を開かれた
使人以千里羈遊。　　新羅からの使者は千里の旅路をたどり
俯鴈池而沐恩盼。　　長屋王邸の池のたもとで御恩願に浴している
於是彫俎煥而繁陳。　　立派にかざり立てた食台を列ね
羅薦紛粉而交映。　　美しい敷き物がそれぞれに映りあっている
紫蘭四座。　　身分の高い方と席をともにする四方の座席は

去三尺而引君子之風。 三尺離れたところにも君子の気配をただよわせ
租餞百壺。 送別の宴での酒壷は数多く
一寸而酌賢人之酎。 一寸おきに並べられて賢人の酌を受けている
(中略)

とあって、序では、長屋王は五日の休暇を利用され、御殿を解放し詩作の宴会を開かれた。新羅からの使者は千里の旅路をたどり、長屋王の池のたもとでご恩願に浴している。立派に飾り立てた食台を列ね、美しい敷物がそれぞれに映りあっている。身分の高い方と席をともにする四方の座席は、三尺離れたところにも君子の気配を漂わせ、送別の宴での酒宴は数多く、一寸おきに並べられた賢人の酌をうけているのだという。こうした作宝楼のサロンについて、「長屋王は、この作宝楼という文学サロンで集団的文学運動を試みることになるが、そこで行われた文学創造は、一つに新羅から来日した使節を迎えて送別の詩宴を催した中に認めれる。この折の詩を『懐風藻』が留める」[5]というように、この序と詩は、新羅の使節との別れを惜しむ離別の情を詠むために開かれた詩宴であり、虫麻呂の詩は、

聖時逢七百 天子の御代は七百年に逢い
祚運啓一千 皇祚の盛運は一千年をひらく
況乃梯山客 ましてや外国の使臣
垂毛亦比肩 長髪は肩にまで及んでいる

5) 辰巳正明氏「新羅人を送る」『長屋王とその時代』(新典社)。

寒蝉鳴葉後　ヒグラシは葉かげに鳴き
朔鴈度雲前　雁金は雲間を渡ってくる
濁有飛鸞曲　ただ飛鸞の曲を演奏して
並入別離絃　離別のはなむけしよう

のように詠まれる。使節との別れの情は、「濁有飛鸞曲、並入別離絃」という詩句にも現われている。そこで、「寒蝉鳴葉後、朔鴈度雲前」という対句表現を用い、冬の景物である「寒蝉」と晩秋の景物である「雁」という詩語をもって秋の悲愁を詠むと同時に、友との別離を喩えている考えられよう。

次の詩は、安倍広庭の「五言。秋日於長屋王宅宴新羅客。一首」という作である。前に述べた二首と同じく、作宝楼の詩宴において詠まれているものである。

山牖臨幽谷。　山家の格子窓は奥深い谷川に面し
松林對晩流。　松林は夕暮れの流れに並び立つ
宴庭招遠使。　酒宴に新羅よりの使者を迎え
離席開文遊。　別離の宴席で詩文の遊びを開く
蝉息涼風暮。　たそがれの涼風に蝉はなくをやめ
雁飛**明月**秋。　名月の秋空を雁は飛んでいく
傾斯浮菊酒。　菊花を浮かべた酒杯を傾け
願慰轉蓬憂。　遠く帰りゆく客の旅愁を慰めよう

「宴会の席上、賑やかに詠む類の詩とは違い、なにか山居、悠々

自適する隠士の面影も感じられる。その境地が共感を呼ぶのであろう。個性が感じられる作品である」(江口孝夫氏前掲書)と指摘しているのと、辰巳正明氏が、「安倍広庭の詩には《菊酒》が直接に詠まれていることからも、これらが重陽を示唆することは間違いないのである。むしろ、それは新羅の貴族達の間で広く行われていたことが考えられ、重陽の詩宴は外国使だからこそ通じ合う内容であったはずである。作宝楼詩宴を取り巻く菊花・菊酒は長屋王の文化であることが推測される。菊花の宴は長屋王文化圏において辛うじて残されたものであり、菊花は長屋王ゆかりの花として懐風藻に留められたものであるといえる」[6]と指摘しているところをみると、この詩において作宝楼の詩宴は重陽の宴であり、長屋王は新羅の使節と向かい合って宴を催すとき、菊酒を一緒に飲みながら、別れを惜しんでいたことが、これらの事実を通じて察せられる。

また、注目に値するのは、作宝楼の文学サロンにおいて詠まれた詩には、冬の季節感を漂わせるヒグラシ(寒蝉)と秋の季節感を示す「雁」が対句表現をもって詠まれているところである。これらの景物が特徴的に現われる理由は、果たして何であろう。それは、宴の後、遠い帰国への旅に出なければならない新羅の使節を「雁」に喩えて、「傾斯浮菊酒、願慰轉逢憂」のだという離別の情を詠むにふさわしい景物だからではないだろうか。さらに、注目されるのは、この詩の雁が月と一対にされていることである。月と雁は

6) 辰巳正明氏「菊花の酒─平城京漢詩木簡の詩学」『万葉集と比較詩学』(おうふう)。

中国詩に伝統的に見られるものである。

次の詩は、唐の温庭筠の「蘇武廟」という詩である。

蘇武魂銷漢使前	漢の使節の前で我を忘れていた蘇武
古祠高樹雨茫然	今は昔の廟の前、高い樹だけが茫然として立ち
雲辺**雁**断胡**天月**	雁が過ぎ去った北方の月が出ている夜にも
隴上羊帰塞草煙	煙が立ち込める丘の上に羊を連れて帰って来た
回日楼台非甲帳	帰って来た時は宮殿の昔の様子も変わったが
去時冠剣是丁年	離れる時は剣を持った若者であった
茂陵不見封侯印	茂陵に永眠している武帝の封侯印を見ることができなかったが
空向秋波哭逝川	無常にも通りすぎた歳月をただ嘆くばかりだ[7]

とある。金沢氏の指摘によれば、「詩題を《蘇武廟》と決めたが、実は二句目だけが「廟」に触れていて、そのほかの七句をもって、その史跡を述べている。それも初めから順に従って、述べるのではなく、蘇武が彼を迎えに来た漢の使節と会う場面を捉えている。十九年間をも凶奴に捕えられていた蘇武が祖国から来た使節に会う最初の場面はもちろん、一番感動的な視覚であった。続いて詩人はまた時間と事件の順序を逆にする逆説法をもって、蘇武が帰国する場面を優先的に描いたので尽きない感慨を際立たせる意図だと思われる。最後の二句は当時の帝であった武帝を慕う蘇武の心情を伝えようとするが、やはり深い意味を含んでいる。そ

7) 本文は、金沢氏篇『名家精選 唐詩新評』(図書出版善、二〇〇五年十月)による。以下同じ。なお、旧漢字は新漢字に直した。

の時を生きていた蘇武としては帝に対する忠誠心と漢に対する愛国心は断つことができない一体の理念として存在していた。これは昔の人たちにとってあまりにも自然的なことであり、今日を過ごしているわたしたちにも当然ながら理解できることである」(注7の前掲書)とある。この詩は「雁」と「月」が一対になって詠まれ、蘇武の故事を踏まえながら、「茂陵不見封侯印、空向秋波哭逝川」という詩句を見ると分かるように、秋の無常感を詠んでいるものであるといえよう。

第四節　友情を詠む

雁が友と深く関わることが知られるが、次の詩二首も友情を詠んでいる思われる。二首ともに、石上乙麻呂の作である。先に、「五言。飄寓南荒、贈在京故友。一首」という詩をみると、

遼敻遊千里。　遥か離れた南方の辺土に住み
徘徊惜寸心。　さまよい歩いてはわが心をいとおしむ
風前蘭送馥。　蘭は芳香を風のまにまにくゆらせ
月後桂舒陰。　桂は月に照らされて地に蔭を曳く
斜鴈凌雲響。　雲間を雁が鳴きかわし
軽蝉抱樹吟。　緑樹に蝉はかしましい
相思知別慟。　相思の情は離別の涯に耐えきれない
徒弄白雲琴。　ただ白雲に向かって琴をひくばかりだ

とある。詩の内容は、「南の果ての国に落ちぶれ漂泊し京都の友に贈る詩であるが、南荒にある心境が語られる。都から千里も離れた土地に漂泊しつつも心を失わないことを願うのであるが、風が吹くと蘭が香り、月の光りに桂の陰が浮かぶ度に懐かしい友が思い出され、雁が雲の中に鳴き、蝉が木陰に鳴くにつけ、友と別れた悲しみは深く、徒に白雲の琴を弾くのみであるという」[8)]。これに対して、「『相思知別慟』は友人との別れの悲しみを述べながらも、乙麻呂にとって『相思』は何よりも若女とのそれであった筈であり、相思という語は『玉台新詠集』の詩題から言えば『長相思』(呉邁遠)『相思不安席』(王筠)『長相思久離別』(張率)『南有相思不』(梁武帝)などがあり、恋愛詩の特徴的な語彙であるし、別慟というのも『長離別』(呉邁遠)『古離別』(江淹)『長有相思木』(張率)などのように、やはり恋愛詩の基本的型を構成するものである」[9)]という指摘があって、この詩を恋愛詩と見ている。詩の全体的な内容が離別であるから、恋愛詩に見ても問題はないが、「蘭」とか「桂」などの詩語を考えてみると、この詩において「蘭」は友情のシンボルとして詠まれているのが知られる。したがって、次の詩句に、「月後桂舒陰、斜鴈凌雲響」とあるように「月」と「雁」がとり合わせの表現になっており友情を喩えている。たとえば、月と雁が友情を示す詩語として詠まれる例は、先述した山田史三方の「五言。秋日於長屋王宅宴新羅客。一首。併序」と安倍広庭の「五言。秋日於長屋王宅宴新羅客。一首」は新羅の使者との送別を詠んでいる詩であり、こ

8）辰巳正明氏 「懐風藻と万葉集の交流　第二章　南荒の閨情詩−石上乙麻呂」『葉集と比較詩学』(注6参照)。
9）注6の前掲書。

れらの序と詩には「雁」と「月」が共に詠まれて、離別の情を詠んでいると同時に、異国の使者との別離を惜しむ友情も詠んでいるものとして取り上げることができる。中国の漢詩の中で「月」と「雁」がともに友情を詠んでいると思われるものとして、唐時代の韋莊の「章台夜思」という詩がある

清瑟怨遙夜　長い夜を怨むさびしい瑟の音
繞弦風雨哀　風雨の弦によって泣いているようである
孤灯聞楚角　楚国の軍隊の号令の音を灯火の下で聞くと
残月下章台　残月も章台に沈む
芳草已云暮　芳草は既に枯れかけていくが
故人殊未来　昔の友の足跡は途絶えてしまった
郷書不可寄　故郷に伝えるべく手紙を出すことができないので
秋雁又南回　晩秋の雁が江南へと行ってしまったからである(注7の前掲書)

と詠まれる。この詩について金沢氏は、「この詩は作者が昔の楚国に疎開していた時に作ったものと知られる。長い秋の夜、寂しい瑟の音と軍隊の号令の音を聞きながら、欠けていく残月が章華台を越えて沈む情景を見る詩人は濃い郷愁に耽る。昔の友の足跡も途絶えて、帰って来なく、故郷に伝えるべき手紙さえ出すことができない実情であるので郷愁に続く辛さ、心配だけが夜が耽るにつれ、増していく」(注7の前掲書)のだと指摘しているように、中国の漢詩には「月」と「雁」がともに詠まれ、友情を詠んでいる詩が知

られる。

一方、「五言。贈旧識。一首」の詩をみると、

万里風塵別。 都を遠くはなれてそれぞれの生活
三冬蘭蕙衰。 季冬香草もしぼんでさびしい
霜花逾入鬢。 鬢には白毛がふえ
寒気益顰眉。 寒気は凌ぎにくくなっている
夕鴛迷霧裏。 夕もやの池に鴛は行き迷ひ
暁鴈苦雲垂。 明け方の雲に雁は飛びなずむ
開衿期不識。 胸を開いて語ろうにも心中を知る友はいない
呑恨独傷悲。 恨みをのんでひとり痛み悲しむばかりである

とあって、都の旧友へ贈るものであり、配流の悲しみが強く現われている詩である。辰巳正明氏は、「ここには若女との事件に触れる内容は見られない。むしろ、友との堅い友情を回想し離別の悲しみを訴える内容となっていることが知られる。(中略)これらが贈詩であることからも知られるように贈答の詩であり、『文選』の贈答詩は多く離別を恨み悲しむ内容である」[10]と指摘している。なお且つ、「蘭」という詩語も「雁」というのも、友情を喩えていると思われる。問題は、「夕鴛迷霧裏」と「暁鴈苦雲垂」が対句表現となっていることから、佐野あつ子氏は「当該詩には『万葉集』の「使」の鳥である鴛鴦と雁が選び出されて、一対の相手を失って苦しみ迷う状態を表しており、友人を通して恋人に渡されるこの詩自体が「雁書」なのだと思われる。このように乙麻呂詩は『文選』に倣う

10) 注6の前掲書。

詩を集めた『懐風藻』にありながら、『玉台新詠集』の情詩と深く繋がり、そして『玉台新詠集』の情詩は『万葉集』の恋歌とも深く繋がっていることを、詩語『雁書』は示しているのである」(前掲書)と指摘しているところからみて、詩にあるように、この詩が、恋愛詩の系列に属するのであるが、単純に、「雁」と「鴛鴦」の関係を恋愛の関係にみるのではなく、「開衿期不識、呑恨獨傷悲」という句を見ると、友だちとの離別の情を詠んでいると考えたほうがいいのではないだろうか。そこで、「雁」が象徴しているのは、友情であると見ていいだろう。

第五節　結

『懐風藻』の釈智藏の「秋日言志」と守道公首名の「秋宴」には、「雁」を通じて秋の到来を詠み、竹林の友との世界を示し、守道公首名の「秋宴。詩序」と下野朝蟲麻呂の「秋日於長屋王宅宴新羅客」の序文とその詩、安倍広庭の「秋日於長屋王宅宴新羅客」などは、作宝楼の文学サロンの中に詠まれ、「蝉(ヒグラシ)」や「雁」などの詩語が対句表現になって、長屋王家に集まった詩人達が新羅使節との離別を詠むのがひとつの特徴として見え、「雁」が離別の象徴に詠まれているのが分かってきた。さらに、石上乙麻呂の作である「飄寓南荒、贈在京故友」と「贈旧識」からは、「蘭」「桂」「鴛鴦」などの景物が登場し、これらが、友情のシンボルとして詠まれることから「雁」とともに友情を示す鳥として見られていたのではないかと思われる。

第三章　韓国古代漢詩に見る「雁」のイメージ

第一節　序

雁は韓国のどの地方においてもみることができる渡り鳥である。秋に錦江や他の湖などに大きな群れをなしている雁をみることができる。大体、十月中旬から二月まで留まりながら韓国にやってくる渡り鳥の中で一番多い比率を占め、韓半島の中部より南部地域に多く見られる。

体の形からすれば、全体的に灰色であり、背中の横に薄い模様があって、お腹には不規則的に黒い色の模様がある。こうした形や模様と、さらに、渡り鳥であるというところから古代より雁は人々に愛され、それ故に、詩歌や音楽、東洋画の素材によく描かれたりしている。韓国の古代漢詩の中にも雁は登場するが、雁のイメージやその他の事柄に関して論じた論文はほとんど見当たらない。

ここでは、三国時代から高麗時代の漢詩を対象に、雁がどういうふうに詠まれているのかについて述べて行きたい。

第二節　友情の証と望郷の念

次の詩は、白賁華の「夏日與李翰林春卿　文長老遊龍興寺　山頭月夜小酌文長老有詩次其韻」(『南陽詩集』)という詩である。

石障岩屏不暇粧　石障と岩屏を借りることもなく
草煙苔露自然香　草の霞、苔の露は自然の香である
白雲渓暗猿声歇　白雲は渓谷暗く、猿の声も止み
片**月**松高鶴夢長　片月、松高くして鶴の夢は続く
已与陶潜携慧遠　すでに、陶潜とともに、慧遠を伴ったことになる
不須山簡到襄陽　山寺の文をもって、襄陽までいく必要はない
夜闌樽尽斗杓落　夜が更け、杯までも空になり、北斗星も傾き
酔扎多情**雁**数行　酔いに起こる多情は雁の行列であるよ[1)]

詩題をみると、「夏の日に李翰林春卿と文長老と龍興寺に遊び、月夜に飲んだが、文長老が詩を作って問答する」という。さらに、「不須山簡到襄陽、夜闌樽盡斗杓落、酔扎多情雁数行」といって、酒を飲んで起こる多情は雁の行列だという。ここでいう多情は、友人に対する友情だと思われる。雁は故郷の人を思わせるからである。

次に望郷の念を詠んでいるのは、林椿の「題嶺南寺(『西河集』)である。

(前略)
洛城遷客来何時　京から島流しされた客はすでに来て
楼上欲窮千里目　楼上で千里を極めようとする
山耶雲耶遠一色　山であるのか雲であるのか一色になって消え
雁点長空行断続　空に点をつけたような雁は飛んでいくかと思え

1) イ・ウシン『私たちが知っておくべき韓国の鳥百種類』(ヒョンアンシャ)。

	ば、絶える
天涯晩色正蒼然	空の端に掛かっている夕焼けが本当に遠く
其奈思家心更速	家のことで心はがさらに思いを馳せるのでどうしたいいだろう
不要重来登此楼	二度とここに来てこの楼台に登ることはしますまい
煙波好処使人愁	自然の景観がいいところは人に愁いを感じさせることだ[2]

流配された身で懐かしい故郷を眺めると、山も雲も遠く離れているのかと思えば、空には雁が見えたり見えなかったりして飛んでいく。しかも、夕暮れは一層遠く感じられるので、離れて来た家族のことが心配なので、美しい景観があっても二度と楼台には登ったりはしますまいと決心するのである。この詩において雁が詩人に考えさせるのは、何だろう。それは、いうまでもなく雁は、思うがままに行ったり来たりして自由に飛ぶことである、自分は流配の身であるから心身とも拘束されているので、雁を通して懐かしい故郷を偲ぶところに詩の中心があり、したがって、「雁」は、望郷の念を喩えていると思われる。

こうした詩に対して、次のような詩もある。「立秋日寄陶隠」(『遁村集』)では、

涼風吹樹歳云徂　涼風に吹かれて日が沈んで行き

2) 李鐘燦氏『韓国漢詩大観 1』(イフエ文化社)。

座覚年華入鬢鬚　座って歳月の花が鬢鬚にあるのに気づいた
病後逢人羞老醜　病気になって人に会うのも老い 醜いと羞じるばかり
夢中尋友設艱虞　夢の中で友だちに会うと貧しいことを話する
流離浪迹還同**雁**　流離の身はまるで雁のようで
慷慨悲歌不為鱸　感慨にも悲しい歌は鱸になることはできない
何日楼船清海寇　何時になれば楼船に乗り盗賊をなくすことができよう
賦詩飲酒与君俱　詩を作り、酒を飲むことを君と一緒にできようか

とある。歳月が通り過ぎていつの間にか髪の毛は白髪になっており、病気の身で、老いぼれた醜い自分の姿を嘆いている。この詩において雁が描かれている意味は、詩題にあるように「立秋の日に陶隠に寄せる」とあるから、雁が象徴しているのは、友情ではないだろうか。陶隠とは、陶隠士のことであり、そこには隠士があり、そのことから、この雁の意味が見出せる。

　また、李圭報の「秋送金先輩登第還郷」(五律)は次のように詠まれている。

射策登高第　科挙に及第して高い位につき
騰奨返故郷。意気揚々と故郷へ行く
春同**鶯**出谷　鶯とともに山村を離れ
秋趁**雁**随陽。雁をも随って南に飛んでいく
落日愁行色　夕方になって離れていく様子がなぜか寂しく見え
孤煙惨別腸。寂しい煙の中で離別が悲しい

明年会相見　来年 また私達は会えるだろうから
好去莫霑裳。気をつけなさい、涙は流さないでと(イ・ジョンチャン氏前掲書)

起聯は結聯の前提である。「射策登高第」とあることから、「明年会相見」ことを指し、さらに、「騰装返故郷」(意気堂々と故郷へ行く)とあるから哀傷の離別を詠んでいるのではなく、「好去莫霑裳」と言っていて、「鶯」と「雁」が対を成しているのは、「雁」が離別の象徴よりも友との別れを通して友情の深さを描いていると思われる。

第三節　便りを運ぶ鳥

雁の最も大事で、親しまれたイメージは、便りを運ぶ鳥というものであろう。このイメージを作るもとになった故事は、『漢書』の蘇武伝に見える蘇武の事蹟にもとづく。「前漢の時期に漢の使者として匈奴に赴いた蘇武は、そのまま匈奴の地に抑留され、遠く北海(バイカル湖)のほとりで羊を飼う仕事に従事していた。その間、漢はたびたび蘇武をかえすように求めたが、匈奴は蘇武がすでに死んでこの世にいないと答えた。ところが、たまたま天子の御苑の上林苑に飛んで来た雁の足に結び付けられていた手紙から蘇武の生存が確認され、蘇武は出国後十九年たってようやく帰国ができた」(佐藤保氏『漢詩のイメージ』の前掲書)。「雁信」「雁書」「雁足」「雁使」(手紙の別称)などの言葉を生むもとになった故事が、これである。こうした中国の故事がモチーフとなって高麗漢詩人たちも「雁」をもって便りを運ぶ鳥というイメージの詩を作ったと考えられるものに三例ほど見られる。

林椿に「翼嶺途中口占」(『西河集』)という詩がある。林椿は、高麗史に詳しく履歴が載っていない。西河の人。号も西河。文章をもって世に名をあげた。鄭仲夫の乱には辛うじて禍をまぬがれたが、科挙にたびたび落第し、布衣の士として世を終えた。李仁老らと海左七賢の詩酒の結社を結び、閑適な生涯をおくったが、彼の詩文について李仁老が河西集序に「先生之文、得古今、詩得騷雅之風骨、自海而東、以布衣雄世者一人而已」[3]と言っている。その詩をみると、

(前略)
豊年祀神鬼　豊年になるようにと神鬼を祭ると、
珍産富魚鰕　貴重な魚と蝦に富み
浅水浮寒鴨　浅瀬に鴨が浮かんでいて
幽林噪晩鴉　深い森には鳥がさわぐ
妖祠呈楚舞　妖祠に楚の国の舞が奉納され
孤戍咽胡笳　孤独にあれば、胡笳の音に咽び
役役思郷夢　切ない故郷の夢
悠悠失路嗟　悠悠として道を失う悲しさ
書稀係**鴻雁**　手紙も珍しくて、雁に期待し
客久缺蟆蝦　旅人は果てしなく 、時間さえも感じられない

3) 金思燁・趙演鉉氏『朝鮮文学史』(北望社)。

とあり、孤独な思いの中に胡笳の音を聞き、切ない故郷の夢、悠悠とした道のりは悲しさに増し、手紙も珍しくて、雁に期待し、旅人は失意の中に時間さえも感じられないという。「雁」について考えてみると、「役役思郷夢」という詩句から望郷の念を詠んでいると捉えられると同時に、次の「書稀係鴻雁、客久缺蟆蝦」とあるのをみると、「鴻雁」が象徴しているのは、便りであることが知られる。

李集の「與圃隠敬之 携酒迎李左尹解任赴京 次諸公韻」(『遁村集』)をみると、

画堂風景有余清　華やかな堂の風景はとても清らかで
尊酒相逢笑語声　酒を飲みながら互いに笑い、話をする様子が新しく
既已把杯看日落　既に杯を取って沈む太陽を見て
直須秉燭至天明　すぐに明かりをつけて明け方に至った
鍾情共喜君西笑　人情が有って、皆が君の都への上京を喜び
寄信誰憑雁北征　手紙は誰が北へ飛んでいく雁に寄せるだろう
為報尋春年少客　春を訪ねる少年に知らせると
衰遅莫訝一書生　一人の書生を叱ってはならない

と詠み、華やかな堂の風景を前にして酒を飲んだり、話し合ったりして明け方になるまで続くという。だが、そうした楽しい宴会の中でも懐かしい故郷のことが知りたくて便りを寄せたいというのである。この詩にも望郷の念が詠まれていると同時に、「鍾情共喜君西笑、寄信誰憑雁北征」という詩句をみると、この詩の「雁」は

「雁の使」とみていいだろう。

また、金克己の「夜坐」(七律)に、

紙帳沈沈夜気清	窓は沈沈とし、夜の気運が清らかで
図書万巻一燈明。	書斎に万巻の書は燈明に照らされている
嘘嘘石硯寒雲色	硯に息を吹くと雲であるのかと思い
颯颯銅瓶驟雨聲。	銅瓶聞こえる音は雨の音
薄禄微官貧始重	微官薄禄も貧しいので大事であり
浮名末利酔還輕。	無名薄禄も酔ってみると一層軽い
通宵塞**雁**空南去	宵塞の雁は夜通しに南へと飛んで行き
恨不帰家問死生。	恨しむのは家に帰らずに死ぬことを聞かれることだ。4)

とある。なかでも、「通宵塞雁空南去、恨不歸家問死生」といい、この詩においても「雁」は故郷に作者の置かれている立場を知らせたいのだが、空高く飛んでいるために、思うままに行かず、嘆かわしいのだと作者の心情を詠んでいる。それ故に、「雁」は、中国の『漢書』の蘇武伝に見える蘇武の事蹟を踏まえて便りを伝える鳥に喩えられていることが知られる。

---

4) 金甲起氏訳『三韓詩亀鑑』(イフェー文化社)。

第四節　季節の到来と恋情

雁は、また季節感の形成に大きな役割を果たした。まず、季節の到来について述べてみることにする。陳澕の「直廬 與諸公占韻賦扇」(『梅湖遺稿』)という詩をみると、

欲風犀楓扇　西風の扇で風を起こそうとすると
自氷火雲天　火雲の空から氷が降ってくる
暑退蠅難近　暑さが過ぎ去ると蠅も接近しにくく
秋回**雁**莫先　秋がくると思えば、雁が先に立たない
小荷翻掌上　小さい蓮の花は掌の中で開き
団**月**墮襟前　丸い月が襟の前に落ちる
雅称麾軍将　優れた軍勢を指揮する将軍が
会随画水仙　早くから水仙の絵を真似する如く
　(中略)

西風とともに、空からは氷が降り、暑さが過ぎ去ると、秋とともに「雁」がやってくるという。ここで、注意すべきは、「欲風」—「氷」、「蠅」—「雁」、「小荷(蓮の花)」—「団月」などの季節の変化を表わす詩語が、特徴的に現われるということである。これらの詩語が夏から秋の景物へと変化しつつあるのは何を意味するのであろう。それは、単に季節の変化に留まらず、花鳥風月という中国六朝から初唐に形成した花鳥詩の詩表現が高麗時代にも伝わり、中国漢詩の影響を受けながらも、高麗の美意識として新しく誕生し

たことを意味し、「雁」は、夏から秋へと変化する季節を表現するために登場する。

また、同じく、陳澕の次の二首では、

「平沙落雁」(陳澕『梅湖遺稿』)

秋容漠漠湖波緑　秋の様子が漠漠として湖の波は青く

雨後平沙展青玉　雨後の白い砂浜には青い玉が広がり

数行翩翩何処**雁**　列をなして翩翩と飛ぶ雁はどこか

隔江啞軋鳴相遂　川の向こうで鳴きつつ、互いを追い

青山影冷釣磯空　青山の影は冷たく釣り場に人もなく

淅瀝斜**風響**疎木　寂しい風音が茂っている木に響いている

驚寒不作戞天飛　寒さに驚いて空を渡って行こうとせず

意在**蘆花**深処宿　蘆の花の中に寝ようする

「遠浦帰帆」(陳澕『梅湖遺稿』)

万頃湖波秋更闊　広々とした湖の波、秋は一層深まり

微風不動琉璃滑　微風に波は動かずガラスのように柔らかく

江上高楼逈入雲　江上の高楼は遠く雲の中に入り、

憑欄■■清如潑　欄間によって■■水をかけたように晴れ

俄聞軽櫓戛雁聲　俄に聞く櫓の音は雁の音に聞こえる

頃刻孤帆天一末　暫く孤舟は空の果てにあり

飛禽沒処水呑空　飛ぶ鳥が消え去るところに水が空を飲み込むようである

独帯清光澄一髪　ただ明るい光を帯びて、髪の毛さえも揺るがすほどである

とある。先に、「平沙落雁」(陳漭『梅湖遺稿』)という詩をみると、やはりこの詩にも秋の風景が描かれている。「秋容漠漠湖波緑、雨後平沙展青玉」という詩句と、「淅瀝斜風響疎木」をみると、この詩の「雁」は、秋の到来を知らせるものとして捉えられている。それは、詩題が「平沙落雁」といって、白い砂浜に下りる雁を視覚的に捉え、また、「雁の鳴き声」と「風響」の聴覚的な表現が描かれて秋の風物として雁が詠まれているのが分かる。これだけではなく、「蘆花」がともに詠まれているのは、雁と蘆を一緒に描く絵を蘆雁図といって、蘆雁と老安の意味に末永く生きていくように祈願する祝寿図の一種類に描かれている。そこで、「雁」と「蘆」は対をなして秋の美しい風景に詠まれるのが特徴的である。それは、中国の漢詩の用例をみると、先述した如く、第三編の第一章の張均の「岳陽晩景」に、

晩景寒鴉集	かたむきかけた日光のもと、さむざむとした烏の群れが、ねぐらへつこうと集まってくる
秋風旅**雁歸**	秋風をうけつつ、旅する雁は北へと帰ってゆく(鳥でさえわが家へ、わがふるさとへと帰るというに)
水光浮日去	川のかがやく水面は、落日の光をその上に浮かべて流れ去る
霞彩映江飛	夕やけ雲は、その色を川に反射させながら、飛んでゆく
洲白**蘆花**吐	川の中洲は真っ白に、蘆の花が咲き乱れ
園紅柿葉稀	庭園の中は紅に散り残った柿の紅葉がちらほらと見える
長沙卑濕地	わが行くかた、長沙は、低くてじめじめとした、不健

	康なところだ
九月末成衣	しかも配流の身は、陰暦九月、秋ももう末というのに、いまだに冬のしたくもできていない、うらぶれたありさまである

と詠まれるように、「雁」と「蘆花」がともに詠まれるのは、中国の漢詩の詠まれ方を踏まえる形である。また日本の古代漢詩集である『懐風藻』の山田史三方の「五言。秋日於長屋王宅宴新羅客。一首。并序」の序文をみると、

（前略）

于時**露**凝旻序。	時に秋天に露が結び
風轉商郊。	風は郊外を吹きめぐっている
寒**蟬**唱而柳葉飄。	ひぐらしが鳴いて柳は散りひるがえり
霜鴈度而**蘆花**落。	雁が渡ってきて蘆の花が散っていく
小山丹桂。	淮南王は赤い木犀に
流彩別愁之篇。	離別の情をうたい
長坂**紫蘭**。	曹子建は香る紫蘭に
散馥同心之翼。	心を同じゅうする思いを述べた
日云暮矣。	日が暮れ
月將除焉。	月が出ようとしている
酔我以五千之文。	わたしを酔わせたのは老子の五千言であり
既舞踏於飽德之地。	徳にあきるほどこの庭に舞いおどり
博我以三百之什。	わたしの心を広めるのは詩経三百篇であり
且狂簡於叙志之場。	詩作の庭で途方もないことを歌う

請写西園之遊。	何とかして西園での雅遊を描写し
兼陳南浦之送。	あわせて南浦の送別を述べたいものである
含毫振藻。	筆を手にとり、詩藻を発揮し
式贊高風云爾。	気高い風格をほめたたたえるばかりである

とあって、「露」「風」「霜」「雁」「蘆花」「紫蘭」「月」などの秋の代表的な景物が詠まれるのを考えると、こうした詩の詠まれ方は東アジアの古代漢詩に共通に現われるものとして捉えることができる。二首目の、「遠浦歸帆」という詩は、詩題をみると、遠く離れた港へいく船を描いている。ならびに、秋の季節感を「萬頃湖波秋更闊、微風不動琉璃滑」と表現している。「雁」という詩語には、雁の鳴き声を聴覚的表現をもって、秋の到来を描こうとする作詩の意図が窺い知られるものであろう。「雁声」は中国の『詩経』の邶風の「匏有苦葉」に「雉鳴求其牧、 雝雝鳴雁」と見え、また唐の温庭の「瑤瑟怨」という詩には、

氷簟銀床夢不成	銀床の上に冷たい氷簟のために眠れず
碧天如水夜雲軽	青い空の水のような夜の雲は軽く
雁声遠過瀟湘去	雁の鳴き声が通り過ぎて瀟湘へ去っていくが
十二楼中**月**自明	十二楼の楼の中に月も明るく見える[5]

とある。「月が出ている晩秋に眠れない彼女は起きて瑤瑟を奏で

5) 本文は、金沢氏篇『名家精選 唐詩新評』(図書出版 セン、二〇〇五年十月)による。以下同じ。なお、旧漢字は新漢字に直した。

る。水のように感じられる夜空と軽く見えるちぎれ雲は、瑤瑟の音は雁の群れまでも近づける。続いて雁は声だけを残して遠くへと飛んで行ってしまう。寂しい部屋には月だけが明るく照らしている。詩語を詳しく吟味して見ると、『寝られない』情緒の中に、それから夜の寂しい瑤瑟の音の中で言い尽くせない怨みを密かに含んでいる」(金沢氏前掲書)のだという。こうした『詩経』をはじめ、唐の漢詩の詠まれ方を踏まえている。

また、季節の到来を詠んでいると思われる李集の詩について述べることにしたい。まず、「次牧隠先生見寄詩韻」(『遁村集』)という詩は、

人世風波沒復浮　世の中の風波は沈んでは浮き上がり
已看五十二春秋　すでに五十二余の春秋を迎えた
雁声落日江村晩　雁の音を聞く落日の江村の暮
閑詠新詩独倚楼　長閑に新しい詩を詠むのに一人楼に上がる

とあって、波乱万丈な人生を生きて五十二歳になるまで歳月の変化を見つめてきたという。それだけではなく、雁の鳴き声は、一人で楼に上がっている作者に一層孤独感を募らせるものでもある。だが、雁の鳴き声は、単に孤独感の意味に留まるもの、そうではない。なぜなら、作者は春と秋の変化、いわゆる季節の移り変わりを雁の鳴き声を通して捉えているからである。

先述した如く、古代人は、雁の鳴き声を聞いて秋が過ぎ、冬が本格的に到来することを認知したのである。他にも、雁は注目さ

れ、恋情を盛り込む象徴的な詩の素材にもなった。

洪侃の「孤雁行」(『洪崖遺藁』)

五侯池館春風裏　五侯池の建物の辺りに吹く春風の中で
微波粼粼鴨頭水　小波の濃厚な波
闌干十二繡戸深　並んでいる十二曲の錦の家も深く
中有蓬莱三万里　その中には蓬莱の三萬里が広がる
彷徨杜若紫鴛鴦　逍遥すると杜若香草を行き来する鴛鴦
倚白芙蓉金翡翠　芙蓉の花に寄りかかる黄金の翡翠
双飛双浴復双栖　並んでは飛び、水を浴び、また、並んで住処へ行く
綷羽雲衣恣遊戯　五色の羽の雲の服で自由に遊んでいる
君不見十年江海有孤**雁**　君とは十年も会わず、江海にただ一羽の雁
旧侶微茫隔雲漢　昔の連れは遥々と遠い雲の果てにある
顧影低昂時一呼　上と下の自分の影を見ながらときどき呼んでも
蘆花索寞**風霜**晩(似自況)　蘆の花は索寞として風霜の暮れ

と詠んでいる。行は樂府体の歌である。内容は連れをなくした孤雁を詠んだ詩であり、「孤雁」はいわば、孤臣の恋主、思家歩月の郷愁、憶弟などのイメージに類推される作品である。この詩は、中国の六朝から初唐の頃に詩題に定着した花鳥詩の代表的なものであることが分かる。特に、注目に値する詩語に、「春風」「杜若」「鴛鴦」「芙蓉」「孤雁」「蘆花」「風霜」などがあって、花鳥詩の典型的な詩であることが察せられる。ここでも、「雁」と「蘆花」が取り合わせの表現をもって、秋の季節感を募らせる景物に現われている

のが特徴的だと言える。

さて、これらの詩語から見て季節を特定するには、少し問題があるが、季節の他に、この詩における「雁」が何を意味しているのかであろう。それは「鴛鴦」といえば、夫婦の愛情を象徴する鳥として知られるように、「君不見十年江海有孤雁、舊侶微茫隔雲漢、顧影低昂時一呼、蘆花索寞風霜晩」とあるのをみると、ここで、確かに、「孤雁」は、連れの雁がいたのだが、今はいなくなってしまい、跡地だけががらんとしている。一羽だけが残って昔の仲の良かった夫婦の愛情を懐かしむ雁の孤独感を盛り込んでいると考えられよう。

また、洪侃の「懶婦引」(『洪崖遺藁』)という詩に、

雲窓霧閣秋夜長　霧の掛かる窓、霜のかかる建物の秋の夜は長く
流蘇宝帳芙蓉香　模様を施した錦の帳に芳しい芙蓉の香り
呉歌楚舞楽未央　南方の歌や舞はいまだ残っているのに
堂上銀缸虹万丈　堂上の銀缸に虹が萬丈であり(灯りの光が虹のようだ)
堂前画燭涙千行　堂前の色をつけた燭台は千行の涙である
珠翠輝光不夜城　真珠と翠輝の光のために夜を知らない城の中に
月娥羞壷低西廂　月の壺は恥ずかしげに西廂に降ることだ
誰得知貧家懶婦無襦衣　誰が知ることか、貧しい家の女性は上着さえもないのに
紡績未成秋**雁帰**　紡績はまだ終らず、秋の帰雁が飛んでいく
夜深燈暗無柰何　深夜にもかかわらず灯火も暗いのでどうしよう

一寸願分東壁輝　一寸であっても東の光を分けることを願うことだ

とある。この詩も前述した如く、楽府体の歌である。歓楽に落ち、自分を抑制できずに生きて来たのだが、後になって心を改めて現実の生活に戻って来た懶婦を詠んだもので、前の八句は美しく若い時の幻想と春情を、後の四句は戻って来た自我の発見を詠んでいて、それは、単に、懶婦だけではなく、人間事の一般であるから教訓の詩でもある。では、この詩において「雁」が詠まれているのはどういう意味であろう。それは、単純に秋になって飛んで行く雁ではなく、「誰得知貧家懶婦無襦衣、紡績未成秋雁帰、夜深燈暗無柰何、一寸願分東壁輝」という詩句を見ると、この詩の背景には、女性が紡ぎをしているところに雁が飛んでいく様子を見て、旅に出てまだ帰って来ない相手(恋人)が月の光を見て安全に戻ってくることができるように祈願する女性の様子が描かれていて、この詩に詠まれている雁には、女性の恋情を孕んでいるのではないだろうか。

第五節　無常と旅愁

金克己の「龍灣雑興」(五首)という詩がある。これは、

旧聞定遠城　早くから聞いていた定遠城は
楼雉何雄寄　樓閣が勇壮で、珍しいと
覇図一隨地　北伐の計画はまったく無意味になってしまい

遣址空透迤　跡地だけがからんとしている
（中略）
北臨査空濶　北へと臨む広々とした野原には
鳧雁号古陂　鴨と雁の群れだけが畦の上で鳴き続ける
幾年犬豕窟　幾年も蝦夷の豕窟であったが
雲稼今離離　今は行き渡るほど実っている
（下略）

とあって、この詩は、一時は、満州の草原を支配していた高麗王朝の先史を基にした歴史を思う懐古詩である。北進の覇図を固めていた定遠城であったので楼雉は雄寄であったという。しかし、歴史は変わりつつあって、国境の紛争もなくなり、安逸の時は一見すると、平和に見える。それ故に城は廃墟化し、鳧雁だけが鳴き続いている。考えてみると世の中のすべてが無常なものであるという。ここで、鳧と雁が取り合わせになって詠まれているが、この詩において「雁」が示唆しているのは、「覇図一隨地、遣址空透迤」というのをみると、北伐の計画が失敗し、今はただ荒涼とした城の跡地だけが残っているというのと、さらに「北臨査空濶、鳧雁号古陂、幾年犬豕窟」にも蝦夷によって荒廃させられた城の上を雁の群れの鳴き声が悲しく聞こえていることから、荒涼とした野原の風景が無常感を募らせるのである。したがって、「雁」は世の中の無常を象徴するものであると思われる。

一方、旅愁を詠んでいる詩に、次の二首がある。まず、崔光裕の「早行」という詩は、

才聞鶏唱独開扃　鶏の鳴き声を聞くや否や門を出ると
羸馬悲嘶万里程　疲れた馬が切なく鳴く万里の道程に
孤角遠声吹**片月**　寂しい笛の音は微かに片月に吹き
一鞭寒彩拂残星　寒々とした鞭が暁の星を払い
風牽疎響過山**雁**　山を越える雁の鳴き声は風とともに通り過ぎる
露湿微光隔水蛍　河の向こうの露がとまっている蛍の光は微かに見え
誰念異郷遊子苦　誰が理解してくれるだろう、旅人の寂しさを
香燈幾処照銀屏　香燈はどこで銀屏を照らしているのだろう

とある。この詩は、新羅時代のものである。その内容は、「羸馬悲嘶萬里程」は、作者自身の感情移入である。羸馬はいわば、旅馬である。「孤角」は暁行であると同時に、独行であるから、詩情の上で旅愁を込めている。しかし、結聯の宴楽は香燈とともに人の世の常情ではないか。これらを見ると、この詩全体に詠まれている主題は旅愁だといえる。この詩に登場している詩語をあげて見ると、「鶏唱」「羸馬」「孤角」「残星」「片月」「山雁」「露」「蛍」などであり、これらは秋の美しい季節感を醸し出している。これらの詩語は、旅愁を詠むにふさわしい景物として秋の憂愁を一層漂わせるものであるといえる。

次に、朴浩の「秋泊江口」(七律)の詩には、

荻花如**雪雁**南飛　蘆の花が靡くと雁は北へと飛んで行き
倚棹行人動所思。小船に寄り掛かっている旅人は苦しみを訴える
晩浦風微青靄合　夜の浦風が青い靄をもって行き

霽江雲尽碧天垂。 晴れた江に雲が消えると青い空が現われる
雞潮冷濺漁船枕　明け方の潮は冷たく船の先端に砕かれ
蟹火斜連島寺籬。 蟹取りの船の光が垣根を輝かす
湘瑟未休峰自翠　湘水の琵琶の音は絶えず、峰は青々とし
銭生新得夢中詩。 銭起は夢の中で新しく詩を思い浮かべた

と詠まれている。この詩は、浦口において舟宿りをしてふっと思い出された風情を詩に作るが、中唐十才の一人の銭起に自分を喩えたのである。蘆花が雪のように吹き飛ぶ秋になると雁は南へと向う。寒々とした秋の日に、暮れていく浦口の船客である作者は、感懐をもって愁思に耽る。したがって、「蘆」と「雁」は取り合わせの表現になっているだけではなく、季節の移り変わりを描くに相応しい景物であると同時に、次の詩句に、「倚棹行人動所思」とあるのをみると、「雁」は、旅人の旅愁を象徴していると思われる。

第六節　結

今まで韓国の古代漢詩における雁のイメージに関して述べて来た。それを簡単にまとめてみる。雁は 列を作って飛んでいく姿から人が友だちと一緒に酒を飲んで遊び歩く様子に喩えられたり、雁の思うがままに行ったり来たりしながら自由に生きていく様子をみて、流配の身である自分の不自由な姿と比較し、故郷を懐かしむ望郷の念を呼び起こす媒介になったり、また、中国の漢時代

の蘇武伝(『後漢書』)に見える事跡を踏まえて便りを運ぶ鳥に喩えられたりしている。それだけではなく、風とか霜、氷などの冬の季節感を含んでいる詩語と取り合わせの表現になって秋が去り、冬がやって来る季節の変化を詠むにふさわしい景物でもあった。特に、植物の場合、「蘆花」と「雁」という組み合わせをもって、秋の美しい季節感を詠んだりしている。さらに、「孤雁行」などの詩では、「鴛鴦」や「雁」がともに詠まれて、夫婦の仲良さ、すなわち、男女の恋情を詠む素材になったり、または、栄えていた城が後には滅んでしまい、ただ、今はその荒廃している空中を飛んで行く雁の鳴き声を通して無常観を感じさせる素材になっている。他に、崔光裕の「早行」という詩には、「鶏唱」「残星」「片月」「露」「蛍」などの秋の美しい季節感を醸し出す詩語とともに、旅愁の象徴として詠まれたりしていることが察せられる。

第四編
東アジア古代漢詩に見る「風月」とその象徴性

第一節　序

日本の文学において「風月」は重要なキーポイントである。そこには花鳥風月の言葉に代表されるように、文学のみではなく日本文化にそれは深く浸透しているように思われる。花鳥風月は日本人がイメージした季節感であるが、そこには日本人の感性や美学が存在している。

この風月に関しては、早く日本古代の漢詩集に見られる。それは漢詩において最も関心が寄せられた詩の素材であったということであり、この風月を通して季節とともに交遊の世界が展開しているところに、もう一つの特質を見ることができる。波戸岡旭氏は、奈良時代の宰相であった長屋王の作宝楼宴詩に触れて、「『懐風藻』の『風月』が、單に秋の景物としての清風明月を指すにとどまらないことは、萬里の序によって明らかである。即ち儒教思想に基づく天子讃徳や或いは、平安朝初期の文章經国論的文學觀に基づくものとは異なり、むしろ平安中期以後に見られる『花鳥風月』

を諷詠する氣分に近いものがあろう。直接的には、藻中にも屢々出典語句として現れる『西園の遊』(魏武帝の築いた園における宴遊)における『風月』の用法を襲い、また『文選』に載る曹植の『公讌詩』に見える『風月』の雰囲氣に浸ろうとする用法である」[1]というように、長屋王邸宅の詩宴に詠まれる「風月」を、中国の六朝詩から懐風藻へと展開したと指摘している。また辰巳正明氏は、藤原万里の詩に見える「風月」をとりあげて、万里が風月を情とするのだというのは、「風流を心としたということであり、風月を友とすることである。また、魚鳥を翫としたのも『風波転入曲魚鳥共成倫』(中臣人足、『遊吉野宮』)のように、魚鳥を以て友とすることである。風月・魚鳥は風流を解する者が楽しみとする対象であり、友であるが、それは花鳥風月を形成する風雅の出発でもあったのである」[2]と指摘している。

このような風月への興味は、韓国古代漢詩においても見ることができる。特に、統一新羅時代の崔致遠の作品では、自然の風景として詠まれると共に、「風月」が長屋王邸の詩と同じように「友情」のシンボルとして詠まれている。さらに高麗時代になると、詩作の意味や脱俗の世界、または崔致遠のように自然の風物や、あるいは風流の世界を楽しむ詩が詠まれる。そうした日韓古代詩が共通する風月への関心は、どのように成立したのか。その源流となる中国古代詩を通して考えてみたい。

---

1) 波戸岡旭氏「作寶楼宴詩考−重陽宴詩成立以前−」『上代漢詩文と中国文学』(笠間書院、平成元年十一月)参照。
2) 辰巳正明氏「狂生の詩−藤原万里」『万葉集と比較詩学』(おうふう・平成九年四月)参照。

第二節　中国古代漢詩に見る「風月」

中国古代詩をみると、まず薛道衡の「昔昔塩」という詩がある。

垂柳覆金堤　しだれ柳は堤にかぶさり
蘼蕪葉複斉　かおり草の葉も出そろった
水溢芙蓉沼　水は蓮の沼にあふれ
花飛桃李蹊　花は桃李の小道に散る
採桑秦氏女　桑を摘むのは秦氏の娘
織錦竇家妻　錦を織るのは竇家の妻
関山別蕩子　辺境へゆく夫と別れ
風月守空閨　美しい夜に孤閨を守る
恒歛千金笑　千金の値の笑みあらわさず
長垂双玉啼　玉のような二すじの涙を流す
盤龍随鏡隠　浮彫の竜も鏡とともにしまわれ
彩鳳遂帷低　五彩の鳳も帷の上でうちしおれる
飛魂同夜鵲　魂は夜の鵲と夫のもとに飛び
倦寝憶晨雞　けだるい床に夜明けの雞を待つ
暗　懸蛛網　暗い窓に蜘蛛が巣をめぐらし
空梁落燕泥　がらんとした梁から燕の運ぶ泥が落ちる
前年過代北　前の年 代郡の北を通って
今歳往遼西　この年は遼水の西へゆくという
一去無消息　出たったきり便りも来ない
那能惜馬蹄　帰らぬは馬の蹄をいたわってのことか[3)]

3) 引用は、前野直彬氏篇『中国古典文学大系唐代詩集(下)』(平凡社)によ作者は北斉・北周・隋の三代に生きた北方の代表的詩人である。隋の煬帝(在位六〇五–六一七)を批判して怒りにふれ、首をくくって自殺した。この篇は、遠い旅に夫を送り、消息もないまま孤閨を守る妻の怨みをうたう。北周の時代、作者が南方の陳に使いしたときの作で、唐の劉餗の「隋唐嘉話」によれば、はじめの二句を示したとき、南方(陳)の文人たちは嘲笑し、北方の蛮人に詩が作れるかといったが、あとの二句を見て感嘆したという[4]。この詩をみると、とくに、春の風景がよく読まれていることが分かる。たとえば、「柳」「芙蓉」「桃李」などの花と「鳳」「鵲」「雞」などの鳥が詠まれ、その上に、「風月」が詠まれているのをみると、「花鳥風月」を詠もうとする作詩の意図が窺われる。

さて、この詩において「風月」が持っている意味はどういうものであろう。それは、次の「採桑秦氏女、織錦竇家妻、関山別蕩子、風月守空閨、恆斂千金笑、長垂雙玉啼」の詩句から考えれば、夫の旅によって別れたままの自分の心理状態を詠んでいるのである。したがって、「風月」は、単に季節感を詠むにとどまらず、夫婦の愛を象徴していると思われる。

ところで、六朝の文章論である劉勰の『文心雕龍』明詩篇には、

暨建安之初、五言騰踊。文帝陳思、縦轡以騁節、王徐応劉、望路而争駆。**並憐風月**、狎池苑、述恩栄、敘酣宴、慷慨以任気、磊落以使才[5]。

る。訳も同書による。

4）注3の解説による。

（建安の初に暨び、五言騰踊す。文帝・陳思、轡を縦つて以て節を騁せ、王・徐・応・劉、路を望んで驅を争ふ。並に風月を憐み、池苑に狎れ、恩栄を述べ、酣宴を敘し、慷慨以て気に任じ、磊落以て才を使ふ。）

とある。意味は、「建安時代の初期になると、五言詩が盛んになった。魏の文帝・陳思王曹植の二人は、轡をゆるめて思う存分に馬を走らせ、王粲・徐幹・応瑒・劉楨らは、路をめがけて争い駆けた。彼らは風月を愛で、池苑にたわむれ、恩栄を述べ、酣宴を叙べ、激昂しては意気に任せて歌い、細事にこだわることなく才能を発揮した」(同上書)のだという。建安の文人たちが求めた「風月」は、「並憐風月、狎池苑、述恩榮、敘酣宴、慷慨以任氣、磊落以使才」ということにあり、そのことによっても六朝建安時代の文学理念を「風月」に盛り込んで風景(景色)を詠んでいるのではないだろうか。

また、唐の李白の作である「贈王判官、時余帰隠居廬山屏風畳」をみると、

惜別**黄鶴**楼　きみとは昔、黄鶴楼で別れ
蹉跎淮海秋　淮水と海とのほとりの地で不幸にくらした
俱飄零落葉　ふたりとも落葉が風にひるがえるようで
各散洞庭流　はては洞庭湖の水に散って行った
中年不相見　四、五十歳のときは会えないで

---

5) 引用は、「明詩」『文心雕龍』(明治書院)による。訳も同書による。

蹭蹬遊呉越　勢いなく呉・越の地に遊んだ
何処我思君　どこでわたしが君を思い出したかといえば
天台緑**蘿月**　天台山の縁のつたかずらにかかる月を見てだ
会稽**風月**好　会稽の清風と明月とがよく
却遶剡渓回　あとがえりして剡渓を回ってかえって来た
雲山海上出　海べでは雲のかかる山が見え
人物鏡中來　また鏡のような湖に人影がうつった
一度浙江北　それから浙江を渡って北へゆき
十年酔楚台　十年ものあいだ楚の台で酔っていた
荊門倒屈宋　荊門ではその地の出身の屈原・宋玉を圧倒し
梁苑傾鄒枚　梁苑では鄒陽・枚乗の名をも傾けた
苦笑我誇誕　苦笑ものだった、わたしの大げさは
知音安在哉　いったい知己はどこにいたのだ
大盜割鴻溝　大盗安禄山が天下を両分し
如風掃秋葉　その勢いは風が秋の木の葉を吹き散らすようだった
吾非済代人　わたしは世をすくう大人物でないので
且隠屏風畳　まずは屏風畳に隠れている
中夜天中望　夜半には中天をながめ
憶君思見君　きみを思い、きみに会いたく思う
明朝払衣去　明日の朝は衣を払ってここを去り
永与海鴎羣　永久に海の鴎を友とする気だから[6)]

とある。この詩は、五言古詩であり、尋陽の南の盧山での作であ

6) 田中克己氏篇『中国古典文学大系　唐代詩集(上)』による。訳も同書による。

る。王判官の履歴は不明。判官は節度・観察・防禦の諸使の属官をさす7)。詩の内容は武漢の黄鶴楼で友と別れ、長く会うこともなく呉・越の地に遊び、さらに天台山の縁のつたかずらにかかる月を見て友を思い出したという。ここで、月は友を思わせる景物に現れている。さらに「天台緑蘿月、會稽風月好、却遶剡渓回」の詩句からみて清風と明月とは友情を象徴していると思われる。

さらに、唐の崔隔の「留別社審言并呈洛中旧忞遊」に、

斑賓今為別　鬢に白いもののまじった今、君と別れる
紅顔昨共遊　紅顔のついさきごろまではともに遊んだ仲だったのに
年年春不待　年ごとに春は素気なく去ってしまうが、
処処酒相留　どこでも酒が二人をひきとめてくれた
駐馬西橋上　西の橋の上に私が馬をとめれば
回車南陌頭　南への道に君の車は引き返して行く
故人從此隔　これでもう、なつかしい君とも会えないのだ
風月坐悠悠　春風も名月もわれわれとはかかわりのないものになった。

と詠まれている。これは五言律詩で、詳しい事情は明らかではないが、洛陽を去ろうとする作者を社審言が見送りに来てくれたので、この詩を贈り、洛陽の旧友にも伝えてくれと頼んだものとされる8)。作者は、「年年春不待、處處酒相留」といって、酒をもって友情関係を深めているといい、「故人從此隔、風月坐悠悠」のよう

7）注6の注による。
8）前野直彬氏篇『中国古典文学大系　唐代詩集(下)』(平凡社)による。

に「風月」を詠む。ここでの風月は二人を結びつけるものとして詠まれていて、友情を喩えているといえる。

中国漢詩において「風月」が本格的に詩語として現れてくるのは、六朝時代からであり、『文選』に載る曹植の公讌に見える「風月」は、建安詩観に基づいて「風月」を詩の方法として取り上げ、そこに風月が友情を示す詩語としての価値を見出したものである。こうした詩学としての「風月」という語の成立により、唐詩においても友情を象徴し、また夫婦の愛情を示す表現としての「風月」という語が成立し、友情や夫婦の愛情を示す表現として展開したものと思われる。

以上、四例ほどあげてみたが、先述したように「風月」が本格的に詩語として現れてくるのは、六朝時代からであり、『文選』に載る曹植の『公讌詩』に見える「風月」を詠もうとするものである。さらに、『文心雕龍』は、この建安詩観に基づくもので、「風月」の語は、六朝建安時代に当たって詩学として展開した。こうした詩学としての「風月」という語には、夫婦の愛や友情を象徴する人間関係の美的表現になったと思われる。

第三節　日本古代漢詩に見る「風月」

日本古代に成立した漢詩集である『懐風藻』には、「風」や「月」などの自然風物を詠む詩が多く見られる。そのような中で「風月」と熟語化された場合も見られる。単独に詠まれる「風」や「月」が自然風物を指すのに対し、「風月」と熟語化した場合には、自然風物とは異なる男同士の友情関係を作り上げるところに特徴が見られるが、なぜ「風月」が自然表現を越えて「友情」という関係へと至るのか、その状況について考えたい。

『懐風藻』の風物として「風」や「月」が特徴的に見える。「風」を詠んだ詩は大津皇子の「春苑言宴」がある。

大津皇子。五言。春苑言宴。一首。
開衿臨霊沼。 衿を開きて霊沼に臨み
遊目歩金苑。 目を遊ばせて金苑を歩む
澄清苔水深。 澄清苔水深く
晻暖霞峰遠。 晻暖霞峰遠し
驚波絃共響。 驚波絃の共響り
哢鳥與**風**聞。 哢鳥風の與聞ゆ
群公倒載歸。 群公倒に載せて歸る
彭澤宴誰論。 彭澤の宴誰か論らはむ[9]

「御所の池のほとりにくつろぎ、御苑を散歩し、景色を眺め見る、澄んだ池底に水草がゆらぎ、霞んだ連峯は薄炭色にたたずむ、さざ波は琴の音とともに、鳥の声は風に乗って来て、酩酊した諸公をのせた船の帰るさ、淵明の宴をたれか論ぜんや」というのである。「驚波絃共響」の句は、琴の音と波の音とが混じって自然の音楽を奏でていることを詠み、「哢鳥與風聞」の句も鳥の鳴き声

9) 引用は、日本古典文学大系『懐風藻 文華秀麗集 本朝文粋』(岩波書店)による。また、訳は、江口孝夫氏『懐風藻』(講談社文庫)による。

が風に乗って聞こえると、これもまた自然の音楽を詠んでいる。ここでの「風」は風そのものの意味と自然の音楽である。さらに、単独語の「月」の詩に、守部大隅の次の詩がある。

守部連大隅。五言。侍宴。一首。
聖衿愛韶景。　聖衿韶景を愛で
山水翫芳春。　山水芳春を翫したまふ
椒花帯風散。　椒花風を帯びて散らひ
柏葉含**月**新。　柏葉月を含みて新し
冬花鎖雪嶺。　冬花雪嶺に鎖え
寒鏡泮氷津。　寒鏡氷津に泮く
幸陪濫吹席。　幸に濫吹の席に陪りて
還笑撃壌民。　還りて笑ふ撃壌の民

「天子は春の景を愛され、山水のすぐれた所を遊覧された、山椒の花は風に吹かれて散り、柏の葉は月に照ってみずみずしい。山々の雪も消えはじめ、氷のとざした渡し場も融けそめる。菲才の身で新年御宴の栄に浴し、この大御代鼓腹撃壌など軽くいなして」という。三句では椒花と風を、四句では柏葉と月を合わせる。椒・柏は邪気を払う道具であり、椒酒・柏酒と関わるとされる[10]。

季節のこうした「風」や「月」に対して「風月」という語が八例見える。その用例の中四例が長屋王家の詩宴であり、長屋王宅におけ

10）注9の前掲書。

る新羅の使節を迎えての宴によって詠まれていることである。

調古麻呂の「初秋於長王宅宴新羅客」をみると、

一面金蘭席。　一面金蘭の席
三秋**風月**時。　三秋風月の時
琴樽叶幽賞。　琴樽幽賞に叶ひ
文華敍離思。　文華離思を敍ぶ
人含大王德。　人は大王の徳を含み
地若小山基。　地は小山の基の若し
江海波潮静。　江海波潮静けし
披霧豈難期。　霧を披くこと豈に期ち難けめや

とある。この作品は長屋王宅で催された新羅の客を迎えての「金蘭の交わり」を詠んだ詩である。意味は江口孝夫氏によると、「初対面ながら意気投合の宴席であり、時は秋、風月愛賞この上もない時節、送別の酒も琴も奥深い眺めにかない、華麗な詩文は離別の思いを色濃くする、王は大王となられる高徳をもたれ、地は淮南王の小山の麓のような趣き、大河の波、海の潮も静かであり、霧も晴れ、無事にご帰還なされよう」(前掲書)という。「金蘭」の語は、林古渓氏は「交誼友情の厚きこと。易の語より出てをる。『世説』の契如金蘭、『文選』の絶交論の把臂之英金蘭友など、色色ある」[11]と指摘している。また、同じく「金蘭」について、小島憲之氏は『周易』繫辞の「二人同心、其利断金、同心之言、其臭如蘭」によ

11）林古渓氏『懐風藻新註』(明治書院、昭和三十七年)。

るもので、「同心の語が蘭の如くかぐわしいといい、朋友の交わりを指す」(前掲書)と指摘する。「風月」に関しては、「清風名月の季節である」(同上)とする。それが指しているのは、「琴樽叶幽賞、文華叙離思」からであり、送別の酒も琴も賞美するのにかない、華麗な詩文は離別の思いを色濃くするということにある。それは、「風月」の時に「琴・詩・酒」をもって自然の美しさを賞美しながら詩作するということにあり、「金蘭」の語によって示されるように、そこには「交友」という人間関係を作ることが予測されている。それは「風月」という自然が「交友」という場を形成しているのではないかということである。これらを組み合わせてみると「金蘭」が友情を、「琴樽」が詩酒の宴を意味し、固い友情は「琴・酒・詩」を以って確かめられ、その交友の必須の条件が「風月の時」であったということであろう。

次に、下毛野虫野麻呂の「秋日於長王宅宴新羅客」の序では、

加以、物色相召。	加以、物色相召し
烟霞有奔命之場。	烟霞に奔命の場有り
山水助仁。	山水仁を助け
風月無息肩之地。	風月に息肩の地無し

という。「草木の葉の、散りゆく情趣は尽きがたく、酒盃と詠詩とをもって、友を送るが、去り行く者は遠ざかりやすい、それに時は秋、景色は人を招き、霧渡る山水は絶妙だ、仁智の山水、風月に心を奪われて疲れを休める暇もない。このような勝地だ、どう

か筆をとって目にふれることについての思いを述べて詩を作り、離別の悲しみを詩に作り、楚辞、北梁の別れの詩の後を継ごう、めいめいに一韻をわける」(江口前掲書)というのである。「物色」は小島憲之氏によれば、「物のあや、自然界の色、風物の景色」と解説して「烟霞」を物色のひとつとして捉え、美しい風景にまねかれて人々はこれを賞美し歩くの意であるとする(前掲書)。「烟霞有奔命之場」は「霧渡る山水は絶妙」だという意味で、山水の絶妙な景色が物色の内容に当たる。辰巳正明氏は「この序に於ける景物表現の態度は、まず、時節の景色を賞讃するところにある。殊に、『物色相召』として捉えた『烟霞』や『風月』は、秋の秀れた景物であり、そちらへの賞美がその宴席のすばらしさを述べる根拠となっているのである」[12]と述べ、序の「加以、物色相召」とあるのは『文心雕龍』の「物色相召、人誰獲安」(物色編)を受けて「物色」という表現の方法から美しい風物を描いていると指摘している(前掲書)。ここでキーワードとなる言葉は「物色」と「風月」である。「烟霞」「山水」「風月」は、「物色」の具体的な用例であり、ここで季節の風物である「風月」という言葉を見ると、それは、自然の美を賞賛することを目的とした表現であり、虫麻呂は「風月無息肩之地」だといい、この風月は賞美すべきものであるために、息をつくこともできないほどだというのである。そうした風月の賞美が美しい景物としてのそれのみではなく、新羅の客を迎えての詩宴にあることは注意すべきところである。そこで、この詩は新羅の客と懐風藻の詩人たちが

12) 辰巳正明氏『万葉集と中国文学』(笠間書院、昭和六十二年)。

《琴・酒・詩》をとおして《交友》を結んだ作品であることからみれば、「風月」は「友愛」の象徴として描かれているといえることは明らかである。

また、長屋王の「於宝宅宴新羅客」の詩がある。これも王邸の作宝楼で詠まれたことがわかる。

高旻開遠照。　高旻遠照開き
遥嶺靄浮烟。　遥嶺浮烟靄く
有愛金蘭賞。　金蘭の賞を愛でてこそ有れ
無疲**風月**筵。　風月の筵に疲るること無し
桂山餘景下。　桂山餘景下り
菊浦落霞鮮。　菊浦落霞鮮らけし
莫謂滄波隔。　謂ふこと莫れ滄波隔つと
長為壮思編。　長く為さむ壮思の篇

「秋空は遠くすみわたり、遙かな山の峯に靄がたなびいている、同心の友と賞美の宴をひらき、風月を眺めて疲れをしらない、桂の山の残照もあわくなり、菊の水辺は夕焼けが鮮やかである、謂ってくれるな。海山遠く隔たると、長く壮思の心を詩に詠おうから」(江口前掲書)とする。ここでも重要な景物は「風月」であり、辰巳正明氏によれば、「『加以物色相召』の出典は、劉勰の『文心雕龍』の詩論(文学論)に『物色相召、人誰獲安』(物色)とある物を意識して『物色』を表現の対象としようとする意識がある」(前掲書)と指摘している。同じく、大系は「『物色』を物のあや、自然界の色、風物

景色」(前掲書)とする。「風月筵」について江口孝夫氏は「風月を賞する宴席」(同上)とし、また、大系は「清風明月の筵」(同上)と解している。この詩においても「風月」がさしているのは「有愛金蘭賞、無疲風月筵、桂山餘景下、長為壮思編」に、「同心の友と賞美の宴をひらき、風月を眺めて疲れをしらない。桂の山の残照もあわくなり、—中略—長く壮思の心を詩に詠もう」(江口氏前掲書)というものである。林古渓氏は「金蘭は『易』から出たことばで、友だち附合の意気相投合することをいふ。賞はよみす、たふとぶ。(ここは賞與の意ではない)。交友互に賞愛し大切にしあふ」(前掲書)とする。先の調古麻呂の詩に見た「金蘭の席」と等しいことが知られる。

「桂山」は林古渓氏によれば、「桂のある山。桂は楓と混同している。即ち時節の紅葉の山。その山の、餘景下夕日のかがやいているところ」(前掲書)とある。ここに「風月」が見られ、それは「桂山」と関わっている。そこに「金蘭」の語が加わり、これは永遠に変わることのない友情を表している。ともに「堅く清らかな交わり」や「変わらぬ友情」が詠まれることが理解される。

次に、百済和麻呂の「秋日於長王宅宴新羅客」という詩も、長屋王宅で新羅の使節を迎えての宴で詠まれたものである。

勝地山園宅。秋天**風月**時。　勝地山園の宅、秋天風月の時
置酒開桂賞。倒屣遂蘭期。　酒を置きて桂賞を開き、屣を倒にして蘭期を遂ふ
人是雞林客。曲即鳳楼詞。　人は是れ雞林の客、曲は即ち鳳楼の詞
青海千里外。白雲一相思。　青海千里の外、白雲一に相思はむ

「景観の優れた長屋王の邸宅、爽やかな秋風に月も澄む時節、酒盃を並べて名月の宴を開き、良友を迎えて親交を結ぶ、人は遠き新羅から来た客、歌は蕭吏の鳳楼の曲である、青海原の千里のかなた、白雲を見つめ思いを馳せる」(江口氏前掲書)とされる。言葉の意味を見ると、「桂賞」は「月を観賞する。桂は月の中にある桂の木で、月をいう」(江口氏前掲書)とあり、早く杉本註釈では「『蘭期』と対して、良友と秋日の観賞の宴を開く意か。秋月の候なれば桂を冠す」[13]と解されている。また、「蘭期」について、林古渓によると、「よい約束の時日。その時刻に赴くのである。桂は木、蘭は草であるが、共に善い香りのするものであるから、交友の情、美女等を思慕することにもつかい、また、立派な身分の人の交際にもつかふ」(林古渓氏前掲書)とする。さらに、ここでの「風月の時」の意味は、「置酒開桂賞、倒屣遂蘭期、人是雞林客、曲即鳳楼詞」によって示されている。「風月の時」がさすのは秋の清風明月の季節だということであり、ここにも「桂賞」と「蘭期」が詠まれている。そのことから見れば、「風月」は、「琴・詩・酒」を楽しみながら詩人たちが新羅の使節たちとの「交友」を深める象徴として存在しているということである。なお、「山園宅」とは、長屋王の山荘をいい、ここでの「詩宴の場」である。ここには日本側から長屋王をはじめとする文人が集い、一方に新羅側の使節がいる。その詩宴では日本人も新羅人も共有しているのが「青海千里」への思いであり、それゆえに、「青海」を越えて新羅へ旅立つ使節たちを慰める

---

13) 杉本行夫氏『懐風藻』(弘文堂書房、昭和一八年三月)。

風月の宴にある。結局、「風月の時」とは「琴・詩・酒」をもって開かれる「詩宴」である以上に、さらに、それは堅い両国の文人たちの契りの象徴でもある。その象徴性はさらに「桂」(永遠の友情)と「蘭」(金蘭の交わり)によって「交友」が導かれていると思われる。

次は山斎と「風月」に関して見ていくことにする。これは、河島皇子の「山斎」という作品である。

塵外年光満。　塵外年光満ち
林間物候明。　林間物候明らけし
風月澄遊席。　風月遊席に澄み
松桂期交情。　松桂交情を期る

「浮世をはなれた山の中にも光は満ちみち、林の中は春の色どりが美しく、さわやかな風、澄んだ月の光が宴席に流れこむ、松や桂にあやかり変わらい交友をつづけたいものだ」(江口氏前掲書)という意味である。題詞にあたる「山斎」は、大系頭注に「山斎。山中の居室、書斎、山荘をいう。この詩題は梁簡文帝や北周庾信その他の詩にみえ、その内容は山のみならず池のある風景を詠む」とある。また、「松桂」に関して林古渓氏によれば、「共に常緑の木で、永久に葉が枯れない。桂は支那南方のもので、芳香。薬用。松は温帯にのみ産する。清浄にして節操を改めぬことに使ふ。松桂は、学者道人等が知友親戚等と深く交はり、芳香を発するが如くなるにいふ。この松と桂との心を以て、お互に交情、友だちづきあいを永久に続けたいものである」(大系前掲書)と指摘している。

従って、松や桂は常にかわらぬ緑を保っているので、変わらない意の比喩になっていると思われる。

ここでの「風月」は「風月澄遊席、松桂期交情」とあって、その意味は「さわやかな風、澄んだ月の光が宴席に流れ込む、松や桂にあやかり変わらない交友をつづけたいものだ」(大系同上)ということにあり、ここで「風月」が爽やかな風、澄んだ月の光を指す以上に、この詩宴は「松」によって貞節が示され、「桂」によって「友情」が示されるように、友としての不変の交わりを契ることにある。

この詩が示すのは、「塵外」(俗世)を離れて物候の明らかな時に林の間にある「風月の遊席」(琴・詩・酒をもって友情を約束する詩宴)で楽しむことにある。つまり、「風月の席」とは、「松」「桂」のように常に変わることのないものとしての「交友」の約束する場であり、「風月」はその条件として友と交わる風景ではないだろうか。

次に藤原朝臣万里の「暮春於弟園池置酒」の序では、

僕聖代之狂生耳。	僕は聖代の狂生ぞ
直以**風月**為情。	直に風月を以ちて情と為し
魚鳥為翫。	魚鳥を翫と為す
貪名狥利。	名を貪り利を狥むることは
未適冲襟。	未だ冲襟に適はず
対酒當歌。	酒に對かひて當に歌ふべきことは
(中略)	
絃歌迭奏。	絃歌迭ひに奏で
蘭蕙同欣。	蘭蕙同に欣ぶ

と述べている。「わたしは聖代の気狂いじみた書生である、ただ風月に心を寄せ、魚鳥を慰みとしている、名利をむさぼり求めることは、わたしの心には適しない、酒を飲んで歌うことはわたしの願いにかなっている、(中略)さてそこで琴にあわせて歌を歌い、高雅な友といっしょに楽しみあった」(江口前掲書)とのことである。「狂生」は、沢田総清氏によると、「気ちがひじみてほしいまゝな書生。史記、酈生傳『懸中皆謂之狂生』」(同上)と指摘している。沢田総清氏は、「清風と明月の意で、風流をたのしむこと。南史、徐勉傳『常與門人夜集、客有虞暠、求詹事五官、勉正色答云、今夕止可談風月、咸不冝及公事時人服其無私』(同上)と指摘している。

この詩の中で「狂生」と「風月」は密接な関係にある。「僕聖代之狂生耳」というのは、おそらく政治という世俗の名利の世界から逃れ、「風月」「魚鳥」というものへと接近することによって、本願である「狂生」という精神世界へ近づくことを意味するのであろう。従って、「狂生」というのは世俗と相容れない立場を指し、自然風物の発見者であり、よって風月や魚鳥を親しいものとして捉えることとなる。「直以風月為情」は、ただひたすら風月を自分の心とする(風流を楽しむことを本性とする)という意味で、自然の「風月」ではなく、友としての「風月」という意味になる。

ここで、万里が世俗とは対立する立場を取ることにより、作者が自己の目指している精神(聖代の狂生=脱俗の境地)を成し遂げようとする意志が現れていると考えられる。そこには作者がその精神を「風月」という自然物にたとえていることが理解されるが、「風月」は自然として作者が最後まで追及しようとする脱俗の目標点につながるものであろう。

さらに、隠士と「風月」について考えてみることにする。ここでは、隠士黒人の「獨坐山中」をあげてみると、

烟霧辞塵俗。　烟霧塵俗を辭り
山川壯処居。　山川處居を壯にす
此時能莫賦。　此の時能く賦することなくは
風月自軽余。　風月自らに余を軽らむ

とある。「煩わしい世俗を離れて雲霧のなびく山に入れば、山川は住居としていよいよ心を壮んにしてくれる、この自然の中にいてよい詩ができないならば、風月はわたしを無風流な者とあなどるだろう」(江口前掲書)と解される。「塵俗」に関して沢田総清氏は「塵の世の中」といい、任昉の「司徒哀粲有、高世之度、脱落塵俗」(前掲書)を出典としてあげている。また、「風月」について江口孝夫氏は「清風明月。自然の風物」(同上)と指摘し、沢田総清氏は「風流なこと。清風と明月」と解釈して南史の徐勉傳の「常與門人夜集、客有虞暠、求詹事五官、勉正色答云、今夕止可談風月、不宜及公事、時人減服其無私」(前掲書)を出典としてあげている。

この詩は隠士が捉えた風月の景である。「煙霧」と「山川」は塵俗を去ることを意味しており、「風月」は、自らの詩を評価する友人の意味に捉えられるのではないだろうか。ここで「塵俗」と「風月」はともにつながって自分は俗世を離れて自然の中に住み、自然を友とし、自然の美しさを満喫しながら、その美を詩に詠もうとす

る方向へと導かれていることが知られる。黒人の立場をみると、「烟霧」と「山川」にあることであり、「風月」という自然である。ここには、「風月」を友とする立場のあることが知れるし、それは同時に脱俗を目差そうとする黒人の精神世界が窺われる。

『懐風藻』の序にも「風月」の語が見える。そこでは

余以薄官余間。遊心文囿。	余薄官の余間を以ちて、心を文囿に遊ばす
閲古人之遺跡。想**風月**之旧遊。	古人の遺跡を閲み、 風月の旧遊を想ふ

と記されている。「わたしは官位が低く、官吏としての余暇を利用して、心を文学の庭に遊ばせていた、昔の人の遺した跡をみ、風月に昔の人たちの遊びを思いしのんだ」(江口前掲書)という。前半から述べてきた詩序や詩中にある「風月」とは違って『懐風藻』の総序の「風月」は特別な意味を持っている。たとえば、辰巳正明氏が「懐風藻の編纂が古人の遺跡を閲、風月の旧遊を想うところにあり、因って先哲の遺風を忘れないが為に懐風を以って名とした」[14]とするなら、旧遊は古人たちが詩を以って交友を実現したこと、それが「風月の旧遊」だということであると思われる。

この「風月」は「遊心文囿、閲古人之遺跡、想風月之旧遊」ということにあり、その意味は「心を文学の庭に遊ばせ、昔の人の遺した

14) 辰巳正明氏『懐風藻と中国文学」『万葉集と中国文学 第二』(笠間書院)。

跡をふみ、風月に昔の人たちの遊びを思いしのんだ」(江口氏同上)ということである。この「風月」は官吏として余暇に自然の美しさを楽しみながら昔の詩人たちが求めた交友の精神を思うところにある。「風月の旧遊」は、表面的には清風明月を賞する風流(風雅)の遊びという意味であるが、「風月」には、その時の詩人たちの深い思いが込められている。この序文をみると、古代中国の漢詩人が山川の美しい景色を見て「琴・詩・酒」の風流を楽しみながら詩を詠み、交友を結ぶ象徴とした「風月」が現れているのだといえる。

以上のように、熟語化した「風月」という詩句は、友情を求めるためのキーワードとして詠まれていたといえる。殊に、それは長屋王宅の詩宴に特徴的に見える。新羅の客を送る詩宴に見られる「風月」には 琴・詩・酒を通して、仲間という人間関係や友情という精神世界へと展開し、美しい心が通い合う友情(友愛)へと発展していく様子をみることができる。そこに「金蘭」や「賞桂」、「蘭期」などの友情に喩えられている言葉が示されるのである。また、「山斎」と「風月」の場合、世俗を離れて物候の明らかな時に林の間にある「風月の遊席」で楽しむことを求めている。「風月の席」とは、「松」「桂」のように常に変わることのない「交友」を約束する場であり、「風月」はその条件ではないだろうか。さらに、離俗と「風月」に該当するのが藤原万里の詩で、作者が世俗とは対立する立場を取ることにより、聖代の狂生=脱俗の境地を成し遂げようとする意志が現れていると考えられる。そこには作者がその精神を「風月」という自然物にたとえていることが理解される。さらに、隠士と「風月」の場合、風月は詩を理解する友人として捉えているところに特徴がある。そうした「風月」を、「風月の旧遊」と呼んだのが、『懐風藻』の序である。古人の遊びが詩を作ることにあり、それが風月の旧遊だというのである。序文から考えるならば、『懐風藻』の詩は、風流の遊び(風月の遊び)に基づいて作られた詩を中心に集めたものであると思われる。

第四節　韓国古代漢詩に見る「風月」

次に、韓国の古代漢詩では、「風月」がどういうイメージとして現れてくるのかに関して、韓国の三国時代の漢詩の例をあげて論じて見ることにしたい。新羅時代の崔致遠の作品には、「風月」を詠んでいる作品が三首ほどある。崔致遠の『桂苑筆耕』[15]に「酬楊贍秀才送別」という詩がある。

海槎雖定隔年回	海路が変わると帰ってくると決まっているというが
衣錦還鄉愧不才	錦衣を着て戻るはずだが、才能のないことを恥ずかしく思う
暫別撫城當葉落	暫く離れるこの荒れた城では木の葉が落ちる季節なのに
遠尋蓬島趁花開	遠く離れている蓬莱島は花の咲く季節であろう
谷鶯遥想高飛去	谷間の鶯は遠くまで飛んでいき
遼豕寧慙再獻來	遼豕は再び捧げ物になることを恥じている

15) 李鐘燦編『韓国漢詩大観 1』(以會文化社)による。以下の韓国詩も同書による。

好把将心謀後会　勇壮な心でまた再会することを図り
広陵**風月**待銜盃　広陵の清風と明月は盃をまた傾けるのを待っているようだ。

これは科挙試験を受けるために、道を急ぐ楊贍を見送るときに作って贈った詩である。詩の内容は、新羅では一年が経つと必ず往来する使者の船がくるので、その舟に乗ると故郷へいつでも帰ることができるが、故郷に錦を飾るには物足りないところが多く、まだ故郷には帰ることができないのが恥ずかしいだけだといい、かつて撫城で暫くの間、別れるしかなかったが、花が咲くと時間を合わせて、いつも蓬莱島までやって来て会ったりした。いまあなたは科挙試験を受けるために故郷を離れる高く飛び上がって出世できる先のことが期待される。遼豕のようなつまらない識見だけを持っている、この自分が恥ずかしいだけである。今はたとえ別れるけれども、心を強くし、後に、再会できるようにと約束して広陵の地のよき景色を楽しみ、酒を飲めるその日を期待するのだと詠まれる。この詩は、いうまでもなく、科挙試験のために故郷を離れる友人の旅路を祝福し、相対的に他郷において暮らしている自分の惨めな人生をも表しているのである。それでは、この詩において「風月」は、どのような意味であろうか。詩句のまま解釈すると「広陵の地のよき景色」に過ぎない。だが、真の意味はこれだけに留まることはない。なぜなら、詩の全体の内容をみると、科挙試験を受けるために遠い旅路に出る友を思っての詩なので、直接的には「広陵の地のよき景色」であるが、清風と明月とが友だち関係にある風物であることから見れば、ここでは、友情を象徴していると思われる。

また、崔致遠の「海鴎」(『桂苑筆耕』)という詩をみると、

慢髄花浪飄飄然　長閑に花の浪によって揺れては
軽擺毛衣真水仙　襟を軽く靡くようにすると、真に水の中の神仙
出沒自由塵外境　自由に出没する世俗の外の境目であり
往来 (缺) 洞中天　往来 (缺) するのは洞窟の空
稲粱滋味好不識　米と粱滋の味がいくらよいとしても分かる必要はなく
風月性霊深可憐　風と月は性雲深く愛している
想得漆園胡蝶夢　荘子の蝶の夢を見ることができるならば
只応知我待君眠　当然わたしが君を待って居眠りをしているのが分かるだろう

とある。一聯から四聯目までは神仙世界を謳歌する心情を、六聯から七聯では世俗のことより風や月を愛しながら、友との友情を大事にして暮らしたいという希望を詠んでいることが分かる。したがって、この詩においても「風月」は単純に風や月という自然の景物のみではなく、「風月」をもって友情を象徴的に詠んでいるといえよう。他に、崔致遠の「饒州鄱陽亭」(『孤雲集』)には、

夕陽立吟思無窮　夕暮れに吟じると思いも限りなく
万古江山一望中　万古江山が人目に入る
太守憂民疎宴楽　太守も民に対する憂いで宴も少なく

満江**風月**屬漁翁　河に満ちている自然の風月は漁翁に任せよう

とある。夕暮れの旅人の道は感懐も深いものであり、きりのない心配ごとと絶えない思い、一層それが懐古詩であることから、無常の感懐と作家の歴史意識とが十分に発揮されている。しかし、この詩は作者のほかの詩に比べて余興性がある。我慢できない郷愁よりは観照が、鋭い風刺よりは肯定的な寛容の美徳がある。特に、後の二句は饒醜太守の善政とそれによる逸民の余興を歌っている。この詩において「風月」はどういう意味に解釈できるだろうか。それは、「満江風月屬漁翁」とあるように、「自然の風月」として詠まれていると考えられる。

次に、林椿の『西河集』に載る「陪崔司業訪呉先生別墅」という詩には、

高文妙抉鬼神幽　巧妙な文章をもって鬼の深くまで見事に引き下ろして
早歴詞階翰苑遊　早くから文士が縁を越えて翰苑に遊んだ
社氏腹中呑国子　社氏の腹中には国子を飲み込み
楮公皮裏裏陽秋　楮公の皮には秋の色で染まり
声名東漢無双客　名前は寒いときには二つともないお客様で
第家世中朝一流　家世は中朝において一番目に入る群れである
筆下三千**風月**句　筆先の三千の風月の句は
成編願為後人留　本を作って次の世代に伝えてほしい

とある。これは、崔司業とともに呉先生の別荘を訪ねて作った二

首の中の一首目である。詩の主旨は、「筆先の三千の風月の句は、本を作って次の世代に伝えてほしい」にある。この詩における「風月」は、詩作であることが分かる。すなわち、「風月句」とは、社氏(杜甫)の詩に勝るもので、すばらしい詩であることを比喩表現をもって示唆しているのである。他に、林椿の「洪書記見邀宴飲、以詩謝之」(『西河集』)には、

磊落高才似謝安　磊落の才能は謝安のようであって
退公携妓賞東山　公務を辞めて芸者と東山において自然を賞美する
勧留佳客方投轄　よき客を引きとめようとして車の軸を抜いて投げ捨て
更許清談共破顔　また清い話は許しを得てともに明るく笑い
十室絃歌群俗楽　十室の音楽はあらゆる世の中の音楽であり
一樽**風月**長官閑　一杯の風月は長官の長閑なところである
霧筵況見傾城態　歌舞の関において城を傾ける様子をみると
認得當時玉指環　當時の玉の指輪を理解できる

と詠まれる。「一樽風月」がさす意味はどういうものであろう。詩題に「洪書記見邀宴飲、以詩謝之」とあるように、洪書記が宴席に招いてくれたので、それに対して感謝の気持ちで詩を作ってあげたというから、ここでもやはり「風月」がもっている意味は詩作と考えていいだろう。

また、洪侃の「太白酔帰図」(『洪崖遺遺稿』)という詩は、

天子呼来不上船　玄宗が呼んでも船に乗らないで

醉吟**風月**幾千篇　酒に酔って風月を詠むのが何時だったのだろう
三山鶴馭尋常事　三山では鶴に乗るのは普通であり
故跨青驢作地仙　思うに青い驢馬に乗って地上の神仙になろう

と詠んでいる。これは、いわゆる画題詩である。賀知章の美称以来の謫仙になり、杜詩の「飲中八仙歌」以来の酔仙になった李太白である。起・承の二句は杜甫の「李白一斗詩百編、長安市上酒家目、天子呼來不上船、自称臣是酒中仙」の祖述であり、転・結の二句は酔仙の仙遊で結句した(李鐘燦前掲書注)。この詩においても「風月」は詩作を意味すると思われる。

なお、李集の「城南村舍 書懐四首 録呈霽亭(重九日)」(『遁村集』)では、

功業関中相　功業は関中の帝上として
帰来漢上居　漢江の川辺に住む
高懸徐孺榻　高く掛かっている孺榻の机の上に
只愛孔明廬　ただ諸葛亮の家だけを愛している
風月三千首　風と月が三千首であって
春秋七十余　秋と春の年齢は七十餘才を越え
枕書是旧習　本を枕にするのが自分の過去の癖であるが
燈下註虫魚　燈下に注釈をつける

と詠んでいる。この詩は詩題をみると分かるように、重陽節を詠んでいる。中でも「風月三千首、春秋七十余、枕書是旧習、燈下註

虫魚」というから、この詩における「風月」は詩作を喩えていることが察せられる。

さらに、白賁華の二首をあげてみる。先に、『南陽詩集』の「次韻寄車同院」という詩には、

我愛車先生	わたしは車先生が
多才蕭灑又風流	多才であり、また風流なところがいいと思う
超然自有塵外趣	超然さが自ずから俗世の外の味があって
関西勝地好与墨君相優遊	関西の勝地を旅人とともによく遊び
請君我狂迢	願わくは、君よ、私の狂気は
天教**風月**屬吾儔	天が清風と明月に命令して、私を相手にしてあげるようにしたのを認めてほしい
世事何関念	世俗のことをどうして心の中に置くことができるだろう
功名蝸角利禄蝿頭	功名というのは蝸の角ようで、利禄とは蝿の頭のようであるのを
催鞭見訪莫辞労	鞭を求めてやってくる苦労を辞することはしますまい
煙雲好処且待公遅留	煙雲がいいところにはあなたが長く留まることを待っている

とあって、天が清風と明月に命令して、私を相手にしてあげるようにしたのを認めてほしく、世俗のことをどうして心の中に置くことができるのか。功名というのは蝸の角ようで、利禄とは蝿の

頭のようであるのを、鞭を求めてやってくる苦労を辞することはしますまいという。この「風月」が導くところのものは、脱俗を象徴していると思われる。「風月」は「風」と「月」であり、自然を代表する「風月」を友にしながら脱俗の世界を求めているのである。

次の白賁華の『南陽詩集』の「次韻長興府客舎留題」という詩は、長興府客舎に残っている詩に次韻したものである。

千里春風似我駆　千里の春風はわたしの足並みのようであって
江南此地足遊娯　江南のこの地で風流が誤ってしまい
一軒**風月**同詩叟　一軒の風と月は詩叟のようであり
万頃煙波間釣徒　万頃の霞と浪について釣り人に聞いて見る
別去柳枝誰贈客　離れるとき柳の枝を誰がお客様に与えたのか
賞来花艶信預都　美しい花見を予約する都として信じさせたのだろう
仙桃更愛紅如酔　神仙の桃にまた酔ったように紅色を愛し
摘取応先遣木奴　摘むようになったら真っ先に蜜柑に聴こうか

と詠まれる。この詩の特徴をみると、春の景物として「春風」「風月」「煙」「柳」「桃」などが際立っているそこには、春の季節感を描こうとする作者の意図が窺われる。その中でも特に「風月」が含んでいるイメージは、「仙桃更愛紅如酔、摘取応先遣木奴」から見れば、神仙世界への憧憬、すなわち、「風月」をもって、脱俗の世界を描いていると考えられる。

また、李集の『遁村集』の「寄呈宗エ鄭相国」も、

風流千載設欧蘇　生涯を風流に過ごした欧陽修の蘇軾を考えると
同宴西湖楽以娯　西湖にてともに宴席を開いて音楽を楽しむが
安得従公一觴詠　どうしたらあなたのように詩を詠み、酒を飲んだりできるか

驪江**風月**勝西湖　驪江の風と月が西湖の月と風より美しいところなのにとあって、生涯を風流に過ごした欧陽修や蘇軾を考えると、どうしたらあなたのように詩を詠んだり酒を飲んだりできるか。驪江の風と月が西湖の月と風より美しいところなのに」という。この詩の「風月」のイメージは、「安得従公一觴詠、驪江風月勝西湖」というように、驪江の風月であり自然の風景であることが分かる。つまり、それは詩を詠むにふさわしい詩の素材であると同時に、自然そのものの代表であるといえよう。

第五節　結

中国の漢詩で「風月」が本格的に詩語として現れてくるのは、六朝時代からであり、『文選』に載る曹植の「公讌詩」に見える「風月」に見ることができる。さらに、『文心雕龍』では、この建安詩に基づき「風月」を詩的表現として評価する。こうした詩語としての「風月」は、夫婦の愛や友情を象徴する美的表現を形成した。

さらに、日本の古代漢詩集である懐風藻の「風月」では、中国の六朝詩人が山川の美しい景色を見て「琴・詩・酒」の風流(風雅)の遊びを楽しみ詩作をしたように詩作し、また友情を譬喩する。懐風

藻の詩人たちが揃って詩を作る意図は、「風月の旧遊」にあり、「風月の遊び」(風流の遊び)にあったとするのは懐風藻の序文である。こうした風流の遊び(風月の遊び)に基づいて作られた詩を集めたものであることから、「風月」が序文に現れるのは大きな意味がある。

一方、韓国の漢詩においても「風月」は、友情のシンボルとして詠まれている。あるいは、自然の風景として詠まれている。それらが高麗時代になると、詩作そのものを意味し、また脱俗の世界を意味するようになる。もちろん、崔致遠のように自然の風物としての風月も、あるいは風流としての風月も詠まれている。

このように東アジアの古代漢詩に見られる「風月」は、中国漢詩に出発しながら、日本、韓国の漢詩は、殊の外「友情」に強い関心を示したことが知られる。そこには、美しい自然の風景としての風月と、清らかな関係であるべき友情とが、一対の理念として日韓の詩人たちに求められたからであったと思われる。

結論と今後の課題

本研究は、東アジア古代漢詩に見る花鳥風月の美意識が、東アジアにおいて、何時頃から発生し、如何に詠まれ、さらに、それがどのように展開して、各々異なる文化基盤を形成しながらも共通性を見せているのかについて考察した。英語・英文を中心とする西洋文化圏とは違って、漢字・漢文を中心とする漢字文化圏、東アジア文化圏を研究範囲にして、「花鳥風月」が一つの文化として成立する過程を中国・日本・韓国の古代漢詩を研究対象にして、その文化的特徴や美意識の形成過程を明白にすることを研究目的とした。それでは、各章ごとに結論を述べてまとめるとする。

序論では、本研究のタイトルである「東アジア古代漢詩の比較文学的研究―『花鳥風月』の美意識とイメージの形成―」を論じるために、その研究目的、研究課題および、意義について述べ、さらに、研究方法論について触れ、中国・日本・韓国の三国の古代文学史について述べた。それについて簡単にまとめてみることにする。文学研究は様々な方法論が存在している。その多様な方法論の中でも、一つに主題をめぐって二カ国以上の文学作品を比較する上で、比較文学的な方法論が有効であると思われる。本研究が東アジアの、特に、中国・日本・韓国の三カ国における古代漢詩に見られる花鳥・風月詩の形成を考えることを目的とすることから、比較文学的方法は重要である。

この方法に基づいて、中国・日本・韓国の古典詩歌の歌語や詩語に溶け込んでいる美意識、特に、三ヶ国の古典歌に着目して古代人が自然の中に暮らしながら自然と人間を如何に繋いで自然の中で美意識を発見し、表現していたのかをイメージの形成の問題から考えた。殊に、日本の古典詩歌において「花鳥風月」や「雪月花」という言葉に象徴されるように、自然の中から特別に選び取られた景物を通して独特な美意識が成立している。そこに日本人の培ってきた自然との親和感や文化性が強く見られる。そうした問題を東アジア三ヶ国のそれぞれの古典詩歌から探ることである。

さらに、本研究の課題と目的は、現在各国の文化様態を文学、特に古代詩歌や詩語に現われているのではないかという問いかけから出発した。文化的多様性を念頭に置く比較研究においては、ある固有の文学伝統を、異なる文化伝統との比較対照のうちに考察しなくてはならない。それは、しばしば、相互理解の困難で複雑な文学伝統を、共通の用語法によって記述するという作業を必要とする。それだけに慎重が期されるものである。

本論の研究方法は、以下のように構成される。比較文学的研究は二国以上の外国文学との関係において行われるが、これを「影響」という方法に拠ろうとする立場があり、また影響関係を考えずに、比較対照する方法である。前者は実証的な文献研究として現在の比較文学研究の中核をなし、歴史的な研究としての意義を強く持つ。後者は直接的な影響関係を持たない文学作品の比較であることであることにより一般化を伴うものとして、文学理論研究に包摂されつつある。そのような中で最近では、この両者を一体化して、文学研究と文化研究と関連させて考えようとする立場が現われている。文献と平行して文化伝統の要素も取り込む方法による比較研究である(辰巳正明氏『万葉集と比較詩学』)。そこには異質で多様・多彩な文学や文化の状況を、同じ人間の文化現象として理解する態度が存在するように思われる。そうした中で本研究は文献を中心として中国・日本・韓国の古典詩歌の詩語や歌語、特に花鳥・風月詩をめぐる日本と韓国そして中国の、東アジア文化の中核として形成された自然および自然により導かれた美意識の形成を、比較文学の方法論を用いて明白にするところにあった。それでは、これまで述べた事柄に関して振り返って見ることにする。

第一編では、「東アジア漢詩に見る『花鳥』のイメージの形成」として、第一章では中国・日本・韓国の古典詩歌に見られる「梅花」を取り上げて、三ヶ国に見る梅花のイメージの形成を検討した。その結果を見ると、次の通りである。花鳥詩の形成は、中国の六朝、初唐詩まで遡ることができる。『詩経』には鳥も花も詠まれているが、「花鳥」として一対化する意識は六朝の頃まで固定されなかったといえる。初唐に入って「花鳥」が一対のものとして詠まれ、一般的になるのは 「花鳥」に特別な美意識を見出したからであろう。そうした「花鳥」の起源は、およそ六朝時代に起こり、初唐時代に定着したといえる。日本上代の『古事記』や『日本書紀』の歌語(記紀歌謡)に現われる花や鳥は、特別な美意識を持って詠まれることはなく、そのことから見ると日本上代の文学が花鳥を自然の特別な景物として詠んだのは、中国の六朝、さらに初唐の文学に接したからであったと考えられる。日本上代文学の『万葉集』や『懐風藻』などの詩歌には、伝承されていた歌謡も見られるが、すでに近江朝の額田王の歌(「天皇、詔内大臣藤原朝臣、競春山万花之艶秋山千葉之彩時、額田王、以歌判之歌」『万葉集』巻一・一六)から見ると、そこには中国漢詩の影響が強く現われていて、記紀歌謡とは大きな異なりを見せている。古く花や鳥は呪物の一つとして見る考え方が存在していたが、「花鳥」の両者を取り合わせて詠んだ例がないのを見ると、「花鳥」は日本古来の伝統の中に発想されたものではなく、中国から舶来した新たな表現の方法であったといえる。井出至氏は日本上代の詩歌における「花鳥」の起源に関して、中国六朝詩に学んで純粋に自然の景物としての花鳥を詠んだ花鳥歌が後期を中心として行われる一方、呪物としての性格を帯びた「花鳥」を詠んだもの、古い寿歌、鎮魂歌の流れを汲む長歌もならびに行われていたことを指摘して上代詩歌の「花鳥」の起源を六朝に求めている。さらに、井出至氏は『万葉集』の景物の取り合わせの特徴として中国風の「梅」と「鶯」との取り合わせのようなもの、「花橘」と「ホトトギス」、「藤」と「ホトトギス」のような取り合わせを取り上げ、ここに日本的表現として中国漢詩と日本の和歌の表現の特異性を指摘している。また、辰巳正明氏は、中国の花鳥詩を享受した新たな和歌の展開が近江朝に始まること、持統朝を境に『懐風藻』に新しい花鳥詩が見えて来るのも近江朝の日本漢詩文学を継ぐものとして評価すべきものであることを指摘し、『懐風藻』の「花鳥」の詩は、中国六朝に見られる自然賞美の方法(鑑賞)を継承したものであると位置づけている。また同氏の「花鳥の恋歌」では、『万葉集』に見られる花鳥歌による恋歌の展開を弓削皇子のホトトギスと萩の恋歌や大宰府の梅と鶯の歌などの花鳥が、恋と季節の歌として展開し、家持に至ってその二つの融合を以て新たな花鳥歌が完成したと捉え、万葉集の編纂の時編纂者が「花鳥」を意識して歌の配列を工夫したのは、花鳥歌の流行によるもので、「花鳥」を一組の詠歌の素材とみる美意識が高まりのあったことを裏付けるものであると指摘している。『万葉集』や『懐風藻』の花鳥の詩歌は、古代的な呪物性や予祝性のイメージよりも、中国六朝・初唐の漢詩の「花鳥」が受け入れられ、さらに取り合わせという表現を積極的に展開させることで中国の花鳥歌から離脱し、日本的な新しい美意識を作り出していることである。それは、六朝・初唐の漢詩には伝統的に「花鳥詩」の詩題として「梅」と「鶯」という理念的なものが対を成して詠まれるのに対し、『万葉集』では「ホトトギス」と「橘」や「卯の花」という日本的な風土の中に素材を発見したことであり、その取り合わせの表現によって歌われていることである。しかしながら、『万葉集』の花鳥歌と『懐風藻』の花鳥詩は同じ上代の詩歌であるにもかかわらず「花」を除いて「蘭」「梅」「桃」「菊」「桜」などの花と「雁」「鶯」「鶴」などの「花鳥」が取り合わせの表現によって自然の景物として詠まれ、「蘭」と「雁」の組み合わせによって「友情」や「脱俗」、あるいは「離別」などの意味を求めるのが異なるところである。中でも『懐風藻』には『万葉集』には詠まれることのない「蘭」や「菊」が詠まれる。さらに「孝鳥」と「花」の取り合わせは珍しい表現である。こうした花鳥の詩歌をめぐって、ここでは、「梅」と「鶯」の花鳥の詩歌が東アジアのなかでどのように成立し、またそれらはどのようなイメージとして捉えられていたのかについて考察を行った。その結果、漢詩が中華文明の文学として起こり、周辺諸国は中華文明の受け入れに努めた。それを代表するのが中華文明の漢字・漢文であった。韓国も古代日本も漢字・漢文を学習して中華文明を理解する時代を迎えたのである。特に漢詩は東アジアの漢字文化圏の象徴的な表現として受け入れられた。それを通して三国の交流が促されたのである。

梅の花をめぐる三国の漢詩の形成は、まず中国に始まり六朝には一定の表現やイメージが形成された。そして、初唐以後には梅の花はさまざまなイメージの中に詠まれるのである。韓国漢詩においては中国や日本とは違って、三国時代(六〇〇～八〇〇)の資料があまり残っていないことから、同時代の作品と比較することは困難であるが、高麗時代の漢詩をみると、梅花詩は様々な詠まれ方をしていることが知られる。そこでは梅を鑑賞の対象としており、梅と柳や梅と雪の取り合わせが見られ、また梅に高潔な生き方が見出されている。詩作の環境として花前月下という考え方は、風雅を導く詩の風物としても認識されている。

この韓国の漢詩に対して、古代日本には『懐風藻』が残されていて、東アジア周辺国の漢詩文化を知る上では貴重な資料となっている。『懐風藻』は韓国の統一新羅時代にあたるが、早く百済は古代日本に漢字を伝え、さらに百済の滅亡により百済渡来人たちが近江の都に仕え、百済文化が日本文化を形成した状況も見られる。そのなかでも近江朝に漢詩が詠まれはじめたのは、皇太子の賓客らによる指導があった。以後の持統朝から奈良時代中期に多くの漢詩が残された。梅の花に関する詩も多様に現われるが、その始まりに梅に対する鑑賞(「翫」)が見られるのは、すでに梅に対する認識が成熟していたことを示していて、梅が特定の価値を持っていたことを知るのである。梅の受け入れ方にはそれぞれの国の文化が存在するが、詩を通して共有されるのは詩語やイメージの問題であった。そうした詩語やイメージの形成は、三国の文化を接近させ、東アジア共通文化を形成したのである。

第二章の「古代中国漢詩に見る『蘭』のイメージ」では、蘭の花は、中国漢詩において重要な植物であり、早くから『詩経』に見られ、男女の愛情を示す花として詠まれている。そうした蘭の性格は、愛情や信頼といったイメージが予想されるに違いない。そこに蘭のイメージの源流があるとすれば、以後の中国文学史の上で蘭はどのような花としてイメージ化されたのかについて考察した。古代中国漢詩における「蘭」のイメージを見ると、その源流に『詩経』があり、そこでは蘭(蘭草)は、青春男女の愛を象徴する植物であったり、香草の蘭は、かぐわしい香と薬効果のある植物として知られ、それが歌垣における求愛のシンボルになり、男女関係を結ぶ再会の約束にやり取りした花であった。『楚辞』においても「小司命」と「山鬼」に見る蘭は、男神と女神の求愛のシンボルでもあった。そうした蘭の花は、また『楚辞』の「九歌・東皇太一」や『楚辞』の「招魂」に見られるように、民間の親交を背景としたものであろう。特別に親交される花であるから、魂を呼び寄せる力を有したものである。蘭はまた君子の高潔を譬喩する。『孔子家語』に見える蘭草は、君子の気品を表しており、『楚辞』の「離騒」には蘭が忠誠心を象徴しており、初唐の李白の詩の「蘭芳」が、あるいは、「蘭心薫性」は、女性の姿を象徴する言葉であるが、漢武帝の「秋風辞」に、蘭を仙女に喩え美しい女性の姿を象徴する一面が見られる。『楚辞』の「禮魂」や魏の曹植の「美女篇」、晩唐の李賀の「蘇小小墓」などは、蘭を美女に喩える用例である。蘭における恋愛や誠実のイメージは、さらに、友情を象徴するものとして成立した。嵇康の「贈秀才入軍」や謝混の「游西池」などは、思う人が友人であり、友情を伝えるために秋蘭を手折ってあげようとする。このような蘭のイメージは、男女の恋愛の信頼を基盤として成立し、そこから『楚辞』への展開が大きかったのである。

第三章の「日本古代漢詩に見る『蘭』のイメージ」について考察をおこなった。その結果、古代中国の漢詩に「蘭」が詠まれるのは、古く『詩経』に見られ、川の辺りでの歌垣の折に男女が贈答する花として蘭が詠まれたのは、蘭に薬効果などの民間信仰が存在したからである。しかし、この蘭が男女の贈答となる時には、そこに男女間における信頼や誠実が象徴されるものである。男女同士の友情も蘭により象徴されたのは、友情もまた信頼や誠実が求められたからにほかない。このような蘭の花は、周辺国の漢詩にも現われる。日本の古代漢詩集である『懐風藻』にも「蘭」が詠まれているが、古代日本の詩人たちは、蘭をどのように捉えたかというと、一つには長屋王邸宅での新羅の客を送る餞宴に詠まれるが、その蘭の象徴する意味は、遠く離れていても心を第一にする友情を求めた離別の情にあった。第二に、応詔詩に見られる神仙世界と蘭との関係である。天子の御所や仙境とされる吉野を神仙世界として描くために、そこには香しい蘭が生えていることを詠む。第三に、詩宴に集まる人たちが固い友情で結ばれていることを示す蘭である。金蘭に象徴されるように、それは金を断つ固い友情であり、特に、長屋王邸に集まった詩人たちの言葉として蘭が多く見られるのは、詩文を通して互いの志を陳べ、友情を深めることが目的である。それから、第四は脱俗の精神を表す蘭である。蘭が仙境の植物として応詔詩では捉えられたが、それは世俗を調節する場所であったことによる。そうした世俗を意図的に超越する脱俗の態度の中に蘭が捉えられるのは、そのことを理解する仲間の存在を取り出すからである。以上のように『懐風藻』には蘭に対するいくつかのイメージや象徴性が見られるが、これらを統一している蘭のイメージは、天子の御所や吉野の神仙世界の植物とするものと、外国の使節を迎えた詩宴や季節の詩宴に集まる詩人たちが、固い友情の中にあることを蘭を通して確かめたということである。そこには日本古代の漢詩が取り出した蘭のイメージや象徴性が認められるのである。

第四章の「韓国漢詩に見る『蘭』のイメージ」においては、古代中国には四君子があって、これは高貴な植物を指し、梅・蘭・菊・竹であり、数多く詩や画材として詠まれてきた素材である。特に、四君子として総称されるのは後のことであるが、東アジアの古代漢詩には、この四君子の中で蘭は香りが良く友情を喩える花として中国でも日本でも詩歌に良く詠まれている。この蘭は古代韓国の詩人たちも詠んでいるが、必ずしも数多くない。本章では、主に三国時代から高麗初期の古代漢詩を対象に、「蘭」がどのように詠まれたかについて考察した。

韓国の古代漢詩に見える「蘭」を考えてみると、蘭の香によってそれは高貴な植物として捉えられることが一般的である。四君子のような高潔な態度や貞節は、「蘭」に喩えられた。そうした蘭の象徴性に対して、蘭は愛する女性の香とされる。このような恋愛詩に詠まれた蘭は珍しいが、この美人が立派な男子であるならば、主君などの意味に現われてくる。その二つの意味の中に蘭が存在しているのである。一方、旅人が旅愁の中で色あせた蘭を詠むのは、蘭に自らの姿を託したからであり、それは蘭の持つ友情という象徴性が理解されていたからである。今まで、第一編の第二章から第三章・第四章において、東アジアの古代漢詩に詠まれる「蘭」の詠まれ方について簡単にまとめてみたが、これらを総括的にまとめて見ると、東アジアの古代漢詩における「蘭」の象徴性は友情の花や愛情や信頼といったイメージにあり、その源流が『詩経』にあり、そこでは蘭(蘭草)は、青春男女の愛を象徴する植物であったり、香草の蘭は、かぐわしい香と薬効果のある植物として知られ、それが歌垣における求愛のシンボルになり、男女関係を結ぶ再会の約束にやり取りした花であり、魂を呼び寄せる力を有する花にある。蘭はまた君子の高潔を譬喩したり、忠誠心を象徴しており、君子の高潔な精神に喩えられるようになる。仙女に喩え美しい女性の姿を象徴する一面も見られる。蘭を美女に喩える用例、蘭における恋愛や誠実、さらに、友情を象徴するものとして成立した男女の恋愛や信頼をイメージとして成立させ詠まれたことが知られる。

第五章の「東アジア漢詩に見る『菊の花』と重陽節」においては、菊の花は、日本人のみならず、中国人も韓国人も好む花であり、その由来は中国の習俗である重陽節と関わって、広く東アジアに共通の文化として広がったものであることを考えた。三カ国の文化状況によってそのあり方が変わってくるが、ここでは、日本・中国・韓国の古典詩歌の中で、菊の花が重陽節とどのように関わっていえるのかについて考察した。

中国の漢詩に詠まれる「重陽節」は邪を除く習俗を基本としてあり、山に登り、菊の花の酒を飲むことで脱俗や仲間を失った悲しさを慰めるために懐かしい人を思う心情を詩作するところにあった。日本古代の『懐風藻』の「菊花」は主に長屋王邸での新羅使節を送る宴に詠まれたものである。特に、「菊浦」と「菊酒」とは中国の「重陽節」と深く関わって「不老長寿」の思想を暗示させ、「菊」は秋の景物だけではなく、「重陽節」を踏まえて、長屋王家の宴の場に移されたと考えられる。なお、韓国の高麗歌謡は「菊酒」に作者の物さびしい心情を添えて歌った作品で、この詩が四季という季節感を詠んでいるのと、「薬に飲む黄菊の花」という表現から考えると「重陽節」を詠んでいることが知られ、「不老長寿」の意味が含まれている。漢詩の場合、伝統的な「菊」と「酒」が重陽節における風流の遊びに欠かせない詩材として受け止めるのみではなく、病に罹り好きな酒を飲めない状況を逆説表現によって表現している。ここで中国漢詩との異なる高麗漢詩表現の特異性が読み取れる。

第二編の「東アジア漢詩に見る『鶯』の象徴性」では、中国をはじめ、日本、韓国の古代漢詩の具体的な用例をあげてその象徴性に関して述べた。

先に、第一章の「中国漢詩に見る『鶯』のイメージ」について考察した結果、『詩経』をはじめ、『楚辞』、漢・魏・六朝の漢詩には、「鶯」という詩語が「鶯、鸎、黄鳥、黄雀、黄鸝、金依公子」などに表記されている。『詩経』における「鶯」の詠まれ方をみると、「葛覃」(国風・周南)から「やぶの鶯」という詩表現が誕生した。「鶯」はその鳴き声が中心的に詠まれているのをみると、「鶯」は聴覚的な表現が成立し、また谷間の鶯が詠まれている。「凱風」(邶風)では、「鶯」の鳴き声をもって、母情を喩えていると思われる。特に、鶯は春の到来を告げる鳥として詠まれている。「黄鳥」(秦風)には、子車氏(秦の太夫)の三子の殉死と黄鳥とが絡み合っているのは、悲しみを孕んでのことであり、黄鳥の交交とした鳴き声という聴覚的な感覚表現をもって悲しい心情表現が詠まれ 、望郷の情が内包されていると思われる。さらに、「緜蠻」〈小雅〉には、朱子も微賤の者が苦労して、その身のたよりどころのないことを「黄鳥」に托したものとした。六朝と唐時代の漢詩は『詩経』の「谷間の鶯」の表現が定着して、科挙試験の合格や身分の昇進の象徴として詠まれはじめ、さらに「花」と「鶯」という取り合わせの表現をもって花鳥詩が形成されるようになる。また、「柳」と「鶯」の取り合わせの表現も見られるようになり、次第に「鶯」の鳴き声を詠む聴覚的な感覚表現が中心となって春の季節感を代表する景物として定着しはじめるのが見られる。

第二章の「日本古代漢詩に見る『鶯』のイメージ」では、『懐風藻』には「鶯」の用例が四首あり、「鶯」と「花」、「鶯」と「梅」の取り合わせの表現が目立っている。これは、「花鳥」を題材に詠むことから花鳥詩と命名することができる。『懐風藻』に現れてくる「鶯」の意味について、まとめてみると、次のようになる。「鶯」と「梅」の詩が、持統朝から奈良初頭において詠まれる特徴があり、こうした梅と鶯の文学が成立したのは、中国の六朝あたりから初唐にかけての外来の漢詩に依拠したのである。つまり、『芸文類聚』などの漢文学を受け、また楽府の「梅花落」との関係からも考えられ、近江朝の宮廷詩に登場したものと思われる。さらに、鶯は「梅」と「花」などとともに取り合わせの表現が目立っており、また、鳴き声を通して春の到来を告げる動物とし、『懐風藻』に登場したことが理解される。

第三章の「韓国漢詩に見る『鶯』のイメージ」では、中国古代漢詩、および日本の古代漢詩集である『懐風藻』に詠まれている「鶯」のイメージは、中国漢詩の場合、『詩経』をはじめ、六朝・唐時代において、「鶯」はその鳴き声を通して冬が去り、春になったことを知らせる春告げ鳥のイメージが定着し、六朝以来、「梅」や他の「花」と組み合わせになって花鳥詩として詠まれるようになったことが知られる。また日本の『懐風藻』は、中国漢詩の表現を受け継いで 「梅に鶯」という熟語が成立して、日本の花鳥詩の文化を誕生させるようになったのである。三国時代から高麗時代までの漢詩を中心として、鶯を詠んでいる漢詩では、高句麗第二代王、琉璃王三年(一七B・C)の作で、漢訳された「黄鳥歌」では、黄鳥が象徴しているのは、王と雉姫の恋愛にある。したがって、この歌は恋歌に属すると思われる。また、崔光裕の「長安春日有感」をみると「柳」と「鶯」が組み合わせになって表現され、鶯の鳴き声を聴覚的に捉えて、春の寂しい心情を盛り込んで詠まれており、崔致遠の「酬楊酬贍秀才選別」では、「黄鳥」が、作者自身を指しており、科挙試験に受かって出世することを内包させている。この詩では、「花」と「鶯」が取り合わせの表現をもって詠まれ、「花鳥」の詩を意識して作られている。

高麗漢詩も、こうした新羅の漢詩表現の伝統を引いて、陳フアの「春日和金秀才」には、「鶯」と「花」が詠まれているのが見られる。これは、「花鳥」詩であると同時に、「鶯」と「花」の取り合わせの表現が見られ、さらに、林椿の「暮春聞鶯」にも「鶯」の鳴き声に目を留めていることが特徴的である。鶯の鳴き声を聴覚的な感覚表現を通して捉えようとする作者の意図が窺われる。洪侃の「諸朗巻上」(『洪崖遺藁』)にも、類型的な「花」と「鶯」の取り合わせの表現が見え、「花」(花の香り)と「鶯」(鶯の声)がともに詠まれて、嗅覚と聴覚の感覚表現になっているのが特徴的である。これらの詩に対して、洪侃の「次韻和金鈍村四時歐陽公韻」では、鳴く鶯が捉えられている。その鳴き声は、仙境においてのものであり、俗世のものではない。鶯の鳴き声は脱俗の世界を求める精神世界を象徴していると思われる。白賁華の「御褸醉西施」に現われて来る鶯の鳴き声には、一国の滅亡という歴史性が内包されており、鶯の鳴き声を捉えなおしている。李奎報の「秋送金先輩登第還郷」には、「鶯」と「雁」が対に成って詠まれ、「鶯」は春景を、「雁」は秋景を代表する景物として詠まれている。「鶯」は身分の上昇を比喩しており、「雁」とともに詠まれることで、季節感を漂わせる風物としても描いている。特に、この詩が新羅時代の崔致遠の「酬楊酬贍秀才選別」と同じく、鶯を通して出世するという身分の上昇への願望を象徴的に詠んでいるのは、『詩経』からの伝統を引いてのものであると思われる。ほかに、李穡の「自感」という詩では、鶯の鳴き声を聴覚的に捉えることで明るい春の風物として詠んでいるところが特徴だといえる。

次の第三編の「東アジア漢詩に見る『雁』の象徴性」では、第一章の「中国漢詩に見る『雁』のイメージ」は、中国古代漢詩における「雁」の詠まれ方について述べた。それをまとめてみると、次のようなことが認められる。「雁」は中国の古代漢詩においては、秋の景物である「秋風」「露」「霜」「北風」「月」などと組み合わせられて、「秋の鳥」を代表する鳥のイメージへと展開したのである。殊に、蘇武の故事によって、後に、雁書、信書、雁使などの詩語が誕生するようになった。『詩経』の邶風の「匏有苦葉」と唐代の張若虚の「春江花月夜」には、雎雉と雁に代表される景物をもって、男女の恋愛を象徴的に詠んだりしている。また曹操の「却東西門行」をはじめ、曹丕の「燕歌行」と張均の「岳陽晩景」などの詩では、「帰雁」という詩語をもって、雁を通して、旅人の故郷を思う望郷の念を詠んだり、あるいは、沈約の「詠湖中鴈」、王維の「使至塞上」や曹植の「雑詩」をみると、恋人に便りを寄こす恋情を伝える媒体として詠まれたりする。さらに、 蘇武の故事を踏まえて、「雁信」「雁書」「雁足」「雁使」などの言葉をもって、「雁の使」というイメージを詠む。梁の范雲の「贈張徐州謖」や唐時代の王湾の「次北固山下」などでは、飛んでいく雁に手紙を託して友情や恋愛の感情を伝えるようにしたり、江南の地方から春になって北へ帰る雁に故郷への便りを託す「雁の使」というイメージが形成される。

一方、魏の嵆康の「幽憤詩」や魏の阮籍の「詠懐詩」、晉の左思の「雑詩」、唐時代の李頎の「寄司勲盧員外」などの詩では、雁が秋の代表的な景物として、「北風」「秋風」「月」「霜」「露」などの景物との取り合わせの表現をもって、秋の到来を告げる鳥、つまり季節の推移を象徴する鳥としてのイメージが形成されたのである。このように、漢・魏・六朝と唐代の漢詩における「雁」のイメージは、恋情・望郷の念、雁の使、季節の到来などのイメージが特徴的に詠まれることが知られるのである。

第二章の「古代日本漢詩に見る『雁』のイメージ」では、『懐風藻』の「雁」の釈智藏の「秋日言志」と道公首名の「秋宴」には、「雁」を通じて秋の到来を詠み、下野朝蟲麻呂の「秋日於長屋王宅宴新羅客」の序文とその詩、安倍廣庭の「秋日於長屋王宅宴新羅客」などは、作宝楼の文学サロンの中に詠まれた作品であり、「蝉(ヒグラシ)」や「雁」などの詩語が対句表現になって、長屋王家の人達が新羅使節との離別を詠むのがひとつの特徴として見え、「雁」が離別の象徴として詠まれているのが分かってきた。さらに、石上乙麻呂の作である「飄寓南荒、贈在京故友」と「贈舊識」は、「蘭」「桂」「鴛鴦」などの景物が登場して友情のシンボルとして「雁」が詠まれている例が見られる。

また第三章の「韓国漢詩に見る『雁』のイメージ」では、雁は列を作って飛んでいく姿を人が友だちと一緒に酒を飲んで多情に歩く様子に喩えられたり、思うがままに行ったり来たりしながら自由に生きていく様子をみて、流配の身である自分の不自由な姿と比較しながら故郷を懐かしむ望郷の念を呼び起こす媒介になったり、また、中国の漢時代の『後漢書』の蘇武伝に見える事跡を踏まえて便りを運ぶ鳥に喩えられたりしている。それだけではなく、風とか霜、氷などの冬の季節感を含んでいる詩語と取り合わせの表現になって秋が去り、冬がやって来る季節の到来を詠むにふさわしい景物でもあった。特に、植物の場合、「蘆花」と「雁」という組み合わせをもって、秋の美しい季節感を詠んだりしている。さらに、「孤雁行」などの詩では、「鴛鴦」や「雁」がともに詠まれて、夫婦の仲良さ、すなわち、男女の恋情を詠む素材になったり、または、高麗初期の北伐政策の時は栄えていた城が後には滅んでしまい、ただ、今は、その荒廃している城の空を飛んで行く雁の鳴き声を通して無常観を感じさせるモチーフになっている。他に、崔光裕の「早行」という詩には、「鶏唱」「残星」「片月」「露」「蛍」などの秋の美しい季節感を醸し出す詩語とともに旅愁の象徴として詠まれたりしている。

さらに、第四編の「東アジア漢詩に見る『風月』とその象徴性」では、中国の漢詩で「風月」が本格的に詩語として現れてくるのは、六朝時代からであり、『文選』に載る曹植の「公讌詩」に見える「風月」の雰囲気に浸ろうとする用法があり、さらに、『文心雕龍』には、この建安詩に基づき「風月」を詩的表現として評価する。こうした詩学として「風月」は、夫婦の愛や友情を象徴する美的表現を形成した。さらに、日本の古代漢詩集である懐風藻の「風月」では、中国の六朝詩人が山川の美しい景色を見て「琴・詩・酒」の風流(風雅)の遊びを楽しみ詩作をしたように詩作し、また友情を譬喩する。懐風藻の詩人たちが揃って詩を作る意図は、「風月の旧遊」にあり、「風月の遊び」(風流の遊び)にあったとするのは懐風藻の序文である。こうした風流の遊び(風月の遊び)に基づいて作られた詩を集めたものであることから、「風月」が序文に現れるのは大きな意味がある。

一方、韓国の漢詩においても「風月」は、友情のシンボルとして詠まれている。あるいは、自然の風景として詠まれている。それらが高麗時代になると、詩作そのものを意味し、また脱俗の世界を意味するようになる。もちろん、崔致遠のように自然の風物としての風月も、あるいは風流としての風月も詠まれている。このように東アジアの古代漢詩に見られる「風月」は、中国漢詩に出発しながら、日本、韓国の漢詩は、殊の外「友情」に強い関心を示したことが知られる。そこには、美しい自然の風景としての風月と、清らかな関係であるべき友情とが、一対の理念として日韓の詩人たちに求められたからであったと思われる。

以上、本稿をまとめて見たが、その結果、東アジア古代漢詩における「花鳥風月」の美意識の形成過程が中国古代漢詩から出発して、それが日本の最古の漢詩集である『懐風藻』にも詠まれ、日本の風土性や日本人の精神文化を孕んで日本人による日本の美意識として新しく成立したことが窺われるのである。また韓国の三国時代と高麗漢詩にも「花鳥風月」が詩の素材として取り上げられ、韓国の美意識として定着しているのが認められる。したがって、「花鳥風月」は、東アジアの精神文化の象徴であると同時に、美意識の代表格だといえよう。

次に、今後の研究課題について述べてみることにする。まず、本稿で十分に考察できなかった各々の詩語を捉え直し、論も改める必要があると思われる。他に、本稿において、論じることができなかった詩語、花類の「桃」「李」や鳥類の「鶴」「ホトトギス」「燕」、などの詠まれ方について継続的に考察を行い、他の詩語をも取り上げながら、東アジア古代漢詩に現われる花鳥風月のイメージを具体的に論じていくことにしたい。

■ 参考論文一覧

辰巳正明『万葉集と比較詩学』(おうふう)

R・Gモールトン『世界文学』(岩波書店)

辰巳正明『詩の起源』(笠間書院)

狩野直喜「経書の文」『支那文学史』(みすず書房)

内田泉之助『中国文学史』(明治書院)

井手至「花鳥歌の起源」(五味智英・小島憲之編『万葉集研究 第二集』(塙書房、昭和四十八年)

＿＿＿「花鳥歌の展開」(小島憲之編『万葉集研究 第十二集』(塙書房、昭和五十九年)

辰巳正明「自然と鑑賞」『万葉集と中国文学』(笠間書院)

＿＿＿「花鳥の恋歌」『万葉集と比較詩学』(おうふう)

汪紹楹校『芸文類聚』(巻八十六 菓部上 梅、『唐』(歐陽詢撰 下、上海古籍出版社、1995年5月)

目加田誠訳『中国古典文学大系 詩経・楚辞』(平凡社)

伊藤正文訳『中国古典文学大系 漢・魏・六朝詩集』(平凡社)

松枝茂夫・和田武司氏注『陶淵明全集(上)』(岩波書店)

前野直彬注解『唐詩選(上)』(岩波書店)

孟慶遠主編『中国歴史文化事典』(新潮社)

辰巳正明「持統朝の漢文学―梅と鶯の文学史―」『万葉集と中国文学 第二』(笠間書院)

日本古典文学大系『懐風藻・文華秀麗集・本朝文粋』(岩波書店)

辰巳正明『悲劇の宰相 長屋王』(講談社新書メチエ)

江口孝夫『懐風藻』(講談社文庫・2000年10月)

李姃恩『韓国梅花詩の伝統と継承研究』(建国大学校 教育学院教育学科国語教育専攻、修士論文、1996年6月)

金エジ『韓国と日本に見る植物観比較』(新羅大学校教育大学院日本語教育専攻、教育学修士論文、2003年8月)

林性哲『日本古典詩歌文学に現れる自然』(韓国日本学協会、図書出版宝庫、2002年12月)

李鐘燦『韓国漢詩大観 第1』(イ・ファ文化社、1998年11月)

鈴木虎雄訳『新釈漢文大系玉台新詠集 上』(明治書院)

辰巳正明「落梅の編―楽府『梅花落』と大宰府梅花の宴―」『万葉集と中国文学』(笠間書院)

塚本哲三『古詩源』(有朋堂・昭和十二年四月)

辰巳正明「近江朝漢文学の課題」『万葉集と中国文学 第二』(笠間書院)

目加田誠『詩経・楚辞』(平凡社 、1985年10月)

守屋美都雄『荊楚歳時記』(平凡社 2002年3月)

中西進『万葉集の比較文学的研究』(桜楓社、昭和43年6月)

鈴木虎雄訳『玉台新詠集 下』(岩波文庫、昭和49年9月)

中村幸一 『漢詩と日話からみる花の中国文化史』(図書出版ﾌﾟﾘﾜｲﾊﾟﾘ。、2004年3月)

塚本哲三編『漢文叢書古詩源 全』(有朋堂書店、大正13年3月)

前野直彬編『中国古典文学大系 唐代詩集 下』(平凡社、昭和53年12月)

松枝茂夫篇『中国名詩選 上』(岩波文庫、2004年5月)

伊藤正文編『中国古典文学大系 漢・魏・六朝詩集』(平凡社、昭和53年9月)

前野直彬『唐詩選 上』(岩波文庫、昭和四七年五月)

国学院大学「万葉の花の会」『植物で見る「万葉の世界」』(「万葉の花の会」事務局。2004年9月)

小島憲之『懐風藻 文華秀麗集 本朝文粋』(岩波書店、昭和39年6月)
林古渓『懐風藻新註』(明治書院、昭和33年11月)
江口孝夫『懐風藻』(講談社、昭和8年7月)
沢田総清『懐風藻註釈』(大岡山書店、昭和8年7月)
辰巳正明「文酒と宴」『万葉集と中国文学二』(笠間書院、1987年2月)
杉本行夫『懐風藻註釈』(弘文堂書房、昭和18年3月)
中西進『万葉集の比較文学的研究』(桜楓社、昭和43年6月)
平田喜信・身崎壽氏『和歌植物表現辞典』(東京堂出版、平成10年3月)
小島憲之『王朝漢詩選』(岩波書店、1987年7月)
波戸岡旭『上代漢詩文と中国文学』(笠間書院、平成元年十一月)
万葉集と東アジア研究会「日本・韓国・中国の漢詩に見る菊の花」ー東アジアの重陽文化に関連してー『万葉集と東アジア 1』(国学院大学大学院文学研究科、2006年3月)
辰巳正明「交友論(1)ー交友をめぐる文章論の理念性とその展開」『万葉集と比較詩学』(おうふう)
金甲起訳『三韓詩亀鑑』(イフェ文化社、2002年4月)
姜哲中「林春論」『韓国漢詩作家研究 1』(太学社、韓国漢詩学会、1995年7月)
田英鎮編『東文選』(フンシン文化社、1995年10月)
渡辺秀夫『詩歌の森ー日本語のイメージ』(大修館書店、 1995年5月)
守屋美都雄『荊楚歳時記』(平凡社 、昭和53年2月)
目加田誠訳『中国古典文学大系 詩経・楚辞』(平凡社、1969年12月)
松枝茂夫・和田武司訳『陶淵明全集(上)』(岩波書店、1996年12月)
前野直彬『唐詩選(下)』(岩波書店、昭和47年9月)
波戸岡旭「作寳楼宴詩考ー重陽宴詩成立以前ー」(『上代漢詩文と中国文学』(笠間書院、平成元年11月)

辰巳正明(「菊花の酒─平城京漢詩木簡の詩学」『万葉集と比較詩学』(おうふう、平成9年4月)
沢田総清『懐風藻註釈』(大岡山書店、昭和8年7月)
林古渓『懐風藻新註』(明治書院、昭和三十三年十一月)
朴美子「韓国高麗時代の詩における『菊』の様相-比較文学の観点からー」『熊本大学文学部論叢』文学篇、2001年2月)
金ユンワン・李ジャンヒ『韓国の古典詩歌解釈と鑑賞』Gulboetsa, 1995年)
平田善信編『和歌植物辞典』(東京堂出版、平成六年)
渡辺秀夫『詩歌の森』(大修館書店、1995年)
石川忠久編『漢詩を読む 秋の100選』(日本放送出版協会、1966年)
________『秋の詩100選』(日本放送出版会、1996年)
伊英玉氏『梅と菊の花と時調』(日照郭社、1987年)
李太極『時調概論』(セグル社、1952年)
石川忠久『漢詩をよむ 秋の詩100選』(日本放送出版協会、1966年)
片桐洋一著『歌枕歌ことば辞典』(笠間書院、1999年)
阿部俊子編『伊勢物語(下)』(大修館書店、1996年)
山岸徳平編『八代集全註』(有精堂、昭和三十五年)
栗田勇『花を旅する』(岩波新書、2001年)
菅原順之『詞花和歌集』(笠間書院、昭和58年)
尹栄玉『梅と菊の花の時調』、「時調論総」(日照閣、1978年)
李太極『時調概論』(セグル社・1952年)
鄭ビョンウク『花と時調』(思想界・第13号、1975年)
黄ゼチョン『韓国古典文学に現れた自然観とその思想的背景』(インハ大学校大学院国文学科博士論文・1993年)

平田喜信編『和歌植物辞典』(東京堂出版、平成6年)
佐佐木信綱編『日本歌学大系 第六巻』(風間書房、昭和46)
金子元臣注『古今和歌集』(明治書院、昭和9年)
石川忠久『漢詩をよむ 秋の詩100選』(日本放送出版協会、1966年)
佐藤保『漢詩のイメージ』(大修館書店、1993年3月)
金思燁・趙演鉉『朝鮮文学史』(北望社、昭和46年12月)
鄭珉『漢詩中の鳥、絵の中の鳥 第二巻』(ヒョウヒョン出版、2003年11月)
波戸岡旭「作寶楼宴詩考─重陽宴詩成立以前─」『上代漢詩文と中国文学』(笠間書院、平成元年11月)
辰巳正明「狂生の詩─藤原万里」『万葉集と比較詩学』(おうふう、平成9年4月)
戸田浩暁『文心雕龍上・明詩第六』(明治書院、昭和52年9月)
小島憲之『上代日本文学と中国文学 中』(塙書房、昭和16年)
中西進「『月舟』小論」『万葉集の比較文学的研究』(桜楓社・昭和45年)
辰巳正明「文武天皇文化サロンの詩と歌」『万葉集と中国文学 第二』(笠間書院)。
下田忠「『万葉の花鳥風月』─古代精神史の一側面ー」(おうふう、2003年110月)
宇野直人『漢詩の歴史』─古代歌謡から清末革命まで」(東方書店、2000年12月)
斉藤正二『植物と日本文化』(八坂書房、2002年11月)
________『日本人と動物』(八坂書房、2002年11月)
吉川幸次郎『中国文学史』(岩波書店、1992年5月)
金・テワン『漢魏六朝漢詩選』(韓中歴代漢詩選①、宝庫社、2〇〇5年10月)
金沢篇『名家精選 唐詩新評』(図書出版善、2005年10月)

■ 初出論文一覧

「懐風藻に見られる花鳥詩」『東アジア文化共同体の可能性』
(韓国日本学聯合会第三回国際学術大会誌、二〇〇五年七月七日)

「日本・韓国・中国の漢詩にみる菊の花」
(『万葉集と東アジアー』、国学院大学文学部日本文学第一研究室篇、二〇〇六年三月三十日)

「中国漢詩の『梅の花』のイメージ」
(韓国日本語学会誌、二〇〇六年四月八日)

「懐風藻の梅の花のイメージ」
(韓国日語日文学会誌、二〇〇六年六月十六日)

「東アジア漢詩における『梅の花』のイメージ」
(International Symposium. Inheritance And Development Of East Asian Cultures:, The Construction Of cultural Foundation For East Asian Community、東アジア比較文化国際会議中国大会、中国上海国立復旦大学、二〇〇六年九月十日)

「懐風藻に見る『蘭』—そのイメージに着目してー」
(韓国日語日文学会誌、二〇〇六年十月十四日)

「懐風藻に見る蘭のイメージー神仙思想に着目してー」
(大韓日語日文学会誌、二〇〇六年十一月十一日)

「韓国古代漢詩と蘭のイメージ」
(韓国日語日文学会誌、二〇〇六年十二月十六日)

「中国古代漢詩に見る『風月』とその象徴性」
(韓国日本語文学会誌、二〇〇七年四月十四日)

저자　余 淳 宗

国立全南大学校 日語日文科 卒業
早稲田大学 大学院 日本文学研究科 研究課程修了
国立東京学芸大学 大学院 国語教育研究科 修士課程修了
国学院大学 大学院 日本文学研究科博士課程修了(文学博士)
前国立全南大学校 日語日文科 講師
前朝鮮大学校 日本語科 講師
前国立木浦大学校 日語日文科 講師
現在) 国学院大学 特別研究員

著書
『懐風藻 日本的自然観はどのように成立したか』(2008年、笠間書院 共著)

東アジア古典漢詩の比較文学的研究
—「花鳥風月」の美意識とイメージの形成—

초판인쇄 2011년 03월 26일
초판발행 2011년 04월 11일

저 자 余淳宗
발행처 제이앤씨
발행인 윤석현
등 록 제7-220호

주소 서울시 도봉구 창동 624-1 북한산 현대홈시티 102-1206
전화 (02)992-3253(대)
전송 (02)991-1285
전자우편 jncbook@hanmail.net
홈페이지 http://www.jncbms.co.kr
책임편집 김진화

ISBN 978-89-5668-849-7 93730　　**정가** 23,000원